AF266244

# CHRONIQUE

## DE

# RICHARD LESCOT

# CHRONIQUE

DE

# RICHARD LESCOT

RELIGIEUX DE SAINT-DENIS

(1328-1344)

SUIVIE DE LA CONTINUATION DE CETTE CHRONIQUE

(1344-1364)

PUBLIÉE POUR LA PREMIÈRE FOIS

POUR LA SOCIÉTÉ DE L'HISTOIRE DE FRANCE

PAR

## JEAN LEMOINE

# A PARIS

## LIBRAIRIE RENOUARD

H. LAURENS, SUCCESSEUR

LIBRAIRE DE LA SOCIÉTÉ DE L'HISTOIRE DE FRANCE

RUE DE TOURNON, Nº 6

—

M DCCC XCVI

# INTRODUCTION [1]

Si, par leur origine, par la précision et l'abondance de leurs informations, l'ensemble des chroniques connues sous le nom de *Chroniques de Saint-Denis* et de *Grandes Chroniques de France* constitue une des sources les plus importantes de notre histoire au moyen âge, il s'en faut qu'on ait résolu toutes les questions que soulève leur composition, déterminé les rapports entre les diverses rédactions, les sources auxquelles les auteurs ont puisé et l'emploi qu'en ont fait les autres chroniqueurs contemporains ou postérieurs. Pour le xiv$^e$ siècle notamment, à part Guillaume de Nangis, mort en 1300, et le moine Yves, auteur d'une compilation offerte au roi Philippe le Long, nous ne connaissions jusqu'ici le nom d'aucun des chroniqueurs de Saint-Denis ; de même les Continuations de Guillaume de Nangis, rédigées à Saint-Denis, s'arrêtaient à 1340, et ce n'est qu'après une lacune de quarante années qu'on retrouvait, avec l'auteur anonyme de l'*Histoire de Charles VI*, un nouveau texte

---

1. Nous reproduisons ici avec quelques développements la substance d'un mémoire lu à l'Académie des inscriptions et belles-lettres et intitulé : *Richard Lescot. Un nouveau chroniqueur et une nouvelle Chronique de Saint-Denis (1268-1364)* (Cf. *Comptes-rendus des séances de l'Académie des inscriptions et belles-lettres*, 1895, p. 141).

latin rédigé en cette abbaye. L'œuvre que nous signalons et dont nous publions ici la partie restée inédite peut donc, à ce point de vue, présenter quelque intérêt. Elle nous fait en effet connaître le nom d'un religieux de Saint-Denis, qui, outre la chronique que nous lui devons, semble avoir joué un certain rôle au xiv<sup>e</sup> siècle. De plus, elle constitue, pour une période de près d'un siècle, un texte rédigé à Saint-Denis, qui, de 1268 à 1340, peut être l'objet de rapprochements intéressants avec l'œuvre de Guillaume de Nangis et de ses continuateurs, et qui, de 1340 à 1364, est le seul texte latin de saint Denis que nous connaissions destiné à continuer la chronique latine de cette abbaye[1].

Cette chronique est contenue, sous sa forme la plus complète, dans le manuscrit 5005<sup>c</sup> du fonds latin de la Bibliothèque nationale, où elle se présente comme une continuation de la compilation d'un chroniqueur limousin du xiii<sup>e</sup> siècle, Gérard de Frachet. C'est à ce titre que des fragments en avaient été publiés, pour la période comprise entre 1268 et 1328, dans la collection des *Historiens de France*[2] et plus récemment par M. Holder-Egger dans le tome XXVI des *Monumenta Germaniœ historica*. Sans en soupçonner l'origine, les éditeurs des *Historiens de France* avaient déjà été frappés des heureuses corrections que cette chronique permettait d'apporter au texte de Guillaume de Nan-

---

1. Nous n'entendons pas parler ici de la *Chronographia Regum Francorum*, éditée par M. Moranvillé, et suivant toute vraisemblance rédigée à Saint-Denis; mais ce texte, qui fournit pour tout le xiv<sup>e</sup> siècle un si grand nombre de renseignements nouveaux et intéressants, ne semble avoir aucun rapport direct avec les *Continuations latines de Guillaume de Nangis* et apparaît plutôt comme une sorte de mise en œuvre assez postérieure de notes diverses et de dates différentes.

2. *Historiens de France*, t. XXI, préface, p. xii.

gis et de ses continuateurs. Un examen attentif nous a permis d'en déterminer la cause. A l'année 1329, en effet, on y lit cette mention caractéristique : *In crastino Natalis Domini, ego frater Richardus Scoti in ecclesia sancti Dyonisii monachus sum effectus.* La preuve était désormais acquise que l'œuvre que nous avions sous les yeux avait été composée à Saint-Denis. De nombreuses mentions que nous avons ensuite relevées nous ont permis d'établir l'origine dyonisienne de la chronique tout entière, de 1268 à 1364.

Bien que cette chronique ne soit pas en entier l'œuvre de Richard Lescot, comme nous le montrerons plus loin, nous n'avons pas hésité cependant à lui donner le nom de ce religieux, tant par suite de la mention que nous venons de citer qu'à cause de la large part qu'il semble avoir prise au mouvement historiographique de Saint-Denis au xive siècle. La véritable unité de cette œuvre consiste donc en ce fait qu'elle a été composée à Saint-Denis par des religieux de l'abbaye. Il eût été désirable de conserver cette unité dans la publication. Toutefois, des fragments considérables en ayant déjà été mis au jour dans la collection des *Historiens de France,* nous avons cru devoir nous borner à publier ici la partie restée inédite et d'ailleurs la plus intéressante comprise entre les années 1328 et 1364, en y joignant toutefois, sous le titre de *Gerardi de Fracheto chronici prima continuatio,* les années 1268 à 1285, dont un passage seulement, relatif à la dernière croisade et à la mort de saint Louis, avait été précédemment publié. Ce qu'il importe donc de retenir, c'est que la date de 1328 à laquelle nous commençons, dans ce volume, la publication de la compilation de Richard Lescot, ne correspond pas à une division de l'ouvrage, mais que nous l'avons prise pour point de départ uniquement parce que c'était là que s'arrêtait le texte des *Historiens de France*. Nous sommes, d'ailleurs, amené à dépasser, dans la notice que nous en devons donner, les limites de la partie que nous publions, et, après avoir dit quelques mots de la vie de Richard Lescot et de son œuvre, nous étudierons brièvement, dans leur ensemble, les continuations de Gérard de Frachet rédigées à Saint-Denis de 1268 à 1364.

## I. *Richard Lescot, sa vie et son œuvre.*

Nous avons peu de renseignements sur la vie de Richard Lescot. Si son nom indique avec évidence une origine étrangère, il est toutefois vraisemblable qu'il naquit lui-même en France d'une de ces familles écossaises que nous trouvons établies à Saint-Denis et dans tous les environs de Paris au commencement du XIV⁰ siècle. Bien que relativement considérable, le nombre de personnes portant ce nom que nous avons relevé ne fournit aucun moyen d'établir entre elles et notre auteur un lien quelconque de parenté[1]. Il n'en est pas de même de deux religieux de Saint-Denis portant également le nom de Lescot et appartenant tous deux au XIV⁰ siècle. Frère Guillaume Lescot transcrivit, en 1317, une compilation rédigée par le moine Yves et qui fut offerte au roi Philippe le Long par l'abbé Gilles de Pon-

---

1. En 1300, Robert Lescot tient en fief de l'abbé de Saint-Denis deux arpents de terre sis à Villiers; en 1315, Jean Lescot fait aveu au même abbé d'un fief sis à Villepinte, près Gonesse (Arch. nat., LL 1191, fol. 13 et 125). — En 1358, nous trouvons Henri Lescot « campsor et civis Parisiensis; » en 1379, Pierre Lescot « generalis receptor emolumentorum aquarum et forestarum regni » (Bibl. nat., Nouv. acq. lat. 184, fol. 19 v⁰ et 33).

toise[1]. Un autre Guillaume Lescot, distinct du précédent, est fréquemment mentionné dans les registres de Saint-Denis où nous le voyons figurer, à partir de 1385, comme maître des charités et en cette qualité passer des baux nombreux avec les fermiers de l'abbaye[2]. On trouve pour la dernière fois son nom à la date du 17 avril 1396. Il mourut d'ailleurs peu de temps après, car, en 1401, frère Simon Bidaut exerçait les fonctions de maître des charités[3]. Enfin, c'est lui, et non, comme on l'a cru, le copiste de la compilation du moine Yves, dont le nom figure dans le petit obituaire de Saint-Denis, non loin de celui de Richard Lescot[4].

Que des liens de parenté aient uni celui-ci à ces deux religieux, c'est ce qu'il est permis de supposer sans pouvoir toutefois les déterminer exactement. Rien d'ailleurs de plus conforme aux traditions alors en usage à Saint-Denis où l'on retrouve fréquemment les mêmes noms de famille à des dates souvent peu éloignées[5]. Il est même probable que

1. La dernière partie de cette compilation a été publiée dans les *Historiens de France* (t. XXI, p. 201-211), où elle est attribuée à Guillaume Lescot. M. Delisle a démontré que ce dernier n'en avait été que le copiste et que la rédaction était du moine Yves (*Notices et extraits des mss. de la Bibliothèque nationale*, t. XXI, p. 259).

2. Arch. nat., LL 1192, fol. 186, 220, 224, 253, 267, 281, 285.

3. Ibid., LL 1192, fol. 387.

4. Ibid., LL 1320, fol. 8. — Le 23 juillet 1395, nous trouvons encore un autre Lescot, frère Jean Lescot, maître des charités à Saint-Denis (Ibid., LL 1192, fol. 281) et il semble bien qu'il faille voir en lui un personnage distinct des précédents, car il se trouve également mentionné peu de temps après dans le petit obituaire de Saint-Denis sous le nom de « Johannes Lescout » (Arch. nat., LL 1320, fol. 7).

5. C'est ainsi qu'au xive siècle notamment on y rencontre Regnaud Giffard, abbé, et Adam Giffard, aumônier; — Pierre de Vimars, grand prieur, et Jean de Vimars, maître des charités; —

l'exemple du premier Guillaume ne fut pas sans influence sur l'entrée de Richard à l'abbaye. C'est la veille de Noël 1329, comme il nous l'apprend lui-même, qu'il y fut reçu au nombre des moines, et l'expression dont il se sert semble indiquer qu'il s'agit dans cette circonstance de la tonsure et non de la profession : car, lui-même, dans un autre passage où il parle de l'élection de Gilles Rigaut, a soin de distinguer ces deux cérémonies[1]. On peut donc admettre qu'il entra très jeune à Saint-Denis et placer entre 1310 et 1320 la date probable de sa naissance.

Ce n'est que beaucoup plus tard que nous le trouvons de nouveau mentionné dans un traité qu'il composa, en 1358, contre les prétentions de Charles le Mauvais, roi de Navarre, à la couronne de France. Ce traité, rédigé, comme il nous l'apprend, à la demande d'un conseiller du roi Jean, Anceau Choquard, et dans des circonstances particulièrement importantes, permet de croire que Richard Lescot jouissait dès lors d'une autorité reconnue. Nous en avons d'ailleurs une autre preuve dans les attaques dont il fut l'objet lors du procès qui s'éleva plus tard au sujet du chef de saint Denis entre les religieux de l'abbaye et les chanoines de Notre-Dame, procès dont M. H.-François Delaborde a récemment retracé l'histoire[2].

L'objet de la querelle était de savoir si les religieux possédaient, comme ils le prétendaient, tout le chef de saint Denis, les chanoines de Notre-Dame soutenant de leur côté

Philippe de Beaupuis, grand prieur, et Jean de Beaupuis, prieur, de Marnai ; — Pierre Bidault, grand prieur, et Simon Bidault, maître des charités (Arch. nat., LL 1191-1192).

1. « Frater Egidius Rigaudi, prior de Essona, ejusdem ecclesie Sancti Dyonisii monachus et professus, » n° 149.

2. *Le Procès du chef de saint Denis en 1410,* par H.-François Delaborde. Paris, 1885.

qu'ils en détenaient une partie. Les religieux invoquaient, entre autres arguments en leur faveur, l'existence, dans leur église, d'anciens écriteaux ou tableaux où l'opinion des chanoines était représentée comme une erreur intolérable. Les chanoines contestèrent l'ancienneté de ces tableaux et prétendirent qu'ils étaient l'œuvre de religieux qui vivaient encore ou étaient morts depuis peu de temps, et notamment de Richard Lescot : « Item et est certain que avant le temps d'un religieux de Saint-Denis, qui se nomma frere Richart l'Escot, qui naguères trespassa et qui multiplia mout de paroles rimées et autres en ceste matière, ne sera point trouvé que oncques tel tableau y feut mis. Car ledit religieux en forgea un à sa devise en usant d'aucunes paroles qui sont ès compilacions de l'abbé Giles et autres qui parlent lonc tems après le debat commencié... Item et n'a pas grantment, car c'est du temps de plusieurs qui encore vivent et qui en sauront bien parler quant mestier sera, qu'il y eust un desdits religieux, nommé frere Richard l'Escot, lequel ne savoit rien de science quelxconques fors seulement qu'il estoit gramarien ; et pour ce que il savoit ung pou rimer et versifier, il cuidoit bien estre un très grant clerc et à [c]este occasion il fist et multiplia mout de celles escriptures très nicement et bien clerement faictes et dictées, et par lesquelles il peut apparoir que il n'estoit ne saiges ne bon clerc [1]. »

Nous ignorons la date de la mort de Richard Lescot. Son obit est inscrit dans le petit obituaire de Saint-Denis, au 6 des calendes de décembre, sans qu'il y soit fait mention de l'année [2]. D'autre part, les expressions du mémoire de Notre-Dame qui nous le représentent comme naguères trépassé

---

1. *Ibid.*, p. 315, 398.
2. Arch. nat., LL 1320, fol. 36 v°.

et écrivant « du temps de plusieurs qui encore vivent, » la vivacité même des plaintes dirigées contre lui ne permettent pas de supposer qu'il fût mort à une date bien antérieure.

Si la plus grande partie des écrits de Richard Lescot n'est pas parvenue jusqu'à nous, il est toutefois possible, tant d'après ce qui nous en est resté que par les appréciations de ses contemporains, de déterminer assez nettement le caractère général de son œuvre et le genre d'influence qu'il a exercé. Or, cette œuvre nous apparaît essentiellement comme celle d'un compilateur intelligent et consciencieux, étendant sa compétence aux matières les plus diverses et résumant avec clarté les résultats de ses nombreuses recherches. En même temps qu'il puise dans l'œuvre préparée pour l'abbé Gilles par le moine Yves les matériaux des inscriptions qui devaient soulever l'indignation du chapitre de Notre-Dame, il annote les sentences de Pierre Lombard et le traité du gouvernement des princes de Gilles de Rome[1], il compose deux chroniques, l'une en français et l'autre en latin ; enfin il étudie la loi salique et, le premier, en tire des conclusions favorables aux droits des Valois à la succession au trône.

Outre les écriteaux de saint Denis, dont l'attribution est douteuse et que nous ne connaissons d'ailleurs que par le mémoire des chanoines de Notre-Dame, on peut dès maintenant attribuer à Richard Lescot les ouvrages suivants :

1° Une vaste chronique en français, remontant au moins

---

1. Son nom se retrouve en effet dans deux manuscrits de la Bibliothèque nationale qui renferment ces deux traités, et où il a introduit une division en chapitres et en paragraphes que nous retrouverons dans sa Chronique (Bibl. nat., fonds lat. 3014; fonds fr. 1201). Dans les deux mss. on lit : « Iste liber est fratris Richardi Scoti. R. S. O. I. » (Cf. L. Delisle, *Cabinet des mss. de la Bibl. nat.*, t. I, p. 202).

jusqu'à Philippe-Auguste. Cette chronique, aujourd'hui perdue, ne nous est connue que par un passage d'une compilation du xve siècle[1], relatif à la bataille de Bouvines. L'auteur, après avoir reproduit le discours que Philippe-Auguste adressa aux siens, parle de la bénédiction qu'il leur donna et ajoute : « Et combien que le cronicqueur ne mette point la forme des parolles de celle bénédiction, toutesfoiz en une autre histoire de maistre Robert Lescot, théologien et historien très renommé, la forme est tele : « La bénédic- « tion et aide celestiel en la deffence de l'église de Dieu et de « ce roiaume soit en ce jour octroiée et donnée à moy et à « vous et telement que nous puissions avoir victoire de noz « ennemis à l'onneur de Dieu, de saincte Eglise, du roiaume « et de nous tous[2]. »

L'auteur, il est vrai, est appelé ici Robert Lescot, mais on doit conclure d'un autre passage de la même compilation que Richard et Robert ne font qu'un. Après avoir mentionné les additions faites par Charlemagne et Louis le Débonnaire

---

1. Cette compilation, dont l'étude pourrait présenter quelque intérêt, nous a été conservée dans un grand nombre de manuscrits. Citons notamment le n° 13961 des *Addit. mss.* au British Museum, et à la Bibl. nat. les n{os} 4943, 4949, 5026, 5701, 5705 et 10141 du fonds français. Il en existe deux rédactions assez différentes, l'une composée du temps de Charles VII, l'autre contemporaine de Louis XI. Dans la première, l'auteur termine en déclarant qu'il a écrit ce livre « pour recongnoissance... de l'onneur qu'il a pleu au Roy de sa bonté naturelle à moy faire en moy retenant en son trés humble serviteur aprés mon exil par les Anglois, ouquel service roial je fus retenu passez sont trente six ans. » Le commencement est ainsi conçu : « Ce est chose profitable et qui aux Rois et princes de France doit estre molt delectable de savoir et congnoistre... » Quant à la fin, elle varie avec les manuscrits.

2. British Museum, *Addit. mss.* 13961, fol. 37.

à la loi salique, le compilateur s'exprime en effet ainsi :
« De ceste loy salique et aussi de l'emendacion et ampliacion
d'icelle parle bien applain en son eppistre maistre Robert
Lescot, solennel docteur en théologie et grant historien,
laquelle eppistre se commance : *Dulcifluis ornato mori-*
*bùs*, et en icelle est declairé en brief la genealogie des vraiz
rois de France[1]. »

L'auteur visé dans les deux citations que nous venons de
reproduire est incontestablement un seul et même personnage, portant le même nom, suivi dans les deux circonstances de qualificatifs identiques. Or, le second traité, très
nettement indiqué dans la seconde citation, nous a été conservé. C'est celui que nous publions à la fin de ce volume et
que nous savons par ailleurs être certainement de Richard
Lescot, qui s'y nomme lui-même au début. Il faut donc
admettre que le passage relatif à Bouvines fait aussi partie
d'un ouvrage de Richard Lescot[2].

Nous n'avons pu jusqu'ici retrouver aucune autre indication relative à cet ouvrage, qui serait sans contredit le plus
important de Richard Lescot. Dans tous les cas, il ne saurait être confondu avec la chronique latine que nous publions,
non seulement parce que le passage cité ne s'y trouve pas,
mais encore parce que cette chronique est pour cette époque,
comme nous le verrons, l'œuvre de Gérard de Frachet, dont
Lescot n'a été que le continuateur médiat. — Cette chronique était d'ailleurs vraisemblablement écrite en français,
car la citation que nous avons reproduite est en français,

---

1. British Museum, *Addit. mss.* 13961, fol. 21 vᵒ.

2. C'est d'ailleurs là une erreur qui s'explique aisément. Le
compilateur, ayant trouvé dans le manuscrit dont il se servit le
nom de Lescot seulement précédé d'un R, aura traduit à tort
cet R par *Robert*.

et le compilateur du xv<sup>e</sup> siècle à qui nous la devons a toujours soin, quand il se trouve en présence d'un texte latin,
de le donner d'abord en le faisant suivre de la traduction en
français.

2° Traité contre les prétentions des Anglais à la couronne
de France. — Cet ouvrage, comme le précédent, ne nous
est connu que par de brèves citations que nous trouvons
aussi dans une compilation du xv<sup>e</sup> siècle, également anonyme et intitulée le *Miroir historial de France* [1]. La première mention nous en est offerte, en 1314, par le récit du
supplice auquel furent condamnés les frères d'Aunoy, con-
vaincus d'adultère avec Marguerite, femme de Louis Hutin,
et Blanche, femme de son frère Charles. « En l'an mil troys
cens quatorze furent escorchez tous vifz les deux frères d'Aunoy. La cause de ceste punicion très cruelle est déclairée
en l'épistre que fait frère Richart Lescot à l'encontre des
Anglois et Navarrois, lors prétendans avoir droit en la couronne de France, dont est fait ung traictié particulier qui
se commence : *Pour ce que manifestation de vérité.* »
Le même traité se trouve de nouveau cité un peu plus loin,
à l'occasion de l'avènement de Philippe de Valois : « Et fut
ledit Philippe de Valoys couronné à Reins, l'an mil troys

1. Cette compilation a été signalée par Secousse (*Histoire de
Charles le Mauvais, roi de Navarre*, t. I, p. 8), qui y a relevé les
deux passages qui nous intéressent. Il en existe aujourd'hui deux
manuscrits à la Bibliothèque nationale sous les n<sup>os</sup> 4950 du fonds
fr. et 1858 des Nouv. acq. fr. Elle s'étend de l'origine du royaume
des Francs à l'année 1380 et présente plus d'un trait commun
avec la compilation que nous avons mentionnée plus haut. Toutes
deux notamment s'accordent pour citer de longs extraits de textes
latins et en donner ensuite la traduction française. Inc. : « A
l'onneur et louenge de Dieu et de la saincte coronne de France
aornée de singulière prérogative... » Expl. : « ... et fut son corps
porté au monastère de Saint-Denis en France. »

cens vingt-sept. De ceste succession à la très digne couronne de France en la personne de Philippes de Valois a esté composé et fait ung très bel traictié particulier contre les Anglois et Navarrois, qui par moien de femmes contendoient avoir droit en la couronne de France. Et se commence ledit traicté : *Pour ce que manifestation de vérité.* »

Ce traité, vraisemblablement composé en français, pour les raisons que nous venons de signaler, devait renfermer des développements analogues à ceux que nous trouvons dans le traité rédigé par le même Richard Lescot contre le roi de Navarre, traité où figure également la mention des frères d'Aunoy. On ne saurait toutefois les confondre, non seulement parce que l'un était en français et l'autre en latin, mais encore parce que le début en est différent. Rien d'ailleurs de plus fréquent à cette époque que de voir un même auteur traiter simultanément le même sujet dans les deux langues, surtout quand ce sujet était susceptible d'intéresser un public assez étendu. Nous n'en pouvons donner de meilleur exemple que Jean de Montreuil[1], écrivant successivement en français, puis en latin et une troisième fois en français un traité sur le même sujet que celui de Richard Lescot. Sans d'ailleurs chercher à faire un rapprochement, pour lequel nous manquons d'éléments suffisants, il n'est peut-être pas sans intérêt de remarquer combien le début du premier traité de Jean de Montreuil : *A tous ceux qui ce présent témoignage de vérité orront*, ressemble à celui du traité de Lescot, tel que nous l'a conservé l'auteur du *Miroir historial.*

3° *Genealogia aliquorum Regum Francie per quam*

---

1. A. Thomas, *De Johannis de Monsteriolo vita et operibus,* p. 16-26.

*apparet quantum attinere potest Regi Francie rex Navarre*. Tel est le titre que Richard Lescot a lui-même donné à ce traité que nous possédons encore[1] et que nous publions à la suite de sa chronique.

Ce traité fut composé par Richard à la demande d'Anceau Choquard, conseiller du roi Jean et du dauphin[2]. L'auteur y parle du roi, alors prisonnier en Angleterre, et de la reine d'Angleterre, Isabelle, mère d'Édouard III, morte récemment. D'autre part, la réconciliation du dauphin avec le roi de Navarre, survenue en 1359, ne s'était pas encore produite en ce moment, puisque l'auteur y parle de ce prince dans les termes les plus amers ; c'est donc en 1358 qu'il convient de placer la rédaction de ce traité.

De forme peu étendue, il reproduit sans doute en abrégé les considérations que l'auteur avait dû développer plus longuement dans son traité contre les Anglais. Son principal intérêt, comme l'ont remarqué MM. Monod[3] et Viollet[4], consiste en ce que le premier il mentionne la loi salique comme argument à l'appui des droits des Valois au trône. Non seulement nous ne connaissons aucun auteur antérieur

1. Bibl. nat., fonds lat. 14663, fol. 39-40.

2. Anceau Choquard figure parmi les vingt-deux conseillers que le dauphin Charles avait été contraint de destituer de leurs charges en 1357, sur les instances d'Étienne Marcel et de ses partisans, et qu'il rappela le 28 mai 1359. Il est qualifié, dans ces lettres de rappel, de « clerc et conseiller et maistre des requestes de l'ostel de monseigneur et de nous » (Arch. nat., X¹ᵃ 14, fol. 447). Le 3 juillet 1358, il est en Angleterre auprès du roi Jean et obtient ce jour des lettres de sauf-conduit d'Édouard III pour passer en France (Rymer, R III, p. ı 358). En 1367, il est envoyé par Charles V en Hainaut auprès du duc Albert (Arch. nat., PP 109, fol. 85 et 91).

3. *Revue critique*, 26 décembre 1892, p. 519.

4. P. Viollet, *Comment les femmes ont été exclues en France de la succession à la couronne*, p. 6 et 25.

à Richard Lescot qui l'ait invoqué, mais il semble bien, d'après les termes mêmes dont il se sert, que le premier il se soit rendu compte du parti qu'on en pouvait tirer[1].

Il n'est pas douteux que ce traité n'ait été fréquemment utilisé par les nombreux auteurs qui, à la fin du xive siècle et au siècle suivant, se sont préoccupés de réfuter les prétentions anglaises. Nous avons déjà vu en quels termes éloquents en parle le compilateur du xve siècle. L'auteur d'une autre compilation, conservée à la Bibliothèque royale de Bruxelles sous le n° 10306, et qui a dû écrire entre 1390 et 1399[2], n'est pas moins affirmatif et attribue positivement au chroniqueur de Saint-Denis le mérite d'avoir découvert cet argument : « Combien que j'ay oy dire au chantre et chroniqueur de Saint-Denis, personne de grant religion et révérence, qu'il a trouvé par très anciens livres que ladicte coustume et ordonnance qu'il appelle la loy *salica* fu faicte et constituée devant qu'il eust oncques Roi chrestien en France, et je mesmes l'ay veu et leu icelle loy en un ancien livre renouvelée et conformée par Charlemaingne, empereur et Roy de France, laquelle loy entre plusieurs autres choses qui font très grandement à nostre propos, dit ainsy et conclut en ceste propre forme : *Mulier vero nullam in regno habeat portionem*[3]. »

1. « Legem vero salicam quam ab omnibus doctoribus legum quoscumque novi petii utrum de ea cognitionem haberent et tamen michi nullam penitus respondentes libentissime vobis demonstrarem. »

2. Il y est dit que la guerre entre la France et l'Angleterre est commencée depuis près de soixante-dix ans. On y parle des conférences de Leulinghen et du mariage de Catherine, fille de Charles VI, avec Richard II « roy d'Angleterre qui est aujourd'huy » (Bibl. royale, 10306, fol. 28).

3. Ibid., fol. 12 v°. — Il est à peine besoin de faire remarquer que les derniers mots cités par l'auteur n'existent pas sous cette

Ce passage ne laisse pas que de soulever une question délicate. Il ne figure pas en effet dans le corps du texte et se présente sous forme de renvoi. La question est donc de savoir si ce renvoi est de l'auteur lui-même, ou au contraire provient d'un possesseur du manuscrit à une date très postérieure. Dans le premier cas, ce passage appartenant, comme le reste du traité, à la fin du XIV$^e$ siècle, le chroniqueur de Saint-Denis qui s'y trouve cité ne saurait être que Richard Lescot, auquel conviennent d'ailleurs très bien les expressions de l'auteur, puisque, comme le dit ce dernier, il sut découvrir un nouvel argument dans la loi salique et en parle dans son traité en termes analogues à ceux qui se trouvent employés ici, notant de même que cette loi fut faite avant qu'aucun roi chrétien régnât en France et que Charlemagne y fit de nombreuses et importantes additions. Il en résulterait aussi que Richard Lescot exerça à Saint-Denis les fonctions de chantre. Dans le cas contraire, il faudrait descendre jusqu'au milieu du XV$^e$ siècle et voir dans le personnage cité ici frère Jean Chartier, en qui furent réunies les deux fonctions de chantre et de chroniqueur de Saint-Denis.

Quoi qu'il en soit, ce qui reste constant, c'est l'attribution à l'abbaye de Saint-Denis de mémoires relatifs à la loi salique, tendant à prouver les droits des Valois à la couronne de France. Nous en retrouvons encore un dernier écho dans un traité composé en 1471 contre les prétentions des Anglais par un maître de la Chambre des comptes : « Est vray aussy que icelle loy fut faicte avant qu'il y eust oncques Roy chrestien en France, et confermée par le Roy Charlemaigne,

forme dans le texte de la loi salique et constituent une interpolation qu'on retrouve d'ailleurs presque identique dans Jean de Montreuil.

comme il est contenu es très anciens livres de Saint-Denis en France et ailleurs[1]. »

4° Le quatrième et le plus important des ouvrages de Richard Lescot qui nous ait été conservé est un fragment de chronique latine que nous publions ici. Mais cette chronique n'étant elle-même qu'une partie des *Continuations de Gérard de Frachet* rédigées à Saint-Denis, il convient d'étudier l'ensemble de ces Continuations avant d'examiner quelle part revient en propre à Richard Lescot.

L'ensemble de ces Continuations, comme nous aurons l'occasion de le démontrer en en étudiant successivement les différentes parties, a été rédigé à Saint-Denis. La première question qui se pose est donc de savoir comment, à Saint-Denis, on a pu être amené à compléter ainsi l'œuvre du chroniqueur limousin. Nous répondrons à cette question en nous efforçant de montrer que la chronique de Gérard de Frachet elle-même, malgré sa sécheresse et sa brièveté, semble avoir été mise à contribution par Guillaume de Nangis, tant pour sa Vie de saint Louis que pour sa Chronique universelle.

II. Vie et chronique de Gérard de Frachet. —<br>Manuscrits.

Gérard de Frachet[2], né à Chalus près Limoges, vers 1205,

---

1. Bibl. nat., fonds fr. 25159, fol. 36 v°.

2. La vie et les ouvrages de Gérard de Frachet ont été l'objet de nombreuses notices. Nous devons citer entre autres Quétif-Échard, *Script. Praedic.*, t. I, p. 259-260; — Lelong, *Bibl. historique*, II, 16898; — *Histoire littéraire de la France*, t. XIX, p. 174-176; t. XXI, p. 720-725. Des fragments de sa Chronique et des Continuations jusqu'en 1328 ont été publiés dans la collection des *Historiens de France* (t. XXI, p. 1-70) et plus récemment par M. Holder-Egger (*Mon. Germ. hist.*, t. XXVI, p. 587-589).

entra en 1225 dans l'ordre des Frères prêcheurs à Paris et y fit profession le 25 mars 1226. Prieur de Limoges en 1233, provincial de Provence en 1251, prieur de Montpellier en 1259, il mourut, comme nous l'apprend Bernard Gui, le 4 octobre 1271. On lui doit, outre une histoire des premiers religieux de son ordre, sous le titre de *De vitis fratrum ordinis Prædicatorum*, et une courte chronique de l'ordre, *Chronica ordinis*[1], une Chronique universelle, continuée, comme nous l'avons dit, à Saint-Denis.

Nous n'avons pas à rechercher les sources de cette chronique dont une très faible partie seulement est originale et pour laquelle l'auteur a largement mis à contribution Robert d'Auxerre, Vincent de Beauvais et la Chronique de saint Martin de Tours. Le commencement est d'ailleurs identique à celui de Robert d'Auxerre[2], ce qui a plus d'une fois conduit à confondre les deux compilations. S'arrêtant à 1266, dans une première rédaction, elle fut continuée dans une seconde, jusqu'à 1268, par l'auteur lui-même qui, comme nous l'avons vu, ne mourut qu'en 1271[3]. Cette seconde rédaction a d'ailleurs dû être terminée avant le 1er septembre 1271, date de l'élection du pape Grégoire X, car, si elle mentionne la mort de Clément IV et la vacance du siège, elle n'indique pas la durée de la vacance, ce qui semble indiquer que la vacance durait encore au moment où l'auteur écrivait, d'autant plus que cette durée se trouve mentionnée dans la continuation de la Chronique[4].

1. *Hist. de France,* t. XXIII, p. 178-179.
2. « In primordio temporis ante omnem diem... »
3. Explicit de la première rédaction : « ... et Tusciam et Campaniam et Apuliam et Calabriam et Siciliam et magnam partem Ytalie Ecclesie subdit et sibi. » Expl. de la seconde : « ... mortuus Viterbii sepultus est in ecclesia et cessavit sedes. »
4. « Et cessavit sedes annis II, mensibus ix. »

Malgré son peu d'intérêt, la Chronique de Gérard de Frachet semble avoir joui d'une vogue considérable au moyen âge, si l'on en juge par le nombre des manuscrits qui nous en sont restés. M. Holder-Egger, qui en a dressé la liste et proposé le classement, n'en compte pas moins de vingt et un, auxquels il convient d'ajouter le ms. 1002 du fonds de la reine Christine au Vatican[1]. Nous n'avons pas à faire, après M. Holder-Egger, l'énumération de ces manuscrits ; mais il ne semble pas possible d'accepter le principe de classement qu'il a adopté et qui consiste à ranger dans une première classe les manuscrits de la première rédaction conduisant le récit jusqu'en 1266 ; dans une seconde classe les manuscrits contenant la deuxième rédaction jusqu'en 1268, auxquels il joint les diverses continuations allant jusqu'en 1285, 1300 et 1364 ; dans une troisième classe les manuscrits de la chronique continuée jusqu'en 1272 et qui se trouve dans ces manuscrits attribuée à Jean Frasquet, religieux de Saint-Germain d'Auxerre. Sans discuter cette dernière attribution, dont la fausseté a été suffisamment démontrée[2], il suffit de remarquer que les manuscrits de cette troisième classe renferment la rédaction de Gérard de Frachet jusqu'en 1268, qu'un continuateur inconnu, et en qui rien n'empêche de reconnaître le religieux de Saint-Germain d'Auxerre, a fait suivre de quelques lignes continuant le récit jusqu'en 1272[3]. On conçoit dès lors l'incon-

---

1. *Mon. Germ. hist.*, t. XXVI, p. 587. — En revanche, le ms. lat. 14663 de la Bibl. nat., cité par M. Holder-Egger, ne renferme aucun fragment de l'œuvre de Gérard de Frachet.

2. *Hist. litt. de la France*, t. XXI, p. 791.

3. Explicit de cette continuation : « Apparuit stella cometis a parte Occidentis et visa est per plures dies » (Bibl. nat., lat. 12498, fol. 93 v°).

vénient qu'il y a, d'une part, à comprendre ces derniers manuscrits dans une classe spéciale et, d'autre part, à réunir dans une même famille les manuscrits de la seconde rédaction et ceux des diverses continuations allant respectivement jusqu'à 1285, 1300 et 1364. Nous sommes donc amené à proposer pour les manuscrits de la Chronique de Gérard de Frachet et de ses continuations la classification suivante :

A. Manuscrits de la première rédaction finissant en 1266.

B. Manuscrits de la seconde rédaction finissant en 1268.

C. Manuscrits de la seconde rédaction continuée jusqu'en 1272. Cette continuation, comme nous l'avons dit, ne se compose que de quelques lignes et ne présente aucun rapport avec les Continuations que nous rencontrons dans la classe D.

D. Manuscrits de la seconde rédaction continuée à l'abbaye de Saint-Denis. Ce sont les seuls dont nous ayons à nous occuper ici, et dont nous devions dire quelques mots.

D'après M. Holder-Egger, qui d'ailleurs semble avoir suivi sur ce point les indications de Quétif-Echard et du Catalogue de la bibliothèque de Saint-Marc de Venise, cette bibliothèque posséderait un manuscrit[1] contenant la Chronique de Gérard de Frachet, continuée jusqu'en 1300 d'après Quétif-Echard, jusqu'en 1342 d'après les auteurs du Catalogue de Saint-Marc. M. Delisle, ayant, sur le désir que je lui en avais exprimé, fait venir à la Bibliothèque nationale le manuscrit de Venise, l'a étudié avec soin et a démontré récemment que la compilation contenue dans ce manuscrit n'avait aucun rapport avec la Chronique de Gérard de Frachet, mais consistait en un abrégé de l'histoire de Tholémée

---

1. *Historia profana,* 46.

de Lucques, rédigé vers 1320 par un dominicain de Parme qui y avait joint plusieurs mentions intéressantes pour l'histoire de cette ville[1]. Les mss. des Continuations à l'œuvre de Gérard de Frachet, d'une certaine étendue et présentant de l'intérêt, se réduisent donc à deux, le ms. latin 5039 de la Bibliothèque nationale, qui s'arrête à 1285, et le ms. 5005[c] de la même bibliothèque, qui poursuit le récit jusqu'en 1364.

D[1], Bibl. nat., lat. 5039 (anciennement Colbert 6378, puis 6583 de la Bibliothèque royale), 105 feuillets, plus 2 feuillets blancs numérotés 106 et 107. Les feuillets 1 à 21 sont à deux colonnes, le reste est à lignes longues, sauf les feuillets 65 à 89 qui sont de nouveau à deux colonnes. On distingue dans le manuscrit plusieurs écritures ; les feuillets 100 à 105 appartiennent seuls à notre auteur. Il se termine par cette phrase : « De quo fuit determinatum Parisius per « plures magistros theologos quod neque rex neque monachi « dare, neque fratres predicti possent predictum cor dispen- « satione[2]. »

D[2], Bibl. nat., ms. lat. 5005[c], portant anciennement le n° 5949 de la Bibliothèque royale. Il a appartenu au XVI[e] siècle à Bernard de Beauboys, qualifié *bonus homo*[3], dont on retrouve le nom en haut du premier feuillet. On y compte aujourd'hui 186 feuillets pleins, le feuillet 164 étant

---

1. *Comptes-rendus des séances de l'Académie des inscriptions et belles-lettres.* Séance du 26 juillet 1895.

2. *Hist. de France*, **XXI**, 7 J.

3. En 1573, Bertran de Tréal, sieur de la Varenne, tuteur des enfants mineurs de feu François de Tréal, sieur de Beauboys, avait un procès avec Mathieu Roussel, prieur de Notre-Dame de Jugon (Bibl. nat., ancien fonds des Blancs-Manteaux, fonds fr. 22322, fol. 227).

resté en blanc et les premières lignes du feuillet 165 continuant directement les dernières lignes du feuillet 163. Il est écrit sur deux colonnes; le commencement de la Chronique correspondant probablement au premier feuillet semble avoir disparu depuis longtemps, car une note, d'une écriture du XVIᵉ siècle, que l'on trouve sur le premier feuillet de garde, est ainsi conçue : *Chronica a tempore Nohae usque ad annum post Incarnationem Christi 1364*, ce qui correspond très exactement aux premiers mots du premier feuillet du manuscrit, tel que nous le possédons actuellement : *Dominus Noe ut archam constitueret. Noe ergo archam predicare cepit.* La Chronique se termine au milieu d'une phrase relative à la bataille de Cocherel : *Hoc fore verum gavisi sunt et ad sonum musicalium instrumento[rum]* (fol. 187 vᵒ), au-dessous de laquelle le copiste a eu soin de faire cette remarque : *Non plus habebatur in exemplari.*

Cette dernière note suffit à nous avertir que nous ne sommes pas en présence d'un manuscrit original, mais d'une copie probablement exécutée dans les dernières années du XIVᵉ siècle ou au commencement du XVᵉ. Une nouvelle écriture apparaît au verso du feuillet 120, mais semble peu postérieure à celle des feuillets précédents. Il en est de même d'un nouveau changement qu'on peut remarquer au fol. 133. Il convient enfin de signaler un autre changement d'écriture ou plutôt d'encre au verso du 154ᵉ feuillet, au milieu de l'année 1344, et où s'arrête, croyons-nous, la partie de la Chronique due à Richard Lescot. Ce changement coïncide d'ailleurs avec une autre particularité qu'offre ce manuscrit, et qu'il est nécessaire de mentionner ici. Toute la partie de la Chronique comprise entre le commencement et l'année 1344 se trouve en effet divisée en chapitres désignés par des chiffres romains, et les chapitres en paragraphes indiqués par les premières lettres de l'alphabet. Le chapitre ii commence au milieu de la première colonne du premier feuillet et la numérotation se termine en 1344 au feuillet 154, au chapitre CLXXXIV *j*. De plus, toutes les fois que, dans un chapitre, il est fait mention d'un personnage ou d'un événement dont il a déjà été parlé, on trouve à la marge le renvoi au chapitre et au paragraphe où figure la mention antérieure. Bien que nous trouvions déjà des traces de cette division dans quelques manuscrits de Gérard de Frachet[1], nous n'y voyons jamais de renvois tels que nous les rencontrons ici, et nous n'hésitons pas à en attribuer la paternité à Richard Lescot qui, d'ailleurs, a fait un travail analogue pour deux manuscrits contenant les *Sentences* de Pierre Lombard et le *Traité du gouvernement des princes* de Gilles de Rome, qu'il a ainsi annotés de sa main[2]. Il y a là un indice précieux pour reconnaître de nouvelles œuvres de ce religieux, si l'on en retrouve.

C'est à l'aide des mss. 5039 et 5005[c] que nous avons établi le texte de la première Continuation de Gérard de Frachet; le ms. 5005[c] seul contient la suite de ces continuations jusqu'en 1364.


### III. *La Chronique de Gérard de Frachet et Guillaume de Nangis.*


La *Chronique de Gérard de Frachet* a été continuée à Saint-Denis. On s'explique dès lors qu'avant d'y être con-

---

1. Bibl. nat., lat. 5005 et 5005[A]; Bibl. de l'Arsenal, ms. 1147.
2. Bibl. nat., fonds lat. 3014; fonds fr. 1201.

tinuée, elle y ait été utilisée, et il semble possible d'en trouver des traces dans l'œuvre de Guillaume de Nangis.

Dans son étude sur les sources de Guillaume de Nangis[1], M. Hermann Brosien a montré combien l'apport personnel du chroniqueur était faible, et déterminé les emprunts faits par lui à ses divers prédécesseurs, Geoffroi de Beaulieu, Vincent de Beauvais, Gilon de Reims, Primat et Martin de Troppau. Or, plusieurs passages de la *Chronique de Gérard de Frachet*, que nous retrouvons dans la *Vie de saint Louis* et dans la *Chronique universelle de Guillaume de Nangis*, manquent dans ces diverses sources ou y figurent sous des formes très différentes. Citons notamment le récit de la Croisade des Pastoureaux, pour lequel Guillaume de Nangis s'écarte notablement de la version de Primat pour se rapprocher du texte de Gérard de Frachet[2]. De même, le récit d'un miracle survenu au diocèse de Lyon se trouve raconté par les deux auteurs en des termes presque identiques[3]. L'examen des passages relatifs à l'élection des papes

1. *Neues Archiv der Gesellschaft für ältere deutsche Geschichtskunde*, t. IV, p. 426.

2. Voici, d'après le ms. lat. 5005ᶜ (fol. 87), ce récit qui n'a pas été publié par les *Historiens de France* : « Eo tempore facta est crucesignatio pastorellorum et puerorum multorum quorum aliqui fingebant se visiones vidisse, miracula facere, et ad ulciscendum predictum regem a Deo esse missos. Inter quos erant qui se magistros vocabant et more episcoporum aquam benedictam in ipsa civitate Parisiensi fecerunt, matrimonia conjunxerunt, religiosos et clericos uti poterant, gravabant et quosdam spoliantes et quosdam verberantes, nec erat qui eis resisteret, sed infra breve tempus, sicut fumus evanuerunt. » Voy. Primat, *Hist. de France* (t. XXIII, p. 8), *Vita Sancti Ludovici* (*Ibid.*, t. XXI, p. 382). — *Chronique universelle de Guillaume de Nangis* (édit. Géraud, t. I, p. 207).

3. « Item, in diocesi Lugdunensi, quidam, cupiditate tractus, peregrinum beate Marie interfecit, cujus interfectoris cultellus

Urbain IV et Clément IV conduit aux mêmes conclusions. M. Brosien avait supposé que Guillaume de Nangis avait dans ces deux circonstances, comme du reste en général pour l'histoire des papes, suivi Martin de Troppau. Or, si l'on compare ces deux auteurs au texte de Gérard de Frachet, on remarque aisément que Guillaume de Nangis est beaucoup plus voisin de ce dernier que du chroniqueur romain.

L'élection d'Urbain IV est racontée en ces termes dans Martin de Troppau[1] : « Alexander IV natione Campanus, sedit annis 7 et cessavit episcopatus mensibus 3 diebus 4. Hic moritur Viterbii et in ecclesia Sancti Laurentii tumulatur. Hujus tempore Manfredus... Urbanus IV, natione Gallicus, ex civitate Trecensi, sedit annis 3 mense 1 diebus 4 et cessavit episcopatus mensibus 9. »

De nombreuses incidences suivent, comme l'on voit, la mention de l'avènement d'Alexandre IV et la séparent de la notice consacrée à son successeur. De plus, l'auteur a noté avec soin la durée de chaque pontificat et de la vacance du siège. Rien de semblable chez Gérard de Frachet :

« Anno Domini MCCLXII, Alexander papa moritur in festo Sancti Urbani et post in decollatione Sancti Johannis Baptiste Urbanus iiii[us] eligitur, Trecensis natione, ex patriarcha Ierosolymitano[2]. »

Le chroniqueur limousin avait à tort placé cette élection en l'année 1262 ; Guillaume de Nangis semble s'être borné

---

quamvis frequenter extersus, harena confricatus, aqua lotus, sanguinem stillare non desinit quousque peregrinus invenitur et sepelitur et suspenditur homicida » ( Bibl. nat., lat. 5005c, fol. 87 vo). Voy. *Chronique de Guillaume de Nangis,* t. I, p. 223.

1. *Mon. Germ. hist.,* t. XXI, p. 440.

2. Bibl. nat., lat. 5005c, fol. 88.

à corriger cette erreur, et pour le reste reproduit presque textuellement le texte de Gérard de Frachet :

« Anno Domini MCCLXI, in festo Sancti Urbani pape obiit apud Viterbium Alexander papa IV cui successit Urbanus IIII natione Gallicus, de civitate Trecensi, ex patriarcha Hierosolymitano[1]. »

Il y a lieu de faire les mêmes observations au sujet de l'élection du pape Clément IV[2].

On a fait ressortir les ressemblances qui existent, en certains passages, entre le texte de Martin de Troppau et celui de Gérard de Frachet. Mais, à moins d'admettre l'existence d'une source commune, on ne saurait prétendre que Gérard de Frachet se soit inspiré de Martin. Non seulement, en effet, il est mort sept ans avant ce dernier, mais la seconde rédaction de sa Chronique était terminée en 1271, comme nous l'avons montré, alors que la première rédaction de Martin de Troppau était à peine achevée[3]. Quoi qu'il en soit, on ne peut nier que Guillaume de Nangis ait connu et utilisé directement plusieurs passages de la *Chronique de Gérard de Frachet*. C'est aussi cette Chronique que l'on continua à Saint-Denis quand on y eut l'idée de tirer parti des Continuations de Martin de Troppau.

---

1. *Gesta Sancti Ludovici* (*Hist. de France,* t. XX, p. 440). — Cf. *Chronique de Guillaume de Nangis,* t. I, p. 222.

2. « Urbanus papa in festo beati Ieronimi moritur. Et post in festo Sancte Agathe Guido Sabinensis episcopus eligitur et Clemens IIIIus est vocatus » (Bibl. nat., lat. 5005c, fol. 88). Voy. *Gesta S. Ludovici* (*Hist. de France,* t. XX, p. 440) et *Chronique de Guillaume de Nangis,* t. I, p. 227.

3. *Mon. Germ. hist.,* t. XXII, p. 383.

## IV. *Première Continuation de Gérard de Frachet rédigée à Saint-Denis (1268-1285).*

Dans l'étude que nous avons déjà citée, M. Brosien, frappé des nombreux emprunts faits par Guillaume de Nangis à Martin de Troppau et à ses Continuations, et remarquant d'ailleurs les différences nombreuses qui les séparaient, s'était demandé si l'œuvre de Martin, avant de passer dans la *Chronique de Guillaume de Nangis*, n'avait pas subi un premier remaniement à Saint-Denis. C'est cette rédaction intermédiaire que nous croyons rencontrer dans la première Continuation de Gérard de Frachet. Dans cette première Continuation, postérieure aux *Gesta sancti Ludovici*, antérieure, ou du moins contemporaine de la rédaction des *Gesta Philippi tertii,* et certainement antérieure à sa *Chronique universelle*, Guillaume de Nangis aurait retracé ou fait retracer par un de ses collaborateurs la suite chronologique des événements de 1268 à 1285, en se servant essentiellement de l'œuvre de Martin de Troppau et de ses continuateurs, pour l'histoire de Sicile et des papes, et en y ajoutant de brèves notices pour les faits survenus en France. En utilisant plus tard cette Continuation dans sa Vie de Philippe III et dans sa Chronique, il aurait été amené à réduire la part des événements de Rome et de Sicile et à développer au contraire les récits des faits relatifs à l'histoire de France.

Un premier point doit être considéré comme incontestablement acquis, c'est l'antériorité du texte de Martin de Troppau et de sa première Continuation allant jusqu'en 1285. La troisième rédaction de Martin, qui conduit les événements jusqu'à 1277, a dû être composée au plus tard en 1278, date de la mort de l'auteur. Quant à la première Continuation, rédigée à Rome et désignée par Wieland sous le nom de *Continuatio Pontificum romana*[1], elle a été pour ainsi dire rédigée au jour le jour. Elle s'arrête en effet à la mort de Martin IV, survenue le 28 mars 1285, et était terminée le 12 mai suivant, comme nous l'apprend ce témoignage de l'auteur au sujet des miracles qui se produisirent sur la tombe du pape défunt : « Nec adhuc, quando fuit hec scriptura protecta, 12 die mensis maii cessabant ibidem miracula... et qui scripsit hec vidit ea[2]. »

Or, des différents textes de Saint-Denis qui ont utilisé Martin de Troppau, celui que nous trouvons dans la Continuation de Gérard de Frachet est celui qui se rapproche le plus près de la source originale. Non seulement il reproduit des passages qui ne se trouvent plus dans les autres, mais les passages communs s'écartent moins de la source primitive[3]. C'est ainsi qu'il reproduit constamment pour les papes le nombre des années, des mois et des jours du règne qui sont souvent omis ailleurs. D'autres traits vont nous montrer l'ancienneté de la Continuation de Gérard de Frachet.

1° On n'y trouve jamais le nom de saint appliqué à saint Louis, fait qui se rencontre très fréquemment dans la seconde rédaction de la *Chronique de Guillaume de Nangis*, avec laquelle elle présente d'ailleurs beaucoup moins de rapports qu'avec la première. Citons notamment les passages relatifs

---

1. *Mon. Germ. hist.*, t. XXII, p. 476.

2. *Ibid.*, p. 481.

3. C'est ainsi qu'en 1284 Martin de Troppau donne sur la mort du pape Martin et l'élection d'Honorius IV, son successeur, beaucoup de détails qu'on ne retrouve que dans la *Continuation de Gérard de Frachet*. D'ailleurs, M. Herman Brosien avait déjà remarqué que, dans la *Vita Philippi III*, Guillaume de Nangis s'écartait beaucoup moins de Martin de Troppau que dans les deux rédactions de sa Chronique (*Neues Archiv*, ibid., p. 504).

à la seconde croisade et au concile de Lyon. Toutefois, beaucoup de passages empruntés par exemple à Martin de Troppau sont plus développés dans la Continuation de Gérard de Frachet que dans la *Chronique universelle de Guillaume de Nangis.*

2° Une plus étroite parenté semble rattacher en effet ce dernier texte à la Vie de Philippe III, dont les récits sont plus développés pour les faits que nous venons de citer ; une circonstance est surtout caractéristique : cette Continuation s'arrête à la même date et se termine par les mêmes mots que la *Vie de Philippe III*, bien qu'elle se présente sous la forme de chronique et que la mort de ce prince ne marque pas la fin des événements survenus en 1285. Il semble même possible d'assigner à cette Continuation une date antérieure à celle de la *Vita*. En effet, Martin de Troppau, qui a pour objet essentiel d'indiquer la succession des papes, n'a pas reproduit en général dans sa Chronique les années de l'Incarnation ; le continuateur de Gérard de Frachet, qui a essayé de le faire, a commis, dans plusieurs cas, des erreurs qui se trouvent rectifiées dans la *Vita Philippi III*. On comprend très bien que l'auteur de la Continuation, essayant le premier de donner les années de l'ère chrétienne, ait commis ces erreurs ; on ne comprendrait pas que, venant après la *Vita Philippi III* et la suivant, il ait pris plaisir à modifier les dates exactes fournies par celle-ci pour les remplacer par des dates fausses [1].

Ces divers éléments nous permettent de déterminer avec

---

1. La *Continuation de Gérard de Frachet* place en 1275 le concile de Lyon, que la *Vita Philippi III* et la *Chronique de Guillaume de Nangis* rapportent à l'année 1274 ; de même, d'après la *Continuation,* le pape Jean XXI serait mort en 1276 au lieu de 1277, qui est la date exacte donnée par les deux autres textes.

plus de précision la date à laquelle a été composée la première Continuation de Gérard de Frachet. D'une part, elle n'a pu être commencée avant 1285, car l'auteur, en 1270, annonce que Philippe III régna quinze ans; d'autre part, elle devait être terminée en 1293, date à laquelle on s'accorde à placer la rédaction de la *Vita*. Composée à Saint-Denis, à un moment où Guillaume de Nangis y rédigeait ses plus importants ouvrages, on ne saurait décider, en l'absence de preuves directes, si elle doit lui être attribuée. Dans tous les cas, s'il est possible de relever des différences entre cette Continuation et les ouvrages de Guillaume de Nangis, il en existe de plus grandes encore entre ceux-ci, différences qui témoignent que Guillaume n'a pas hésité à faire subir parfois d'importants remaniements à son œuvre propre.

### V. *Seconde Continuation de Gérard de Frachet et Chronique de Richard Lescot* (1285-1344).

Deux traits principaux nous permettent d'établir qu'à partir de 1285 la *Continuation de Gérard de Frachet* se distingue de la partie antérieure et a été rédigée à une époque beaucoup plus récente; en premier lieu, le manuscrit 5039 s'arrête à cette date, et, comme nous l'avons fait remarquer, par la même phrase et dans les mêmes termes que la *Vita Philippi III;* de plus, tandis que, comme nous l'avons encore fait remarquer, la première Continuation est toujours conforme à la première rédaction de la *Chronique de Guillaume de Nangis,* après 1285, au contraire, elle se rapproche davantage de la seconde rédaction et, de 1285 à 1300 au moins, des *Grandes Chroniques de France* que l'auteur a connues et utilisées. Nous arrêtons cette partie en 1344, époque à laquelle finit la part de Richard Lescot, bien que, comme nous le verrons, plusieurs indices tendent à prouver qu'il y a eu dans la Continuation de 1285 à 1344 plusieurs arrêts successifs.

Quoi qu'il en soit, cette seconde partie de la Continuation a été, à n'en pas douter, rédigée à Saint-Denis, comme la précédente. Nous en trouvons la preuve dès l'année 1286 dans le passage relatif à la mort de Mathieu de Vendôme, abbé de Saint-Denis. Non seulement l'auteur a laissé, après les premières lignes de l'éloge consacré à l'abbé, un blanc qui pût permettre de compléter cet éloge, mais il a ajouté un peu plus loin, en parlant du même abbé, cette mention caractéristique que nous ne trouvons pas dans la *Chronique de Guillaume de Nangis :* « Multa quidem et alia magna gessit que in sententia quolibet anno lecta in capitulo plenius continentur[1]. » En 1321, le Continuateur de Guillaume de Nangis parle de faits dont il a été témoin en Poitou, dans une maison appartenant à l'abbaye : « In villa nostra et nobis subjecta in Pictavia[2]. » Notre auteur précise davantage encore et indique qu'il s'agit du prieuré de Vaux : « In villa nostra nobis subjecta, Vallis in Pictavia. » De même, en 1325, au sujet de la mort de Guy de Pontoise et de l'élection de son successeur, notre auteur s'écarte du Continuateur de Guillaume de Nangis, notamment pour la date de la mort et de l'élection ; il ajoute également, en parlant de Guy de Pontoise, une mention particulière, analogue à celle que nous avons déjà rencontrée pour Mathieu de Vendôme : « Qui multa memorie retinenda que in capitulo leguntur vigilia sui obitus, dereliquit[3]. » Nous ne rappellerons pas

1. Bibl. nat., lat. 5005ᶜ, fol. 95 vᵒ.
2. *Continuation de Guillaume de Nangis,* t. II, p. 32.
3. *Continuation de Guillaume de Nangis,* t. II, p. 66. Bibl. nat., lat. 5005ᶜ, fol. 137 vᵒ.

ici la mention que, quatre ans plus tard, Richard Lescot lui-même fait de son entrée à Saint-Denis[1]. Enfin, en 1334, il raconte, comme le Continuateur de Guillaume de Nangis, que David Bruce vint en France ; mais il ajoute ce fait intéressant qui a d'ailleurs été reproduit par les *Grandes Chroniques*, c'est qu'en cette circonstance le roi d'Écosse fut reçu par un noble Écossais, Auffroy de Kirkpatrick, qui, plus tard, donna ses biens à l'abbaye de Saint-Denis et y fut enterré[2].

C'est pour ainsi dire au milieu de cette partie de la Continuation, que nous avons comprise entre 1285 et 1344, que nous trouvons le nom de Richard Lescot. Doit-on le considérer comme l'auteur de toute cette partie, ou faut-il attribuer cette partie à plusieurs auteurs différents ? La question semble difficile à trancher, et, pour aider à sa solution, le mieux est, croyons-nous, d'indiquer les rapports que, pour cette période, notre texte présente avec la *Chronique de Guillaume de Nangis* et ses Continuations, d'une part, et de l'autre avec les *Grandes Chroniques*.

Un premier point doit être nettement établi, c'est que notre texte n'apporte pour toute cette période qu'un petit nombre de faits nouveaux et que son intérêt est beaucoup moins grand pour l'histoire générale au xive siècle que pour l'historiographie de Saint-Denis. Les rapprochements qu'il y a lieu de faire entre ce texte et les deux sources que nous venons de citer portent donc principalement sur les variantes que ces textes présentent dans le récit des mêmes événements, et l'étude qu'on en peut faire à ce point de vue nous conduit aux conclusions suivantes :

1. *Chronique de Richard Lescot,* p. 16.
2. *Ibid.,* p. 35. — *Grandes Chroniques,* t. V, p. 356.

De 1285 à 1300, la Continuation de Gérard de Frachet est postérieure aux deux rédactions de Guillaume de Nangis. L'auteur les a connues et utilisées tour à tour. C'est ainsi qu'en 1286, au sujet de la confirmation par le pape Honorius de la sentence portée par Martin IV contre la maison d'Aragon, il donne certains détails, notamment pour la date de ce fait, qui ne se trouvent que dans la première rédaction de Nangis[1] ; mais il est beaucoup d'autres passages où il a suivi de préférence la deuxième rédaction, notamment en ce qui concerne l'élection du pape Nicolas IV en 1286, le mariage des deux filles de Philippe d'Artois en 1298, le mariage d'Édouard Ier, roi d'Angleterre, avec Marguerite de France en 1299, l'expédition de Charles, comte de Valois, en Flandre l'année suivante.

D'autre part, il est facile de reconnaître que les *Grandes Chroniques* ont suivi de préférence la seconde rédaction de Guillaume de Nangis, notamment pour les points où elle se confond avec la Continuation de Gérard de Frachet. Nous nous contenterons de citer à cet égard le passage relatif à l'avènement de Jayme II, roi d'Aragon.

Voici d'abord le texte de la première rédaction de Guillaume de Nangis :

« Mortuo Alphonso, rege Aragonum, Jacobus, ejus frater, occupator regni Sicilie, dimissa Sicilia, *veniens in Arragoniam, in regem coronatur*[2]. »

Le texte de la *Continuation de Gérard de Frachet*, identique à celui de la seconde rédaction de Guillaume de Nangis, est ainsi conçu : « Alphonso, rege Aragonie deffuncto, Jacobus, frater ejus, regni Sicilie occupator, *in Ara-*

1. *Chronique de Guillaume de Nangis*, t. I, p. 268.
2. *Chronique de Guillaume de Nangis*, t. I, p. 292.

*goniam se transferens suscepit apicem regie digni-*
*tatis* [1]. »

Le même fait se trouve ainsi reproduit dans les *Grandes
Chroniques* : « Et en icest an ensement, Alfons le roy
d'Arragon mourut, et lors Jacque, l'occupeur de Secile, son
frère, *se transporta en Aragon et reçut là la hautesce
de la dignité royale* [2]. »

Les mentions de la mort du pape Nicolas IV, que l'on
rencontre dans ces trois textes [3], prouvent aussi clairement
que les *Grandes Chroniques* ont suivi le texte de la seconde
rédaction de Guillaume de Nangis. Dans la plupart de ces
cas, ce texte étant conforme à celui de la *Continuation de
Gérard de Frachet*, doit-on en conclure que le rédacteur
des *Grandes Chroniques* a connu et utilisé cette Continuation? Il ne semble pas possible de l'affirmer. Plusieurs
passages qui se trouvent en effet dans les deux rédactions de
Guillaume de Nangis et dans les *Grandes Chroniques* ne
figurent pas dans la Continuation. Citons notamment les
passages relatifs au couronnement du roi de Chypre à Acre
en 1287, à l'occupation de Gaëte par Jayme, fils de Pierre
d'Aragon, en 1289, à la mort de Rodolphe de Habsbourg et
à l'avènement d'Adolphe de Nassau en 1291. Il y a plus,

1. Bibl. nat., lat. 5005ᶜ, fol. 100.
2. *Grandes Chroniques*, t. V, p. 114.
3. « Obit etiam Nicholaus papa, circa annunciationem beate
Marie, post quam Ecclesia romana vacavit per duos annos tres
menses et duos dies » (1ʳᵉ rédaction de Nangis, *Chronique de
Guillaume de Nangis*, t. I, p. 280). — La seconde rédaction (Bibl.
nat., lat. 4918) et la *Continuation de Gérard de Frachet* portent :
« Papa Nicholao deffuncto, Ecclesia romana per duos annos et
amplius vacavit *antistite viduata,* » ce que nous trouvons sous
cette forme dans les *Grandes Chroniques* (t. V, p. 102) : « En ce
meisme temps, le pape Nicolas moru et fu l'église de Rome vacant
par deux ans et *plus de pasteur.* »

en 1289, la Continuation, mentionnant la naissance de Louis X, ajoute que ce prince fut surnommé *Hutin*[1]. Or, cette dénomination, que nous ne trouvons pour la même date, ni dans la *Chronique de Guillaume de Nangis,* ni dans les *Grandes Chroniques,* ne paraît avoir été sinon connue, du moins employée qu'assez tard par les chroniqueurs, et semble reculer jusque vers la mort de ce prince la date de cette partie de la Continuation, qui, postérieure par suite à la *Chronique de Guillaume de Nangis* et aux *Grandes Chroniques,* ne peut présenter qu'un intérêt beaucoup moindre. Il n'en est pas de même de la partie de cette Continuation comprise entre 1300 et 1340.

De 1300 à 1340, la Continuation à la Chronique de Gérard de Frachet, rédigée à Saint-Denis, se présente comme intermédiaire entre les *Continuations de Guillaume de Nangis,* qu'elle remanie, abrège ou développe, et les *Grandes Chroniques* qui la suivent généralement. Elle offre pour ainsi dire par cela même une sorte de caractère officiel qui, comme l'a clairement montré M. Delaborde, doit s'appliquer, pour l'œuvre de Saint-Denis, au texte latin, et non, comme on l'avait supposé, au texte français des *Grandes Chroniques.* Nous n'hésiterons donc pas à multiplier les exemples qui servent à établir ce point important et qui seront autant de rapprochements utiles pour une future étude d'ensemble sur l'historiographie de Saint-Denis au XIV[e] siècle.

De ces modifications apportées par les auteurs de la *Continuation de Gérard de Frachet* aux *Continuations de Guillaume de Nangis,* quelques-unes ne sont pour ainsi

---

1. « Ludovicus primogenitus regis Francie dictus *Hutin* quarto nonas octobris nascitur... » (Bibl. nat., lat. 5005[c], fol. 96 v[o]).

dire que des corrections de texte qui permettent surtout de rectifier des erreurs de copistes inintelligents ou distraits, mais beaucoup d'autres accusent, comme on le verra, un véritable remaniement de l'œuvre des Continuateurs de Guillaume de Nangis. Pour chaque passage, nous donnons d'abord le texte des Continuateurs de Guillaume de Nangis, que nous ferons suivre de notre texte; et en troisième lieu celui des *Grandes Chroniques*.

1310. Éclipse de soleil.

« Hujus causam assignabant astronomi dicentes quod in puncto eclipsis Jupiter dominium inter tunc croceo fulgore vel aureo collocavit[1]. »

« Et hoc secundum astronomos quia in puncto eclipsis Jupiter inter quinque planetas dominium obtinebat[2]. »

« Et la cause estoit selon les astronomes, car Jupiter, au point de l'éclipse, avoit la seigneurie entre les cinq planètes[3]. »

1313. Le pape annule la sentence de déposition portée par l'empereur Henri contre Robert, roi de Sicile.

« ... totaliter annullavit propter etiam multas alias causas que ibidem allegantur quas hic admittere non est presentis operis[4]. »

« ... totaliter adnullavit propter multas causas que in suis constitutionibus allegantur quas hic annotare longum esset[5]. »

« ... du tout il l'annichiloit pour moult de causes, les-

---

1. *Continuation de Guillaume de Nangis*, t. I, p. 375.
2. *Continuation de Gérard Frachet* (Bibl. nat., lat. 5005c, fol. 113 v°).
3. *Grandes Chroniques*, t. V, p. 186.
4. *Continuation de Guillaume de Nangis*, t. I, p. 397.
5. *Continuation de Gérard de Frachet*, ibid., fol. 117.

quelles sont en ses constitutions alléguées et seroient moult longues à mettre en escript[1]. »

En 1324, au sujet des guerres de Gascogne, nous trouvons dans les *Continuations de Guillaume de Nangis* un texte incomplet et incompréhensible que la version de Richard Lescot nous permet de rattacher aux *Grandes Chroniques* :

« Versus Vasconiam properarunt sed pactum non tenuerunt et nuntians regi quomodo ab Anglicis sit delusus et quomodo castra et villas Anglici munientes, se ad bellum ut poterant, proparabant[2]. »

« ... versus Guasconiam properarunt sed cum prope terminum devenissent dixerunt Anglici dicto militi quod rediret nisi vellet amittere caput suum. Qui revertens et regi nuncians quomodo ab Anglicis sit delusus...[3]. »

« Mais avant qu'il venissent au terme ou il devoient aler, les Anglois distrent audit messire Jehan qu'il s'en retournast se il ne vouloit perdre la teste. Lequiel s'en retourna au Roy et lui conta et dist coment les Anglois l'avoient moqué...[4]. »

En 1328, le Continuateur de Guillaume de Nangis raconte que les Flamands avaient représenté en avant des murailles de Cassel un coq gigantesque avec ces vers, comme un défi au roi de France :

> Quand ce coq chanté aura
> Le Roy Cassel conquestera[5].

Or, les deux vers se présentent dans Richard Lescot sous

1. *Grandes Chroniques*, t. V, p. 200.
2. *Chronique de Guillaume de Nangis*, t. II, p. 56.
3. *Continuation de Gérard de Frachet*, fol. 135 v°.
4. *Grandes Chroniques*, t. V, p. 279.
5. *Continuation de Guillaume de Nangis*, II, p. 94.

la forme suivante, que nous retrouvons dans les *Grandes Chroniques* :

> Quant ce coq chanté ara
> Le Roy trouvé ça enterra[1].

En 1333, il y eut une telle abondance de vin que le setier, au dire du Continuateur de Guillaume de Nangis, ne valait qu'un denier; or, d'après Richard Lescot, le prix en était de cinq deniers, et d'après les *Grandes Chroniques* de cinq ou six deniers[2].

En 1336, la *Continuation de Guillaume de Nangis* parle d'un conflit qui se serait produit entre le roi de Navarre et le roi d'Angleterre, et dans lequel le roi de France serait intervenu en qualité de médiateur; Richard Lescot et les *Grandes Chroniques*, avec beaucoup plus de vraisemblance, parlent de différends entre le roi de Navarre et le roi d'Espagne.

« Hoc etiam anno, cum magna guerra esset inter regem Anglie et regem Navarre pro custodia cujusdam abatie in confiniis regnorum site...[3]. »

« Cum inter reges Hyspanie et Navarre maxima guerra...[4]. »

« Item, en ce meisme an vint une très grant guerre entre le roy d'Espagne et le roy de Navarre...[5]. »

---

1. *Richard Lescot*, p. 6. — *Grandes Chroniques*, V, p. 311.

2. « ... quod sextarium vini mundi et clari denarium venderetur... » (*Continuation de Guillaume de Nangis*, t. II, p. 140); — « ut sextarium mundi vini et clari pro quinque denariis aliquando pro minori pretio haberetur... » (*Richard Lescot*, p. 33); — « que l'on avoit un sextier de vin cler, bon, net et sain pour cinq et six deniers » (*Grandes Chroniques*, t. V, p. 354).

3. *Continuation de Guillaume de Nangis*, t. II, p. 155.

4. *Richard Lescot*, p. 42.

5. *Grandes Chroniques*, t. V, p. 367.

La même année, supplice d'Hugues de Crucy, ancien prévôt de Paris :

« Hoc anno, vigesima prima die julii, in vigilia sancte Marie Magdalene, et erat dies, Hugo de Crusiaco miles, natione Burgundus, qui fuerat prepositus Parisius et postea in numero magistrorum regalis palatii sublimatus...[1]. »

« In vigilia Magdalene que fuit die dominica, Hugo de Crusiaco, miles, natione Burgundus, dudum prepositus Parisius dominusque postea Parlamenti...[2]. »

« Item, la veille de la Magdaleine ensuivant, qui fu au dimenche, Hugues de Crusy, chevalier, né de Bourgogne, lequel avoit esté n'avoit guère prévost de Paris et après seigneur de Parlement[3]. »

En 1337, répression d'un soulèvement des Flamands par l'évêque de Senlis et l'abbé de Saint-Rémi, dit la *Continuation de Guillaume de Nangis*, par l'évêque de Senlis et l'abbé de Saint-Denis, disent Richard Lescot et les *Grandes Chroniques*[4].

A côté de ces faits, également rapportés par les trois textes, mais avec des variantes plus ou moins grandes, il en est d'autres que l'on ne trouve que dans l'un ou dans deux, et dont l'examen conduit aux mêmes conclusions. C'est ainsi qu'un certain nombre d'événements manquent dans les *Continuations de Guillaume de Nangis* et ne se retrouvent que dans *Richard Lescot* et les *Grandes Chroniques*. Citons notamment, en 1336, le renouvellement par Édouard III des traités faits avec la France depuis Philippe

---

1. *Continuation de Guillaume de Nangis*, t. II, p. 153.
2. *Richard Lescot*, p. 41.
3. *Grandes Chroniques*, t. V, p. 365-366.
4. *Continuation de Guillaume de Nangis*, t. II, p. 159 ; — *Richard Lescot,* p. 46 ; — *Grandes Chroniques*, t. V, p. 373.

le Bel, en 1338, l'élévation au cardinalat de Pierre Roger, archevêque de Rouen, le retour humilié de Philippe VI en France après la campagne de 1339, la reprise sur les Anglais à l'Écluse, en 1340, des deux vaisseaux d'Édouard III la *Christophle* et la *Édouard*.

En revanche, un certain nombre de faits rapportés par les Continuateurs de Guillaume de Nangis ne figurent ni dans les *Grandes Chroniques* ni dans *Richard Lescot*, comme, en 1331, les blâmes sévères adressés aux gens du roi pour avoir arraché le secret de la confession au confesseur de Robert d'Artois; l'intervention du roi de France poussant le comte de Foix à jeter en prison sa femme, sœur de Robert d'Artois, la grande cherté des grains en France, en 1334, etc....

Nous pourrions multiplier à l'infini ces rapprochements. Il ressort avec évidence, croyons-nous, de ceux que nous venons de faire que, de 1300 à 1340, l'auteur de notre texte a connu et remanié les *Continuations de Guillaume de Nangis* et a servi de source quasi officielle au rédacteur des *Grandes Chroniques*. Il semblerait donc qu'on puisse par là déterminer à quelle date il a été rédigé et quelle partie on doit en attribuer à Richard Lescot. Malheureusement rien n'est plus incertain jusqu'ici que toutes les questions relatives à la composition et aux auteurs des *Continuations latines de Guillaume de Nangis* et des *Grandes Chroniques*, et la solution de ces questions, que nous ne pouvons aborder ici, exigerait d'ailleurs une étude approfondie des autres sources contemporaines comme le *Mémorial de Jean de Saint-Victor* et les *Continuations françaises de Guillaume de Nangis*. Nous ne pouvons donc présenter qu'à l'état d'hypothèses les conclusions suivantes :

Certains passages des *Continuations de Guillaume de*

*Nangis* nous apprennent qu'elles sont dues à plusieurs auteurs différents et permettent notamment de fixer à l'année 1314 la fin de la première Continuation[1]; d'autre part, le célèbre manuscrit des *Grandes Chroniques*, écrit en 1318 par Thomas de Maubeuge pour Pierre-Honoré du Neuchâtel, conduit sans changement d'écriture le récit des événements jusqu'à la fin de l'année 1316[2]. Or, si ce récit est très différent du texte officiel des *Grandes Chroniques* dans sa dernière partie, il n'en contient pas moins pour cette partie un certain nombre de passages qu'il a empruntés soit à la *Continuation latine de Guillaume de Nangis*, soit à notre Continuation. Nous avons vu que la partie de notre Chronique comprise entre 1285 et 1300 était postérieure à la Chronique de Guillaume de Nangis et aux *Grandes Chroniques*. Nous sommes donc amené à penser que, de 1285 à 1316, notre Continuation a dû être écrite pour ainsi dire d'un seul jet et aux environs de cette dernière date; la partie due en propre à Richard Lescot ne commencerait donc qu'en 1316, ou peut-être même en 1322[3].

Quoi qu'il en soit, Richard Lescot a continué cette Chronique jusqu'en 1344. Or, on sait que les *Continuations de Guillaume de Nangis* rédigées à Saint-Denis s'arrêtent à 1340. Donc, de 1340 à 1344, Richard Lescot semble avoir fait œuvre originale et ne s'être inspiré d'aucun travail antérieur. D'autre part, si pour ces années les *Grandes Chroniques* ne présentent plus aucun rapport avec l'œuvre de Jean de Venette, de beaucoup postérieure, il est permis

---

1. *Chronique de Guillaume de Nangis.* Introduction, t. I, p. xvi.

2. *Grandes Chroniques*, édit. Paulin Paris, t. VI, p. 501.

3. Nous avons déjà signalé les différences d'écriture qui se présentent dans le ms. 5005c aux années 1315 et 1322, et qui peuvent vraisemblablement correspondre à autant d'arrêts dans le manuscrit original.

d'y relever de nombreuses ressemblances avec notre texte, à côté des développements nouveaux que l'on y rencontre. Suivie jusqu'à 1344 par les *Grandes Chroniques* alors rédigées à Saint-Denis, l'œuvre de Richard Lescot doit donc être considérée comme la suite naturelle des *Continuations de Guillaume de Nangis* et on doit par suite refuser ce caractère à l'œuvre de Jean de Venette, qui ne s'y est trouvée jointe plus tard que par hasard.

Conduisant le récit des événements quatre ans plus tard que les Continuations dyonisiennes de Guillaume de Nangis, l'œuvre de Richard Lescot doit leur être postérieure. Un épisode de l'histoire de Saint-Denis que nous avons déjà mentionné permettra peut-être un jour d'arriver à des conclusions assez précises à cet égard. Nous avons vu qu'en 1334 Richard Lescot et les *Grandes Chroniques* mentionnent comme assistant à l'arrivée de David Bruce en France un noble Écossais, Auffroy de Kirkpatrick, qui aurait plus tard donné des biens à l'abbaye et y aurait été enterré. Si les *Continuations de Guillaume de Nangis* rédigées à Saint-Denis et s'intéressant également à l'histoire de l'abbaye n'en font pas mention, c'est qu'à l'époque de leur rédaction Auffroy de Kirkpatrick n'avait pas encore fait de donation à l'abbaye, et dans tous les cas n'y avait pas encore été enterré. La date de la mort de ce personnage serait donc intéressante à connaître, car elle fournirait un point de départ certain entre les *Continuations de Guillaume de Nangis* d'un côté et le texte de Richard Lescot de l'autre. Mais si l'on trouve dans les archives de l'abbaye de nombreuses mentions des donations qu'Auffroy de Kirkpatrick fit à Saint-Denis[1], il nous a été impossible jusqu'ici

---

1. Il donna entre autres à l'abbaye, après les avoir acquis de

de trouver trace de sa mort. D'ailleurs, une note écrite au xvii<sup>e</sup> siècle par un religieux de l'abbaye nous montre que dès cette époque on n'avait plus à Saint-Denis que de vagues renseignements sur le compagnon de David Bruce[1].

Il semble toutefois possible d'arriver, au moins pour la fin de la Chronique de Richard Lescot, à une date assez précise. M. Paulin Paris a remarqué avec justesse qu'un passage des *Grandes Chroniques* relatif à la bataille de Crécy prouve manifestement que le chroniqueur écrivait avant la bataille de Poitiers[2]. Richard Lescot aurait donc écrit la partie de sa Chronique qui lui appartient en propre de 1344 à 1356. Cette date s'accorde d'ailleurs fort bien avec ce que nous savons de lui et explique comment, en 1358, un conseiller du roi Jean, Anceau Choquard, ait pu lui demander de réfuter dans un traité les prétentions du roi de Navarre au trône de France.

Quant aux *Grandes Chroniques* elles-mêmes, à part ce qui peut être attribué à Pierre d'Orgemont, nous n'avons, par suite de leur extrême impersonnalité, que peu de ren-

Jacques de Chenevières, bourgeois de Paris, la Malmaison et plusieurs autres héritages sis à Rueil, à la charge par lesdits religieux de le nourrir et entretenir sa vie durant. La date de cette donation n'est pas indiquée dans l'inventaire des titres de Saint-Denis, mais est antérieure à 1339, puisqu'en 1339 l'abbé Guy céda ces biens à l'office des charités (Arch. nat., LL 1167, fol. 122; LL 1191, p. 326). D'ailleurs, dès le mois de septembre 1334, le même personnage faisait aveu à l'abbé de Saint-Denis d'héritages sis à Rueil (Ibid., LL 1191, fol. 291).

1. Cette note est ainsi conçue : « Voir les Chroniques de Saint-Denis pour savoir si, du temps de Charles le Bel, vers l'an 1330, David, roi d'Écosse, passa en France avec Geoffroy de Tirepanne, qui se fit, dit-on, religieux à Saint-Denis » (Arch. nat., LL 863).

2. « En icelle journée, toute France ot confusion telle qu'elle n'avoit onques mais par le roy d'Angleterre soufferte, dont il soit mémoire à présent » (*Grandes Chroniques,* t. V, p. 461).

seignements sur leur composition et les noms des religieux de Saint-Denis qui y ont collaboré. Nous ne croyons pas toutefois téméraire de prétendre que Richard Lescot n'a pas été étranger à leur rédaction, au moins pour le règne de Philippe de Valois, et nous n'en voulons pour preuve que le soin avec lequel son texte a été suivi par les *Grandes Chroniques* et l'influence même qu'il semble avoir exercée à Saint-Denis à cette époque. C'est pour des raisons analogues que nous croyons qu'il n'a pas été complètement étranger à la première rédaction de la Chronique qui fait suite à la sienne et qui, dans la forme sous laquelle nous la présente le ms. latin 5005ᶜ de la Bibliothèque nationale, est certainement l'œuvre d'un autre religieux.

## VI. *Continuation de la Chronique de Richard Lescot* (1344-1364).

Bien que Richard Lescot n'ait composé son traité contre le roi de Navarre qu'en 1358 et ne soit mort qu'assez longtemps plus tard, on doit cependant considérer la dernière partie de notre compilation comme l'œuvre d'un autre religieux, rédigée à une époque plus récente. Non seulement, en effet, la division en chapitres et en paragraphes adoptée par Richard cesse en 1344, mais plusieurs mentions qu'on relève dans la dernière partie ne permettent pas de penser qu'elle ait été terminée sous sa forme actuelle avant 1390[1]. De même nous voyons tout à coup apparaître, à partir de 1344, un certain nombre d'expressions nouvelles et très

---

1. En 1362, l'auteur, après le récit de la victoire de Gaston Phébus sur le comte d'Armagnac à Launac, dit que le comte de Foix se fit gloire de montrer, *tant qu'il vécut (quamdiu vitam dixit)*, les portraits de ses prisonniers les plus illustres. Or, Gaston Phébus mourut le 1ᵉʳ janvier 1391 (p. 154).

particulières qui ne se rencontrent pas dans les années précédentes. Toutefois c'est encore, à n'en pas douter, une
œuvre de Saint-Denis. En 1349, l'auteur, parlant des
ravages de la peste noire, donne, comme Jean de Venette et
les *Grandes Chroniques,* le nombre des victimes à Paris
et dans la ville de Saint-Denis, mais il y ajoute celui du
religieux de l'abbaye. Il mentionne soigneusement, — ce
que ne font ni Jean de Venette ni les *Grandes Chroniques,* — l'avènement et la mort des abbés, en y ajoutant
le récit des principaux actes de chacun. En 1358, il se
répand en plaintes amères contre le roi de Navarre qui,
réfugié à Saint-Denis, a, pour subvenir à l'entretien de ses
hommes d'armes, réduit les moines à la dernière misère et
contraint l'abbé à engager ou à vendre les joyaux les plus
précieux de l'abbaye[1].

Postérieure à 1390, cette dernière partie de notre compilation ne semble pas avoir été composée longtemps après
cette date; non seulement la copie que nous en fournit le
ms. latin 5005ᶜ de la Bibliothèque nationale paraît avoir
été faite au plus tard dans les premières années du xvᵉ siècle,
mais plusieurs passages des dernières années, relatifs notamment à la bataille de Cocherel, semblent prouver que l'auteur a connu plusieurs des personnages dont il parle[2]. Si le
texte ne nous fournit aucune indication positive sur le religieux de Saint-Denis qui s'attacha à continuer l'œuvre de
Richard Lescot, il est toutefois une hypothèse que nous ne
saurions passer sous silence.

1. P. 130.

2. Voir notamment les passages relatifs aux funérailles du roi
Jean à Londres (p. 166) et à la bataille de Cocherel : « qui tunc
presentes aderant retulerunt numquam de tam pauco numero
pugilum duriorem conflictum se vidisse » (p. 171).

Il résulte des déclarations mêmes de l'auteur anonyme de l'Histoire de Charles VI, comme l'a récemment montré M. Delaborde, que ce religieux avait auparavant retracé les annales des règnes précédents[1]. D'autre part, si on compare l'Histoire du règne de Charles VI avec la dernière partie de notre Chronique, on est frappé des nombreuses expressions communes que l'on y rencontre[2]. Il semble même démontré que ce religieux avait entrepris d'écrire une vaste compilation d'histoire universelle dont la première partie, allant jusqu'en 1270, a été signalée par MM. Viollet et Molinier et plus récemment étudiée par M. Delaborde[3]. Il n'est guère permis de voir dans la Continuation de la Chronique de Richard Lescot un fragment de cette compilation, mais rien n'empêche de supposer que ce religieux, qui a certainement connu Richard Lescot, dont l'œuvre était alors hautement appréciée à Saint-Denis, n'ait commencé par écrire l'histoire des règnes antérieurs à Charles VI en prenant le récit au point où l'avait laissé Richard Lescot. Rien ne prouve d'ailleurs qu'il ait conduit sans interruption sa grande compilation d'histoire universelle de 1220 à 1380. Dans ce dernier cas, il est vrai, on devrait admettre qu'il a, au moins pour les années comprises entre 1344 et 1364, fait deux fois le récit des mêmes événements, mais rien n'est plus conforme aux traditions des chroniqueurs de Saint-Denis que cette habitude de reprendre ainsi à plusieurs reprises l'histoire des mêmes faits, sous des formes même souvent assez différentes, et nous n'en pouvons citer de meilleurs exemples que

1. *Bibl. de l'École des chartes*, 1890, p. 99.

2. Citons entre autres les expressions *dignum ducere, famis media, pugiles, resditus.*

3. *Bibl. de l'École des chartes*, 1890, p. 93 à 110.

ceux qui nous sont offerts par Guillaume de Nangis, Jean Chartier et Richard Lescot lui-même.

Postérieure, du moins dans la forme sous laquelle nous la possédons, à l'œuvre de Jean de Venette et à la partie des *Grandes Chroniques* attribuée à Pierre d'Orgemont, la Continuation de Richard Lescot offre de nombreux passages communs à ces deux auteurs et permet de préciser certaines questions qui s'y rattachent.

Nous avons eu l'occasion de montrer que l'œuvre du carme Jean de Venette n'avait pas été considérée à l'origine comme faisant directement suite aux *Continuations de Guillaume de Nangis*, puisque, de 1340 à 1344, les *Grandes Chroniques*, au lieu du texte de Jean de Venette, ont suivi celui de Richard Lescot. On ne saurait nier toutefois que, de bonne heure, l'œuvre du religieux carme n'ait été acceptée et largement utilisée à Saint-Denis. Elle constitue pour ainsi dire comme le fond de la Continuation de Richard Lescot, et les passages reproduits, abrégés ou développés par l'auteur de celle-ci sont tellement nombreux que toute tentative de comparaison entre les deux textes serait superflue. Nous avons d'ailleurs eu soin, au cours de la publication, d'indiquer les principaux passages où notre auteur s'est inspiré de Jean de Venette. Il semble donc bien qu'il y ait eu à Saint-Denis, pour une partie des règnes de Philippe de Valois et de Jean le Bon, une sorte d'arrêt dans le travail historiographique de l'abbaye, puisque l'auteur de la Continuation de Richard Lescot n'a cru devoir mieux faire, pour retracer les événements de cette période, que de recourir à l'œuvre d'un religieux carme. Ce fait est d'ailleurs moins étrange qu'il ne le semble d'abord, et sans rappeler ici le peu d'originalité de l'œuvre de Guillaume de Nangis, une comparaison attentive du texte du Mémorial de Jean de Saint-Victor avec celui des premières *Continuations de Guillaume de Nangis* pourrait prouver qu'à aucun moment les religieux de Saint-Denis n'ont hésité à prendre au dehors et à faire entrer dans leur œuvre les éléments historiques qui leur paraissaient d'un intérêt suffisant. Faut-il admettre toutefois qu'au milieu du xive siècle, au moment même où Richard Lescot rédigeait ses savants traités et jetait un regard si curieux sur l'œuvre de ses prédécesseurs, on ait complètement négligé à Saint-Denis de conserver le souvenir des événements qui marquèrent la première période de la guerre de Cent ans? Il ne le semble pas. A côté des annales propres de l'abbaye, nous trouvons dans la Continuation de Richard Lescot, notamment pour les années 1351, 1352, 1356, 1364, un certain nombre de faits qui ne figurent ni dans Jean de Venette ni dans Pierre d'Orgemont, faits peu importants, mais qui par cela même prouvent d'autant mieux que les religieux conservèrent l'habitude de consigner année par année certains événements dont ils avaient directement connaissance. Cette remarque doit s'appliquer avec plus de force encore à tout ce qui concerne les guerres de Bretagne de 1350 à 1364. On se souvient que Jean de Venette, ayant à parler de ces guerres, dit qu'il s'en abstiendra, laissant cette tâche à des personnes mieux informées[1]. On a voulu voir là une allusion à Froissart ou à Pierre d'Orgemont, mais rien n'est moins établi que les relations de Froissart avec Jean de Venette, et d'autre part

---

1. « De his autem que acta sunt in Britannia et aliis locis hic non scribo, licet multa sint; sed aliis conscribenda derelinquo qui de his plenius sciunt veritatem » (*Continuation de Guillaume de Nangis*, t. II, p. 334).

les *Grandes Chroniques* s'étendent beaucoup moins que
notre Chronique sur les événements de Bretagne, et particulièrement sur le siège de Rennes par le duc de Lancastre
et le duel de du Guesclin sous les murs de Dinan.

On est donc amené à conclure que, si le rédacteur de la
Continuation de la Chronique de Richard Lescot a largement utilisé l'œuvre de Jean de Venette, il a dû avoir également sous la main des notes recueillies à Saint-Denis au jour
le jour pour ainsi dire et destinées à former la chronique de
chaque règne. Quelle cause a retardé jusqu'au règne de
Charles VI la mise en œuvre de ces notes et la rédaction
que nous en possédons? On a prétendu, et peut-être non
sans raison, que Charles V, mécontent de l'indépendance
des religieux, avait voulu se donner un historien de son
choix qui présentât sous leur jour le plus favorable les événements de son règne. Dans tous les cas, il n'est pas sans
intérêt de rappeler en quels termes violents notre Chronique
mentionne l'arrivée du Dauphin à Paris après la bataille de
Poitiers et nous le montre, au milieu de la misère générale,
se commandant au Louvre une magnifique couronne et recevant à Metz les reproches de l'empereur Charles IV, son
oncle, pour son luxe et sa prodigalité[1].

Les rapports entre la Continuation de Richard Lescot et
les *Grandes Chroniques* de Pierre d'Orgemont ne sont pas
moins nombreux que ceux que nous venons de mentionner
pour Jean de Venette. La plupart des faits relatifs à la lutte
d'Étienne Marcel et du Dauphin notamment s'y trouvent
reproduits dans le même ordre, quoique parfois sous une
forme plus brève dans la Continuation. Doit-on en conclure

1. P. 106, 107.

que l'auteur de celle-ci, qui, sous sa forme définitive, est certainement postérieure à cette partie des *Grandes Chroniques,* ait copié le texte de Pierre d'Orgemont? Aucune preuve décisive ne peut être tirée en ce sens de la comparaison des deux textes. Non seulement on ne trouve dans la Continuation aucun de ces gallicismes que l'on rencontre parfois dans des compilations de la même époque et qui trahissent d'une façon si évidente la traduction d'un texte français, mais les constructions elles-mêmes sont d'une bonne latinité et souvent même donnent lieu à des périodes très longues et très compliquées; toutes choses qui semblent bien indiquer que l'auteur a conçu et exprimé directement en latin le texte de ces annales. Il ne faut pas d'ailleurs oublier que, comme nous l'avons déjà fait remarquer, la copie que nous en avons est très mauvaise, surtout pour les dernières années; que plusieurs passages semblent avoir été omis et que de nombreuses erreurs rendent souvent difficile l'intelligence du texte. C'est donc plutôt par l'existence d'une source commune d'informations réunies à l'abbaye de Saint-Denis et où auraient également puisé Pierre d'Orgemont et le continuateur de Richard Lescot qu'on doit expliquer les nombreuses ressemblances que présentent leurs Chroniques. C'est une explication analogue que nous croyons pouvoir aussi proposer, et avec bien plus de vraisemblance encore, pour la Chronique de du Guesclin par Cuvelier.

On se souvient que Cuvelier, au début de son poème, tel que nous l'a conservé le manuscrit de l'Arsenal, prévient ses lecteurs qu'il a puisé l'histoire de son héros à des sources très sûres, notamment dans des chroniques [1],

—————

1. *Chronique de Du Guesclin,* édit. par Charrière, t. I, p. 3.

« A Saint-Denis en France, escriptes en latin. »

On avait pu considérer jusqu'ici cette phrase comme une
précaution habile, souvent prise d'ailleurs par les trouvères
pour se ménager la confiance du public, d'autant plus qu'on
ne connaissait dans l'œuvre de Saint-Denis rien qui ressem-
blât d'un peu près au récit de Cuvelier. Mais l'impression
change si l'on compare ce récit à la Continuation de Richard
Lescot. De 1356 à 1364, en effet, non seulement les faits
essentiels de la vie de du Guesclin se trouvent posés de
façon identique dans les deux auteurs[1], mais plusieurs fautes
du texte latin ont été fidèlement reproduites par le trouvère
picard. C'est ainsi que les châteaux de Trongoff et de Pestivien, appelés *Turgot* et *Pestien* dans le texte de Saint-
Denis, portent les mêmes noms dans Cuvelier. *Baudoin*
d'Ennequin, le fameux maître des arbalétriers à Cocherel,
qui est devenu dans notre Chronique *Geoffroy* d'Ennequin,
s'appelle également Geoffroy dans Cuvelier. D'autre part,
on sait que l'œuvre de Cuvelier était terminée en 1387,
puisqu'à cette date il en fut fait un abrégé en prose pour le
capitaine de Vernon, Jehannet d'Estouteville. Il faut donc
admettre que, si la rédaction du texte que nous publions est
un peu postérieure à l'œuvre de Cuvelier, celui-ci, qui d'ailleurs habitait Paris, a pu largement consulter à Saint-Denis
les mémoires que possédait l'abbaye sur la vie du connétable
et qui ont servi de matériaux à notre Chronique.

Faut-il en conclure que tous les développements consa-
crés par Cuvelier à la jeunesse de du Guesclin, et dont on ne

1. Citons notamment les passages relatifs au siège de Rennes
en 1356 et 1357, à l'affaire de Dinan en 1359, à la prise de Mantes
et de Meulan et à la bataille de Cocherel en 1364.

trouve pas le pendant dans notre Chronique, doivent être considérés comme légendaires? La question serait peut-être téméraire et, en tout cas, ne pourra être tranchée que le jour où l'on entreprendra l'étude critique des sources de Cuvelier, préface d'ailleurs indispensable de toute histoire de du Guesclin. Il n'en convient pas moins de faire remarquer combien les faits communs au trouvère picard et au texte de Saint-Denis reçoivent ainsi une nouvelle et importante confirmation.

La Continuation de la Chronique de Richard Lescot se termine, avons-nous dit, au milieu de la bataille de Cocherel. D'autre part, les fautes nombreuses que nous avons relevées dans le texte ne peuvent être toutes des fautes du copiste et nous portent à croire que celui-ci a dû se trouver en face d'une première rédaction inachevée et surchargée de ratures. Nous sommes convaincu que l'auteur, quel qu'il soit, a dû reprendre son travail et le conduire au moins jusqu'au commencement du règne de Charles VI et nous voulons, en terminant, exprimer l'espoir que la découverte de cette nouvelle Continuation se fera un jour et permettra de combler la lacune de seize années (1364-1380) qui existe encore dans la suite des Chroniques latines de Saint-Denis pour le xive siècle.

Nous avons fait suivre le texte d'un certain nombre de documents inédits, tous relatifs aux événements rapportés dans cette Chronique et dont quelques-uns, comme les itinéraires d'Édouard III pendant ses expéditions en France, le compte de la prévôté de Montéclair et celui de Bertaut Jobelin, nous ont semblé donner des renseignements d'un certain intérêt pour l'histoire des premières années de la guerre de Cent ans.

Nous tenons, en terminant, à exprimer publiquement tous nos remerciements à M. Léopold Delisle, l'éminent administrateur général de la Bibliothèque nationale, et à M. H.-François Delaborde, notre commissaire responsable, pour l'intérêt qu'ils ont bien voulu témoigner à cette publication et les précieux conseils dont ils nous ont aidé dans ce travail.

# RICHARDI SCOTI

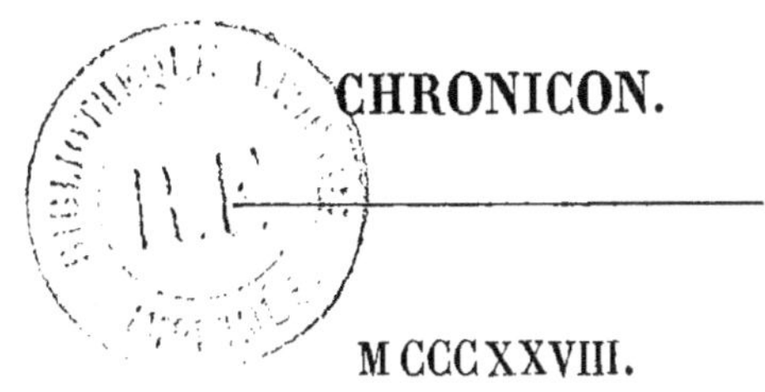

## CHRONICON.

## M CCC XXVIII.

1. — *Cap. CLXVIIIb*[1]. — Anno Domini $M^{o} CCC^{o} XXVIII^{o}$,
Ludovicus dux Baioarie apud Mediolanum coronatus iter
arripuit versus Romam. Quod audientes Romani gavisi
sunt et sibi cum ingenti gaudio occurrerunt, ipsumque
coronantes in ecclesia Sancti Petri, consummatoque
negotio imperatorem coronandi, ipsum ad regale palatium perduxerunt. Cumque in urbe Romana per mensem vel circiter remansisset, surrexerunt quidam filii
dyaboli, sic dicentes : « Ex quo Deus imperatorem dedit nobis, bonum est ut patrem spiritualem habeamus
qui nobis more precedentium patrum spiritualia admi-
nistret[2]. » Quod verbum toti populo placuit sicque ad
electionem pape ymo potius antipape processerunt,

1. Notre auteur a adopté, pour toute la partie de la chronique
qu'il a remaniée, tant de Gérard de Frachet que du Continuateur
de Guillaume de Nangis, une division en chapitres et en paragraphes que nous avons cru utile de reproduire. Les chapitres
sont désignés par des chiffres romains et les paragraphes par des
lettres. La partie que nous publions, pour les années 1328 à 1344,
s'étend du chap. CLXVIII *b* au chap. CLXXXIV *j*.

2. Ms. *amministret*.

ac quemdam fratrem minorem nomine Petrum Ranuchii[1] elegerunt, ipsum more solito consecrantes. Qui
sic introductus cardinales sibi elegit fere omnes de
ordine mendicantium existentes, quamvis asserant
multi hoc non processisse de conscientia ducis Baioarie Ludovici. Dictus autem antipapa qui prius dicebatur frater Petrus vocavit se Nicholaum quintum. Cum
vero antipapa cum Ludovico importabiles expensas
cotidie facerent, nec posset aut vellet eos amplius
romanus populus tollerare necessario compulsi sunt
de civitate exire et hinc inde per civitates Ytalie
evagari.

2-c. — Papa Johannes fratrem Michaelem generalem
totius ordinis fratrum minorum Avinione tunc temporis existentem ad se evocat, precipiens in virtute
sancte obediencie ut ea que ad declarationem regule
eorum maxime quantum ad ea que de paupertate
evangelica preceperat firmiter observaret et sibi subditis preciperet inviolabiliter observari. Qui sibi respondit, ut dicitur, arroganter, ac octo dierum, ut
melius responderet, indutias impetravit. Indutiarum
vero tempore perdurante, predictus frater Michael
cum quodam fratre dicto Bonagratia[2] quodamque

1. « Petrus Rainalutii, » d'après le Continuateur de Guillaume
de Nangis, t. II, p. 88; — « Pierre Ranuche, » d'après les *Grandes
Chroniques,* t. V, p. 307. Pierre Ranuche ou de *Corbara,* du nom
de la ville où il était né, en Abruzze, quitta sa femme en 1310
pour entrer dans les ordres mineurs. Il fut élu pape le 12 mai
1328 (Baluze, *Vitæ pap. Avinion.,* t. I, col. 141, 702).

2. Frère « Bonagratia, » de Bergame, prit parti quelques années
plus tard contre le pape Jean XXII dans les discussions théolo-
giques soulevées au sujet de la vision béatifique (Nicolaus Minorita. Bibl. nat., lat. 5154, fol. 303 v°; Denifle et Chatelain, *Chartul. Univers. Paris.,* t. II, p. 290, 436).

doctore in theologia nomine Francisco[1] clam de nocte
fugiit Massilie mare intrans et usque Januam navigavit, et de Janua se transferens versus Antipapam et
Bavarum, se eorum contubernio sociavit. Papa vero,
habitis multis processibus contra ipsos eos finaliter
tanquam hereticos condempnavit ipsumque fratrem
Michaelem ab administratione generalis ordinis depo-
suit, precipiens fratribus ut sibi providerent de alio
generali. Sed super hiis et aliis per papam factis dictus frater a papa non bene consulto ad papam bene
consultum vel consulendum dicitur appellasse[2].

3-*d*. — Rex Francie Philippus, approbante consilio
omnium procerum et baronum habito tractatu super
ordinatione regni Navarre et comitatus Campanie
regnum illud restituit Ebroicensi comiti Ludovico
ratione uxoris sue filie regis Ludovici Hutin, ratione
vero comitatus Campanie alios eidem redditus assignavit in comitatu Marchie juxta civitatem Angolismam. In hoc autem rex a rectitudine incipiens faciendo
justitiam de seipso principium regni sui mirifice deco-
ravit.

4-*e*. — Circa idem tempus comes Flandrie Ludo-

1. Sans doute « Franciscus de Esculo, » qualifié dans une lettre
de Jean XXII, du 8 février 1329, « fautor Michaelis de Cesena, »
et, dans une autre lettre de Gerardus Othonis, « sacre theologie
doctorem indoctum » (Denifle et Chatelain, *Chartul. Univers.
Paris.*, t. II, p. 320; Nicolaus Minorita. Bibl. nat., ms. lat. 5154,
fol. 271).

2. Michel de Césène, nommé général des Franciscains le 31 mai
1316, fut cité à la cour d'Avignon le 8 juin 1327. Le 25 mai 1328,
il prenait la fuite et, le 6 juin suivant, était déposé par le pape
Jean XXII (Nicolaus Minorita. Bibl. nat., lat. 5154, fol. 149 v°
et 267; Denifle et Chatelain, *Chartul. Univers. Paris.*, t. II, pars I<sup>a</sup>,
p. 290, 320, 321, 330).

vicus fecit homagium regi. Quo facto exponens rebelliones intollerabiles subditorum de Brugis, de Ypra et maxime de Cassello quodque non poterat eorum maliciis obviare nec rebellionis materiam extirpare, a rege sibi ferri auxilium humiliter postulavit. Que rex annuit sed quando vel quo tempore fieret baronum consilio dereliquit.

5. — Interim vero pro coronatione regis et regine fiebat Remis maximus apparatus et tantus quod antea nullus hominum meminisset. Coronatur vero rex cum regina per manum Remensis archiepiscopi Guillermi de Tria in festo videlicet Trinitatis[1]. Duravit autem per quinque dies continuos festum coronationis ipsius. Rediens igitur de coronatione apud Sanctum Dyonisium, patronum suum, recipitur cum honore, deinde Beate Marie Parisius ecclesia visitata, regale palatium est ingressus, ubi parato convivio magnifice a sui regni primoribus ut rex magnificus honoratur.

6-*f.* — Igitur post coronationem Regis, rex tractatum habuit cum baronibus super negocio Flamingorum. Cumque multi dicerent usque ad annum bonum esse in Francia remanere, hoc verbum displicuit valde regi, maxime quia dicebant esse tempus incongruum et ineptum. Unde fertur rex domino Galchero de Creciaco suo conestabulario sic dixisse : « Et vos, quid dicitis? » Qui, licet renuens, sic respondit : « Qui bonum cor habent ad bellandum semper inveniunt bonum tempus. Quod rex audiens gavisus est surgensque amplexatus est eum dicens : « Qui me diligit, me sequatur »; et statim proclamatum est ut unusquisque

1. Guillaume de Trie, archevêque de Reims en 1324, mort en 1334. Cf. *Chronographia reg. Franc.,* éd. Moranvillé, t. II, p.1, n. 3.

secundum statum suum paratus esset apud Attrebatum in festo Marie Magdalene[1]. Burgenses itaque bonarum villarum non se ad prelium paraverunt, sed data pecunia, in suis civitatibus resederunt. Denique rex, paucis secum assumptis, ecclesias Parisius peditans visitabat maxime pauperes domos Dei illisque multa pietatis opera dicitur impendisse, puta osculum manuum, largitionem elemosinarum porrectionemque ciborum.

7. — *Cap. CLXIX a.* — Habito tractatu contra Flamingos rex apud Sanctum Dyonisium veniens extractis corporibus martyrum beatorum, depositis capucio et cucupha, usque ad altare eorum propriis manibus deportavit et suo ordine collocavit, corpore beati Ludovici posito juxta ipsos. Missa igitur ab abbate Sancti Dionysii celebrata benedictum vexillum quod vulgo dicitur auriflamma de manu ejusdem abbatis accepit in presentia prelatorum et baronum. Quod rex domino Miloni de Nucheriis[2] ad portandum tradidit et servandum ac corpora sanctorum martyrum que de nullo rege antea legimus solus in cripta posuit et intravit, auxilium ab ipsis post Deum et beatam Mariam cum lacrimis humiliter supplicando. Qui postea Attre-

1. Un acte de Philippe VI, daté de Paris, le 18 juin 1328, et adressé au bailli de Sens, porte mandement à tous les nobles du bailliage de se trouver en armes à Arras le dimanche après l'octave de la Madeleine, pour combattre les Flamands, qui, par « l'amonestement du diable, ont endrecié encontre luy cornes de désobéissance et de rébellion » (Inventaire de titres originaux de 1301 à 1350, par Joursanvault, n° 775. Bibl. nat., fonds fr. 10430, p. 142).

2. Miles de Noyers avait déjà pris une part importante à l'expédition dirigée contre les Flamands au mois de janvier 1326 (*Chronique normande,* p. 35 et 240).

batum pertransiens versus Cassellum castrum Flamingorum iter arripuit fixisque tentoriis terram circumquaque multipliciter devastavit. Flamingi vero in derisum regis et Francorum in loco quodam eminenti gallum quemdam de tela tincta permaximum posuerant in quo gallice scriptum erat :

> Quant ce coc ci chanté ara
> Le Roy trouvé ça enterra [1].

Unde vocabant eum regem inventum, quod verbum fuit illis finaliter in ruinam nam invenit eos aliter quam credebant [2], quum in vigilia Sancti Bartholomei post prandium quamvis ita de prope caperetur regis exercitus et rex ipse ut vix arma sumere potuissent, ymo rege penitus non armato, miraculose xx milia Flamingorum ducenti minus pariter sunt occisa [3]. De nostris autem ultra decem et septem cum Reginaldo de Lor, milite, nullus penitus est occisus. Rex itaque omnibus audire volentibus hec dicebat suoque dicto cunctorum baronum et populi sententia concordabat quod hec victoria non fuerat ab homine sed a Deo ; posi-

1. Ces deux vers sont identiquement reproduits dans les *Grandes Chroniques* (t. V, p. 311); le Continuateur de Guillaume de Nangis donne une forme différente (t. II, p. 94) :

> « Quand ce coq chanté aura,
> Le Roy Cassel conquestera. »

2. Le Continuateur de Guillaume de Nangis interrompt ici le récit de la campagne de Flandre pour raconter plusieurs événements de la même année (t. II, p. 95-96); les *Grandes Chroniques* au contraire suivent le même ordre que notre auteur (t. V, p. 311-319).

3. Le chiffre des morts est ici le même que dans le Continuateur de Guillaume de Nangis et semble devoir être accepté (cf. *Froissart*, éd. Luce, t. I, p. clv, n. 1; *Chronographia*, t. II, p. 9).

toque ignis incendio in Cassello, castrum funditus est destructum. Postea rex versus Ypram tendens ibi fecit tentoria sua figi. Quod videntes Yprenses a rege misericordiam petierunt, quam rex dare noluit, nisi ad suam voluntatem se totaliter obligarent. Quod cum factum fuisset, ingressoque domino Milone de Nuceriis civitatem cum multitudine armatorum quamvis aliquamdiu de pace discordia fieret inter ipsos, tamen fuerunt sic finaliter concordati, quod quingenti de villa quos rex vellet accipere traderentur et in hostagium Parisius ducerentur, fortalicia destruerentur, conspiratores etiam bannirentur usque rex Francie eos ad suam gratiam revocaret ; sicque Flandria quietata, rex Francie vocavit ad se comitem Flandrie, dicens illi : « Comes, de cetero caveatis ne propter defectum justicie huc oporteat me redire. » Quibus dictis, rex Philippus victor in Franciam remeavit.

8-*b*. — Papa Johannes decimam biennalem regi Karolo antea concessam regi Philippo modo consimili noviter confirmavit.

9. — Anglici et Scoti qui a multis temporibus inter se fuerant discordantes pacificati sunt ut dicitur sub hac forma quod filius regis Scotie filiam novi regis Anglie duceret in uxorem, et teneretur perpetuo excepto contra regem Francie juvare regem Anglie in omnibus guerris suis[1].

10. — Johannes dux Calabrie miles strenuus atque

1. Des conventions pour la paix entre l'Angleterre et l'Écosse furent conclues à Édimbourg le 17 mars 1328 et ratifiées par Édouard III le 4 mai suivant. Le mariage de David, fils du roi d'Écosse, y était bien décidé, mais avec la sœur et non avec la fille du roi d'Angleterre (Rymer, R. II, p. ii, 734, 741).

potens, unicus filius Roberti Sicilie regis moritur, qui fuerat in Ytalia totius partis Guelfe capitaneus principalis.

**11-c.** — Mense septembri fuit in Ytalia terre motus circa civitatem Perusii ita ut quedam funditus, quedam pro parte castra corruerent. Unde in Francia in vigilia beati Dyonisii et etiam octabarum venti permaximi fuerunt ita ut corrueret pinnaculum Sancti Petri de Calvo-Monte in territorio Vulcassini[1].

**12.** — Hoc anno clam et de nocte littere quedam aperte in valvis ecclesiarum Beate Marie Predicatorum et Minorum Parisius sunt affixe ex parte Barvari, antipape, fratris etiam Michaelis superius nominati, in quibus summum pontificem Johannem hereticum asserebant ab ecclesiaque precisum, maxime quia paupertatem evangelicam destruere nitebatur, et ob hoc convocabant in civitate Mediolanensi per dictum antipapam consilium generale. Quasdam etiam litteras clausas episcopo Parisiensi et Universitati mittebant quas etiam et clausas summo Pontifici remiserunt, expectantes quid super hoc duceret ordinandum[2].

**13-d.** — Philippus rex Francie rediens a Flandria Sanctum Dyonisium patronum suum devote primitus visitavit, vexillumque quod ab ecclesia receperat reddidit cum gaudio super altare martyrum

---

1. La continuation de Guillaume de Nangis porte : « in territorio Balgassini » (t. II, p. 96); « en Vauquessin » (*Grandes Chroniques*, t. V, p. 320).

2. Le 13 juillet 1329, le pape accusait réception à l'évêque et à l'Université de Paris de certaines lettres closes qui leur avaient été adressées et qu'ils lui avaient envoyées (Denifle et Chatelain, *Chartul. Univers. Paris.*, t. II, p. 330, n° 895).

beatorum. Postque Carnotum[1] veniens armatus armis quibus armatus fuerat in prelio Flamingorum, ascenso equo, in ecclesia Beate Marie gratias agens devotissime presentavit equum cum armis relinquens in ecclesia antedicta.

14. — Tertia decima die mensis octobris regina Clemencia quondam uxor regis Ludovici *Hutin* moritur, et in ecclesia Predicatorum Parisius sepelitur.

15. — *Cap. CLXX a.* — Comes Flandrie Ludovicus memor verbi regis de justicia facienda conspiratorum et malefactorum infra tres menses vel circiter, ut dicitur, decem millia extirpavit. Unde eorum capitaneus principalis dictus Guillelmus Decani de Brugis[2] non immerito sibi timens ad ducem Brabancie fugiens petiit auxilium ab ipso contra comitem Flandrie qui multos bonos homines ceciderat, ut dicebat, nec adhuc desistere proponebat et sibi promittebat equos, arma, cum hoc pecuniam infinitam. Qui dux respondit hoc se nolle facere sine regis Francie consilio vel assensu, sed primitus ipsum cum suis ad regem mitteret et de facto quod

1. *Carnotum* se retrouve également dans tous les manuscrits de la continuation de Guillaume de Nangis (t. II, p. 102); c'est à Notre-Dame de Paris et non pas à Chartres, comme l'a montré P. Pâris, que Philippe VI se rendit à son retour de Flandres (*Grandes Chroniques,* t. V, p. 321).

2. Ce personnage, appelé par Kervyn de Lettenhove « Guillaume Dedeken » (*Histoire de Flandre,* t. III, p. 152), fut mêlé à plusieurs négociations entre les communes flamandes et l'Angleterre pendant les années précédentes. Dans un acte du 1er octobre 1320, il est nommé : « William de Deyen, eschevin de la ville de Bruges ; » dans un autre, du 29 juillet 1324, « Gullielmus le Deen ; » enfin, en 1325, il intervient, comme bourgmestre et procureur de la ville de Bruges, dans la prolongation des trêves entre la Flandre et l'Angleterre (Rymer, R. II, p. ii, 434, 564, 598).

petebat juxta regis consilium ordinaret. Qui Guillelmus cadens in laqueum quem tetendit, ad regem Parisius est adductus, tandem, inquesta facta, morti turpissime condempnatur. Primo in pilorio vertitur, ambe manus absciduntur, rota eminenti ponitur juxta se suspensis manibus sive pugnis. Dum vero morti proximus videretur, deponitur, ad caudam quadrige trahitur et in supervigilia natalis Domini cum suis pugnis Parisius est suspensus.

16-*b*. — Dominus Johannes de Cherchemont[1] Pictavensis dyocesis et cancellarius Regis, in secularibus peritissimus, in curiis pape et regis prestantissimus, in victu delicatissimus, in exteriori gestu superbissimus fere judicio omnium meditatus, cum vellet quamdam capellam canonicorum edifacatam in loco ubi natus fuerat, visitare, magisque, ut creditur, nomen suum quam Deum in facto hujusmodi honorare, statim ut ingressus est territorium Pictavense ubi multum honoris sperabat indubitanter habere, nemini loquens, morte subita suffocatur. Sigillum vero regis ad regem, corpus ad capellam quam edificaverat est delatum et in eadem per episcopum Pictavensem qui tunc presens aderat tumulatum.

17. — Philippus rex Francie mittit in Angliam ad regem nuncios, magistrum Petrum Rogeri, abbatem Fiscanni, doctorem in theologia, cum pluribus aliis ut

---

1. Jean de Cherchemont, trésorier de Laon, doyen de Poitiers en 1317 et chancelier de France du 24 janvier 1321 au 2 janvier 1322, nommé de nouveau à la même charge le 19 novembre 1323, mourut le 25 octobre 1328. La chronique de Jean de Noyal ne fait que reproduire sur ce point le récit de notre auteur et des *Grandes Chroniques* (Bibl. nat., fonds fr. 10138, fol. 109 v°).

eum citarent venire ad regem pro homagio ducatus
Aquitanie faciendo. Qui diu in Anglia expectantes,
loqui regi Anglie nullatenus potuerunt, sed cum ejus
matre loquentes, modo muliebri responsum ineptum,
ut dicitur, receperunt. Qui termino prefixo in Franciam revertentes regi que fecerant et audierant, retulerunt.

18-*d*. — Papa Johannes quosdam processus contra
Petrum Ranuchii factos qui falso nomine se vocari
papam Nicholaum faciebat, per episcopum Iratensem[1]
fecit Parisius publicari. In quibus continebatur dictum
Petrum cum quadam dicta Johanna Mathie[2] matri-
monium ante ingressum ordinis consummasse, et ad
ipsam redire pluries citatus fuerat nec volebat, claves
Ecclesie vilipendens. Ob hoc papa tanquam contuma-
cem ipsum excommunicatum virtute dictorum proces-
suum publice nuntiabat.

19-*e*. — Rex Francie cum consilio suo deliberat
utrum propter defectum hominis et homagii, ducatus
Aquitanie sibi et suo dominio debeat applicari. Et
accepto quod non, sed solum quod durante tempore
vacationis hommagii, supposita citatione debita, dominus interim de terra vassalli potest facere fructus suos,
usquequo vassallus ad homagium revertatur; ob hoc
missi sunt in Guasconiam Attrebatensis episcopus
Petrus Rogeri, olim abbas Fiscanni, nobilisque vir
dominus de Creduno ut emolumentum hujus terre in
manu regis ponerent, usquequo rex Anglie sibi debitum homagium persolvisset. Ex habundanti vero rex

1. « Relatensem » (Continuation de Guillaume de Nangis, t. II,
p. 105); Rieti, au duché de Spolète.
2. Cf. Baluze, *Vitæ pap. Avinion.*, t. I, col. 702.

iterum alios nuncios in Angliam ad regem direxit ut citarent eum una vice pro omnibus super dicto homagio faciendo. Quod si negligeret, contra ipsum procederet quantum esset de jure in talibus procedendum.

20. — Regina Francie peperit filium, qui statim natus moritur et in ecclesia Fratrum minorum Parisius sepelitur.

## M CCC XXIX.

21-*f*. — Anno Domini M° CCC° XXIX°, Dominica post Trinitatem rex Anglie mare transiens venit Ambianis ubi rex Francie presens erat, pro homagio ducatus Aquitanie faciendo[1]. Cumque rex Anglie diceret se magna parte illius terre per patrem regis Francie, dominum videlicet Karolum quondam comitem Valesii spoliatum, quodque in sui et regni prejudicium fuisset minus juste ad regnum Francie applicatum, quare dicebat se ad dictum homagium non teneri nisi ipso de tota terra prius in integrum restituto[2], responsum fuit quod pater ipsius Eduardus eam forefecerat et quod eam juste acquisierat per dominum Karolum

1. La date donnée ici est le 25 juin; en réalité, Édouard III prêta hommage le 6 juin. Voici d'ailleurs, d'après les *Privy seals* d'Édouard III, conservés au *Record office*, l'itinéraire de ce prince pendant son séjour en France : le 25 mai, il est à Douvres, le 27 à Boulogne, le 29 et le 30 à Montreuil, le 5 juin à Amiens; le 13 juin, il est de retour à Douvres (Rec. off., Edw. III *Privy seals*, 2668-2678).

2. Dès le 22 avril 1329, Édouard III mandait à son trésorier et au garde du sceau privé de rechercher dans les archives confiées à leur garde tous les documents qui pourraient servir à faire valoir ses prétentions à la suzeraineté de certaines parties de la Gascogne et de la Saintonge (Rymer, R. II, p. ii, 760).

predictum rex Francie jure belli, quare dicebat ad restitutionem aliquam non teneri, finaliter sic dictum est et pariter concordatum quod rex Anglie de ducatu Aquitanie regi Francie homagium faceret pro portione quam tenebat et pars acquisita regi Francie remaneret. Si vero sentiret se in aliquo lesum esse, ad suum palamentum Parisius accederet, et super hoc per judicium parium sibi fieret justicie complementum. Et sic facto homagio rex Francie Belvacum revertitur, rege Anglie statim in Angliam transfretante.

22-*g*. — Rex Cypri mittit solennes nuncios ad dominum Ludovicum comitem Claromontis ut eidem pro filio suo daret filiam suam matrimonio copulandam, gaudebat enim regnum Cypri de Francorum semine propagari.

23. — Hoc eodem tempore frater Petrus de Palude ordine predicatorum doctor in Theologia Avinione existens patriarcha Jerosolimitanus per summum Pontificem est effectus [1].

24. — *Cap. CLXXI a.* — Philippus rex Francie missis in Flandria domino Johanne de Vienna, episcopo Abrincensi [2], cum pluribus aliis portas de Brugis, de Ypra, de Corteriaco funditus destrui fecit cum fortaliciis eorumdem, quod nullus antea regum fecit, providens

1. En 1331, il intervenait, avec le titre de patriarche de Jérusalem, dans le procès de Robert d'Artois; trois ans plus tard, à la requête de Philippe de Valois, il donnait son avis, avec vingt-huit autres maîtres en théologie de l'Université de Paris, sur la vision béatifique (Denifle et Chatelain, *Chartul. Univers. Paris.*, t. II, p. 348, 429).

2. Jean de Vienne, évêque d'Avranches en 1328, fut transféré au siège de Thérouanne en 1331 et à celui de Reims en 1334. Il mourut le 14 juin 1351.

sibi et successoribus contra superbiam Flamingorum de remedio oportuno.

25. — Rex Scotorum Robertus dictus de Brus, pace facta cum Anglicis, ut supradiximus, moritur, cui filius ejus successit in regno.

26-*b*. — Dominica secunda junii[1], episcopus Parisiensis indutus pontificialibus indumentis in parvisio Beate Marie, quibusdam episcopis sibi coassistentibus auctoritate apostolica sibi commissa fratrem Petrum Ranuchii antipapam, Ludovicum Baioarie, fratrem Michaelem quondam fratrem minorum generalem excommunicatos publice nuntiavit, quasdamque litteras Parisius directas et valvis quarumdam ecclesiarum affixas condempnans easdem ibidem in ignem accensum proiciens concremavit[2].

27-*c*. — Circa principium julii patriarcha Ierosolimitanus predictus una cum episcopo Mimatensi et nunciis regis Cypri, ducentes secum filiam comitis Claromontis memorati desponsandam filio regis Cypri, accepta licentia a papa, per portum Massilie ad insulam Cypri tendunt cum multis aliis peregrinis, sperantes, ab illo loco, freti auxilio Dei, Jerusalem transfretare.

28-*d*. — Hoc eodem tempore dux Britannie in ecclesia Beate Marie Carnotensi, presente rege Francie,

---

1. Le 30 mai 1329, le pape Jean XXII mandait au chantre de Notre-Dame de Paris de faire procéder immédiatement à la publication du procès contre Louis de Bavière et Pierre de Corvara (Denifle et Chatelain, *Chartul. Univers. Paris.*, t. II, p. 326).

2. Le récit de ce fait par le Continuateur de Guillaume de Nangis est beaucoup plus développé (t. II, p. 110-111); celui des *Grandes Chroniques,* au contraire, est aussi bref et presque entièrement conçu dans les mêmes termes (t. V, p. 331).

ac Philippo, ejusdem loci episcopo, missam celebrante, sororem comitis Sabaudie desponsavit[1].

29. — Mense septembri Mediolanum et multas Ytalie civitates ecclesiastico suppositas interdicto, ad obedientiam Ecclesie humiliter accedentes, satisfactionem debitam promittentes, si qui excommunicati erant, summus Pontifex absolvit, tollens ecclesiasticum interdictum.

30-e. — Circa festum Sancti Clementis Matildim comitissam Attrabatensem Parisius de Sancto Germano in Laya revertentem, postquam cum rege locuta fuerat super quibusdam tangentibus comitatum Attrabati, procurante hoc nepote suo domino Roberto de Attrabato filio scilicet fratris sui Philippi de Attrabato, asserente predictum comitatum ex successione patris sibi deberi, occasione quarumdam litterarum ab eo de novo inventarum, licet Parisius in Palamento in presentia regis Philippi Pulcri esset antea contra eumdem de contrario judicatum, gravis arripuit egritudo et infra octavum diem mortua est ac in ecclesia[2]

tumulata; cui regina Johanna de Burgundia, quondam Philippi Longi Francorum regis uxor, ac ejusdem Matildis filia in comitatu successit.

___

1. « Sororem comitis Flandrie desponsavit » (Contin. de Guillaume de Nangis, t. II, p. 110); — « le duc de Bretaigne espousa la sœur au conte de Savoie » (*Grandes Chroniques*, t. V, p. 331). Le mariage du duc Jean III avec Jeanne de Savoie fut célébré dans l'église Notre-Dame de Chartres le 21 mars 1329 (Guichenon, *Histoire de Savoie*, t. I, p. 386). Le Continuateur de Guillaume de Nangis a fait ici une confusion entre le duc Jean III et son frère, le comte de Montfort, qui cette même année épousa Jeanne de Flandre, sœur du comte de Flandre.

2. Le nom de l'église est en blanc dans le manuscrit.

31. — In crastino natalis Domini ego frater Richardus Scoti in ecclesia sancti Dionysii monachus sum effectus.

32-*f*[1]. — Circa finem hujus anni Philippus comes Ebroicensis positus super scutum ante altare in civitate Pampilonie una cum uxore sua ratione cujus competebat sibi regnum, in regem et reginam Navarre unanimi consensu totius terre procerum et nobilium elevantur et inuncti ibidem more solito pariter coronantur.

33. — In villa que dicitur Pompona Parisiensis dyocesis erat quidam puer octo annorum vel circiter qui dicebatur infirmos solo verbo curare, unde ad eum multi infirmi ex diversis partibus confluebant quorum quidam sanabantur, quidam vero non quamvis nulla seu parva esset in factis suis apparentia veritatis. Si quis namque febricitans ad eum veniret precipiebat ei comedere que erant contraria sanitati. Unde perpendentes prudentes ipsum cum medicina et vaticinationibus contempserunt. Episcopus quoque Parisiensis hoc esse superstitiosum cognoscens, accersitis Parisius patre et matre pueri antedicti, precepit ne ipsum talia amplius agere permitterent suisque subditis ne ad ipsum accederent sub pena anathematis interdi.

34-*g*. — Dominus Guillelmus de Meleduno archiepiscopus Senonensis, vir humilis et devotus, obiit et in quodam monasterio quod dicitur *le Jars* juxta Mele-

---

1. Les *Grandes Chroniques* font ici le récit des premières menées de Robert d'Artois, récit qui ne se trouve ni dans le Continuateur de Guillaume de Nangis ni dans notre *Chronique* (*Grandes Chroniques,* t. V, p. 333).

dunum honorifice sepelitur, cui magister Petrus Rogerii ex abbate Fiscanni factus episcopus Attrebatensis
in archiepiscopatu successit[1].

35. — Ludovicus, dux Baioarie, audiens esse mortuum ducem Austrie Fredericum, de Ytalia in Alemanniam se retraxit, ubi dicitur majorum nobilium auxilium impetrasse ad jura imperii procuranda. Ipso
autem in Alemannia residente, antipapa multum se
palam ostendere non audebat, sed hinc inde, cum suis
falsis cardinalibus fratreque Michaele generali quondam fratrum minorum, cum aliis latitabat, eodemque
tempore adducitur Avinione quidam frater minor
nomine Veranus, de Provincia oriundus, eo quod
contra papam dicebatur publice predicasse. Qui, ad
papam adductus, nulla sibi facta reverentia, dixit sibi
quod erat vere purus hereticus et non papa et quod
pro hac veritate desiderabat mori. De causa igitur
requisitus, dixit : « Quia tu destruis evangelicam paupertatem quam Christus verbo docuit et exemplo. »
Propter quod verbum detentus, cum quindecim aliis
fratribus minoribus finaliter carcere fuit clausus.

36. — *Cap. CLXXII a.* — Philippus, rex Francorum,
convocavit Parisius omnes prelatos de regno super eorum excessibus corrigendis et officialium eorumdem.
Cumque in consilio predicto multi casus producerentur
in medium contra prelatos ex parte regis dommorum.

1. Guillaume de Melun, élu archevêque de Sens en 1316, mourut le 27 octobre 1329 (*Gallia christ.*, t. XII, col. 72); — Pierre
Roger, abbé de Fécamp depuis le 23 juin 1326, élu évêque d'Arras le 2 décembre 1328, fut nommé archevêque de Sens le 24 novembre 1329 (Denifle et Chatelain, *Chartul. Univers. Paris.*, t. II,
p. 272).

que temporalium qui juridictionem prelatorum multum de prope tangere viderentur, ambigebatur verisimiliter a nonnullis ne rex ab ecclesiis temporalem juridictionem intenderet amovere. Quod rex, quamcicius perpendere potuit, fecit eis responderi quod jura et libertates Ecclesie et que predecessores sui eidem contulerant non intendebat minuere vel auferre, quin potius augmentare. Sed ob hoc consilium fecerat evocari ut officialium tam regis quam etiam prelatorum corrigerentur excessus. Unde, ut corrigerentur, multis excessibus nominatis, solvit consilium rex abire.

37. — Hoc anno concessit rex ducatum Borbonie Ludovico comiti Clari[montensi] sicque dux postmodum appellatur, qui prius dominus Borbonie solummodo vocabatur[1].

38-*b*. — Eadmundus, avunculus regis Anglie Eduardi de quo supra meminimus, asserens fratrem suum Eduardum regem vivere patrem regis juvenis Eduardi, et ob hoc nolens ejus filio obedire, insuper accusatus de proditione, ex precepto regis nepotis sui morte, capitis abscisione scilicet, est mulctatus.

39. — Comes Hanonie Guillermus, existens in Alvernia apud Claromontem, missis ambassiatoribus ad papam, audiensque per ipsos ejus adventum non esse gratum pape, indignatus contra eum vehementer, ad propria remeavit.

## M CCC XXX.

40-*c*. — Anno Domini $M^o$ $CCC^o$ $XXX^o$, Philippus, Majo-

---

1. Ce passage, qui se trouve aussi dans les *Grandes Chroniques,* manque dans le Continuateur de Guillaume de Nangis (*Grandes Chroniques,* t. V, p. 337).

ricarum regis filius, vir genere nobilis, utpote cognatus germanus regis Francorum Philippi Pulchri ex
parte matris, cum habundanti gauderet patrimonio,
beneficiaque ecclesiastica plura et pinguia ultra omnes
clericos in regno Francie obtineret, omnibus dimissis,
per mundum, ut pauper, progreditur, elemosinas
petens in habitu Begardorum, nec a quoquam accipere quid volebat eciam a fratre vel sorore nisi sibi
pietatis intuitu aut elemosine titulo largiretur.

41. — In Lombardia, homines cardinalis de Pogeto[1]
ex parte domini pape ibidem legati, contra Guibelinos
mense Junio congrediuntur ad bellum et vincuntur,
pluribus eorum occisis, quibusdam etiam vivis captis.

42-*d*. — Circa medium mensis junii, ex uxore sua
sorore ducis Burgundie, nascitur regi Francie filius cui
nomen imponitur Ludovicus. Ob hoc, ut dicitur, rex
Francie ad sanctum Ludovicum de Massilia avunculum
suum ex parte matris peregre profectus est. Sed hoc
nonobstante, puer, quintadecima die ab ortu suo moritur et in ecclesia fratrum minorum Parisius sepelitur.
Rex vero, de Massilia revertens, dominum papam Avinione visitavit humiliter et devote. Qui, ab eodem
honorifice receptus, sumpto secum convivio, ad propria remeavit.

43. — Dominica secunda mensis augusti[2], processus facti contra Bavarum et antipapam et eorum complices antea nominatos Parisius auctoritate apostolica
repetuntur.

---

1. Bertrand du Poujet, évêque d'Ostie en 1327 (cf. Baluze,
*Vitæ pap. Avinion.*, I, col. 725).
2. Le 12 août.

**44-e.** — Mense augusto, xxiiii[a] die [1], antipapa Avinionem ingreditur in habitu seculari, propter timorem vulgi non audens in proprio habitu apparere. Die vero sequenti, posito sibi pulpito ut videri posset ab omnibus eminenter, in habitu fratrum minorum indutus, primo pape cum cardinalibus in consistorio presentatur. Dehinc pulpitum ascendens sumpto themate : *Pater, peccavi in cœlum*, etc.; et prothemate : *Erravi sicut ovis*, etc., usque *Require servum tuum* tandem judicans venia se indignum, tum ad ecclesie gremium veniens, humiliter veniam precabatur. Ipso denique descenso, papa, partem prothematis resumens, scilicet : *Require servum tuum*, postquam de ejus erroribus predicasset, subjunxit ovem errabundam non esse luporum morsibus imponendam, sed diligenter requirendam requisitamque et inventam ac super humeros repositam ad ceterarum aulas ovium reducendam. Quibus dictis, antipapa ad pedes domini pape, fune in collo posito, humiliter se prostravit. Papa vero funem de collo ejus tollens, recipit ipsum ad trinum osculum, in pede scilicet, et in manu etiam et in ore, unde multi fuerunt pariter stupefacti. Demum papa *Te Deum laudamus* incipiens, gratias egit Deo cum cardinalibus cleroque et populo assistentibus missarumque solenniis celebratis. Et hoc idem per universalem ecclesiam fieri demandavit, dictumque antipapam in quadam camera juxta domum cambellani sui poni precepit usquequo deliberasset plenius super ipso [2].

1. Le 23 août, d'après le Continuateur de Guillaume de Nangis (t. II, p. 116); le 28, d'après les *Grandes Chroniques* (t. V, p. 339).

2. Pierre de Corbara abjura d'abord ses erreurs à Pise, le 25 juillet 1330; il arriva à Avignon le 24 août suivant et renou-

*45-f.* — Mense septembri, circa medium, rex Hyspanie et rex Aragonie contra Sarracenos preliantes, Deo dante, cessit victoria Christianis, captis quamplurimis Sarracenis sexque milibus equitum et decem milibus peditum interemptis.

*46.* — Prima die novembris, in toto regno, una hora videlicet diei tertia, omnes fratres hospitalis de Alto Passu, cum omnibus bonis, de mandato summi Pontificis, capiuntur, quoniam abutebantur indulgentiis sibi datis, quia plus in bullis suis quam principalibus habebantur, idcirco, in diversis episcoporum carceribus, secundum diversas quas inhabitabant dyoceses, detinentur.

*47.* — *Cap. CLXXIII a.* — In toto regno Francie universaliter vina fuerunt pessima et pauca, nam, circa festum Beati Dyonisii, fortissimum gelu superveniens vindemiam licet modicam sic attrivit ut nequaquam potuerit ad maturitatem perduci.

*48.* — Mense novembri et in principio decembris, fuerunt quasi continue permaximi venti et aque fluviales valde magne propter inundantiam pluvialem.

*49-b.* — In vigilia beati Andree apostoli, apud Londonias in Angliam, dominus Rogerus de Mortuomari, miles, de quo et pro quo regina Anglie Ysabellis a multis multipliciter fuerat infamata, eo quod eidem militi nimis familiarem exterius se reddebat, convictus de conspiratione contra regnum et regem, regina Anglie

vela son abjuration le lendemain 25. Le 19 septembre, le pape Jean XXII annonçait la nouvelle à l'évêque et à l'Université de Paris (Raynaldi, *Annales 1330*, n° 26; Denifle et Chatelain, *Chartul. Univers. Paris.*, t. II, p. 340).

totius facti conscia, ut a pluribus dicebatur, tractus ad caudas equorum per civitatem, confessusque mortem Eduardi quam procuraverat[1], patris scilicet juvenis Eduardi modo regis, suspenditur, filio ipsius in carcere remanente, usquequo rex et barones Anglie super hoc plenius ordinassent. Regina, quoque de mandato filii sui regis et baronum, in quodam castro sub tuta custodia detinetur[2].

50-*c*. — Quarta die januarii, audiens papa quod Bavarus convocationem quamdam fecerat in Alemannia quorumdam nobilium et baronum et aliam post Purificationem facere proponebat, idcirco monuit ipsum de non faciendo et omnes de non essendo, si vero secus facerent, excommunicationis sententiam incurrerent ipso facto.

51. — Circa idem tempus obiit archiepiscopus Rothomagensis cui successit Petrus Rogerii archiepiscopus Senonensis.

52. — Papa Johannes misit dignitatem episcopatus Noviomensis tunc vacantem domino Guillelmo de Sancta Maura, Turonensis dyocesis[3], cancellario regis qui tunc eam noluit acceptare, sicque eam papa con-

---

1. « Proditiones et maleficia confessus est et maxime de procuratione regis Eduardi » (Contin. de Guillaume de Nangis, t. II, p. 120); « et confessa qu'il avoit procuré la mort d'Edouart » (*Grandes Chroniques*, t. V, p. 341).

2. Cf. *Adæ Murimuth, Continuatio chronicarum*, p. 62 à 64.

3. « Tornacensis diocesis » (Contin. de Guillaume de Nangis, t. II, p. 122); « de la dyocèse de Tournay » (*Grandes Chroniques*, t. V, p. 342). Guillaume de Sainte-Maure, nommé chancelier de France le 1er juillet 1329, avait été doyen de Saint-Martin de Tours.

tulit fratri domini Guillermi Bertranni natione Normanno[1].

53-*d*. — Cum Anglici, in castro Xantonensi in Pictavia congregati, viderentur se ad prelium preparare, appareretque inter regem Francie et regem Anglie notabilis materia dissensionis et belli, rex Francie Karolum, fratrem suum, comitem de Alencone, misit cum exercitu copioso. Qui illuc veniens, castrum illud fortissimum, Anglicorum hactenus tutamentum, ad terram funditus diruit et prostravit, licet, ut dicitur, mandatum a rege Francie non haberet. Satis cito post rex Anglie Franciam intravit, et pace inter reges inita, concordes fuerunt ad invicem et amici[2].

1. « Et adoncques la donna-il au frère de messire Guillaume Bertran, né de Normendie » (*Grandes Chroniques*, t. V, p. 342); les manuscrits de la continuation de Guillaume de Nangis portent : « Contulit domino Bertrando fratri Guillelmi dicti Bertrandi, » leçon que Géraud a corrigée ainsi : « Contulit domino Guillelmo, fratri Roberti dicti Bertrandi, natione Normanno » (Contin. de Guillaume de Nangis, t. II, p. 122). — Guillaume Bertran fut nommé évêque de Noyon le 25 mai 1331 (Denifle et Chatelain, *Chartul. Univers. Paris.*, t. II, p. 296).

2. Édouard III ne semble avoir entrepris ce second voyage en France qu'avec un certain mystère. Le but en est ainsi indiqué dans le mémorandum des *Close Rolls* : « Pro implendo quodam voto quod in quodam periculo constitutus emiserat et pro quibusdam aliis negotiis suam et sui regni utilitatem tangentibus » (Rymer, R. II, p. ii, 815); cette impression est confirmée par la continuation d'Adam de Murimuth : « Hoc anno cito post Pascha... rex Anglie transivit mare sicut mercator, cum mantillis et sine harnesiis, ita quod vix habuit secum quindecim equites et fecit proclamari quod ivit in peregrinationem et non ex alia causa, licet communiter diceretur quod ivit ad regem Francie prout postea claruit evidenter » (édit. Thompson, p. 63). Ce voyage fut d'ailleurs, comme le premier, de courte durée. Le 5 avril, Édouard III était encore à Eltham; le 7 à Saint-Just-en-Chaussée; les 12, 13

**54.** — Post inundationem pluviarum que a principio decembris inceperat, ut dictum est, et duraverat usque ad principium martii, secuta est tanta siccitas[1] a principio martii et deinceps ut terre quamplurime propter duriciam arari nequibant, sed inculte penitus remanebant.

**55-*e*.** — Hoc anno rex Boethmie Ytaliam intravit. Quem videntes Ytalici guibelini et agnoscentes eum fuisse filium Henrici imperatoris ultimo defuncti, eum cum honore maximo susceperunt, sibique, abnegato Bavaro et ejus dominio, cum plurimis civitatibus se omnimodo subdiderunt.

**56.** — Ab illo vero tempore multum incepit fortuna Bavari decrescere[2] et jam de eo fama modica vel nulla currere videbatur.

**57.** — Multi nobiles principes et barones et alii milites parabant se in auxilium Christianorum proficisci in regnum Granate, sed, licet devote ob zelum fidei moverentur, nichilominus sunt fraudati, nam rex Hyspanie treugas dederat Sarracenis, quas treugas dicunt multi regem Hyspanie corruptum, pecunia, concessisse.

**M CCC XXXI.**

**58-*f*.** — Anno Domini $\mathrm{m^o\ ccc^o\ xxxi^o}$ lata est senten-

---

et 16 à Pont-Sainte-Maxence. Le 20, il était de retour à Wengham (Rec. off., *Edw. III, Privy seals,* 4536-4543).

1. « Il fit si grant secheresse » (*Grandes Chroniques,* t. V, p. 542). C'est d'après ces mots que d'Achery et Giraud ont ajouté, dans les éditions de la continuation de Guillaume de Nangis, l'expression « tanta siccitas secuta est, » qui manque dans les manuscrits.

2. « Discurrere » (Contin. de Guillaume de Nangis, t. II, p. 123); « à decroistre » (*Grandes Chroniques,* t. V, p. 543).

tia in Parlamento regis pro duce Burgundie pro comitatu Attrabati contra dominum Robertum de Attrabato, comitem Bellimontis in Normannia. Nam littere quas dicebat se quasi miraculose reperisse invente sunt false. Unde capta est quedam domicella que falsitatem fecerat sicut ipsamet recognovit, modumque faciendi placandique sigillum coram rege Francie demonstravit. Captus est etiam quidam predicator, confessor predicti domini Roberti. Misit etiam rex nuncios ad querendum abbatem de Verseleyo qui suspectus erat hujus criminis, multorum etiam, ut dicitur, aliorum. Qui se tam cito absentavit ac fuge presidio se salvavit. Robertus vero predictus, licenciatus a rege et obtimatibus, cum confusione discessit.

59-*g*. — Burgundi de ultra Sonnam, de comitatu videlicet Burgundie, contra ducem Burgundie rebellantes, homagium sibi facere noluerunt, cum tamen ratione uxoris sue sibi comitatus deberetur. Unde utrinque fit preparatio ad bellum maximaque convocatio nobilium et potentum. Sed, rege Francie mediante, pax fuit inter ipsos finaliter reformata, venientesque ad ejus homagium, ipsum cum uxore sua per civitates et castra patrie associantes, ut dominum proprium receperunt.

60. — *Cap. CLXXIIII a.* — Comes Fusensis seu Fuxi matrem suam, sororem Roberti de Attrabato incarceratam tenuit in quodam castro suo, quia in confusionem sui totiusque generis nimis effrenate corporis sui lasciviam sequebatur [1].

---

1. Gaston I<sup>er</sup>, comte de Foix, avait épousé Jeanne d'Artois, seconde fille de Philippe d'Artois, au mois d'octobre 1301.

61. — Mense septembri fuerunt in Ytalia, in Aragonia, in Provincia tante inundationes aquarum ut earum impetu castra multa, ville multe dicantur penitus corruisse. In Francia tamen nichil horum actum est licet hyems tota sequens fuerit pluviosa.

62-*b*. — Circa medium mensis septembris, domicella que placando sigillum falsitatem fecerat litterarum pro domino Roberto de Attrabato eciam de mandato ipsius, in Platea Porcorum Parisius comburitur, prius tamen multis aliis machinationibus confessatis. Que videns dominus Robertus sibique metuens ad ducem Brabancie cognatum suum se transtulit, dimissis uxore et filiis infra regnum. Quo audito, rex Francie in manu sua posuit terram suam, mandans ei per nuncios ut coram rege et paribus ad diem prefixum personaliter compareret se de sibi impositis criminibus defensurum.

63-*c*. — Prima dominica adventus[1], papa debuit Avinione publice predicare quod anime decedentium in gratia vident divinam essentiam nec sunt perfecte beate nisi post resumptionem corporum. Quod dictum scandalizavit multos, verumptamen magis creditur opinative quam cum assertione dixisse quoniam hoc esset hereticum asserere, quod qui assereret deberet pro infideli et heretico judicari.

64-*d*. — Confessor domini Roberti Attrabatensis de ordine Predicatorum jamdictus interrogatus quid et quantum sciret de falsis litteris antedictis, qui, cum

---

1. Le pape Jean XXII fit trois sermons principaux sur ce sujet de la vision béatifique, le jour de la Toussaint (1er novembre 1331), le troisième dimanche de l'Avent (15 décembre) et la veille de l'Épiphanie (5 janvier 1332). Cf. Denifle et Chatelain, *Chartul. Univers. Paris.*, t. II, p. 414 et suiv.

semper dixisset quod sub sigillo confessionis sciebat nec posset sine periculo revelare, tandem instinctu magistri Petri de Palude, patriarcha Jerosolimitano cum aliis magistris in theologia quibusdamque secretariis regis assentientibus et dicentibus quod poterat revelare secundum quod dicitur, sed dubito revelavit. Qui repositus in carcere quo exierat, quid de ipso factum fuit ab omnibus ignoratur [1].

65. — Quinta decima die decembris fuit eclipsis lune valde magna modicum post mediam noctem et duravit per tres horas et amplius sed quia tali hora accidit, a pluribus non est visa [2].

66-e. — Mense februario, Parisius, apud Luperam, rege pro tribunali sedente cum multis baronibus et prelatis, dominus Robertus de Attrabato sepedictus, tertio vocatus ad respondendum de et super articulis sibi impositis, ad diem sibi assignatam non comparuit, ut debebat, sed misit cum multis militibus sine tamen procuratorio quemdam abbatem de ordine Sancti Benedicti, rogando regem cum paribus regni quatinus sibi concederetur quarta dilatio, promittens quod ad illam personaliter compareret et de sibi impositis legitime se purgaret. Igitur, negotio sic peracto, rex Boemie et Johannes dux Normannie, primogenitus regis

---

1. Le Continuateur de Guillaume de Nangis raconte beaucoup plus longuement cet incident et adresse des blâmes sévères aux conseillers du roi, blâmes qui ne se retrouvent ni dans les *Grandes Chroniques* ni chez notre auteur (Contin. de Guillaume de Nangis, t. II, p. 127; *Grandes Chroniques*, t. V, p. 347).

2. Ce passage se trouve dans les *Grandes Chroniques*, à la même place que chez notre auteur; le Continuateur de Guillaume de Nangis, au contraire, l'a reporté plus loin, à la fin de cette année (t. II, p. 131).

Francie, flexo genu, cum multis baronibus regem cum instancia petierunt quatinus concederetur dicto domino Roberto dilatio supradicta, bonaque ipsius non essent durante termino confiscata, quod rex concessit usque ad mensem maii de gratia speciali [1]. In presentia quoque regis quedam domicella dixit uxorem domini Roberti, sororem regis Francie, magis esse culpabilem quam maritum [2].

67-*f.* — Frater Petrus, de Palude, patriarcha Jerusalem, rediens a Soldano, ad quem missus fuerat, narrando obstinationem Soldani contra Christianos, in tantum commovit voluntatem regis et baronum ut pro recuperatione terre sancte concordarent unanimiter transfretare. Quod videns summus Pontifex, ad requestam regis Francie, mandavit et commisit patriarche omnibusque aliis prelatis quatinus in locis suis crucem predicarent ac predicari facerent admonentes, crucesignatos ut ad transfretandum se pro posse suo velociter prepararent.

68. — Philippus rex monetam antea valde mutabilem in statu posuit meliori. Ordinavit enim quod parvus florenus non valeret nisi decem solidos parisienses, alieque monete de auro secundum tale precium. Unus grossus turonus argenti novem Parisienses parvos et parvus denarius qui valebat duos reduxit ad unum,

---

1. Notre auteur commet ici une erreur de date qui se trouve également dans le Continuateur de Guillaume de Nangis et dans les *Grandes Chroniques*. Le terme du quatrième ajournement accordé à Robert d'Artois était le 8 avril 1332.

2. Ce dernier trait, qui manque dans le Continuateur de Guillaume de Nangis, se trouve aussi dans les *Grandes Chroniques* (t. V, p. 348).

sicque multe merces que antea fuerant nimis care
quasi ad medium reducuntur.

## M CCC XXXII.

69-*g*. — Anno Domini m° ccc° xxxii°, Robertus de
Attrabato sepedictus fuit bannitus de regno Francie
per barones et omnia bona sua regi similiter confiscata, sed adhuc ex habundanti, ad preces quorumdam
magnorum, rex voluit quatinus solenn[e bannire] usque
ad mensem post pascha differretur, et sic, si infra terminum veniret et in velle regis se poneret, rex ei talem
gratiam faceret qualem sibi expediens videretur, si
vero non veniret, bannus exequeretur omnino.

70. — *Cap. CLXXV a*. — Transacto termino gratioso
a rege concesso domino Roberto sepedicto, Parisius,
xix[a] die maii, per omnia quadrivia principalia, tubis
precinentibus, preconibus clamantibus, idem dominus
Robertus in sua contumacia persistens solenniter est
bannitus, talia coram populo recitando quod per falsas
litteras Attrabati comitatum temptaverat obtinere,
unde ad respondendum super hoc et pluribus aliis
articulis coram rege et paribus pluries fuerat adjorna-
tus et quoniam non venit nec procuratorem sufficien-
tem misit, per contumaciam fuit positus in deffectu.

71-*b*. — Philippus, rex Francie, apud Meledunum
fecit nuptias filii sui primogeniti Johannis novi ducis
Normannie et domine Bone filie Johannis regis Boemie
filii quondam imperatoris Henrici ipsumque fecit militem Parisius in festo scilicet archangeli Michaelis, rege
Boemie, rege Navarre, duce Burgundie, duce Britannie, duce Lotharingie, duce Brabantie cum multis
baronibus quorum non est numerus presentibus ipso

die. Eodem festo fecit rex filiam suam Mariam cum filio ducis Brabancie desponsari.

**72-*c*.** — Die veneris post festum sancti Michaelis, principibus predictis cum aliquibus prelatis multisque nobilibus in capella regis Parisius congregatis, rex palam fecit proponere quod intendebat pro terre sancte subsidio transfretare custodemque regni dimittere Johannem primogenitum suum annum quartum decimum jam agentem, rogans eos ut ad sacrosanctas reliquias jurarent ei obedientiam impendere tanquam domino et heredi et si ipsum contingeret in via decedere, ipsum, quamcitius possent, in regem Francie coronarent. Quod omnes tam prelati quam barones, elevatis manibus, juraverunt, postea pro se juravit quilibet illud idem.

## M CCC XXXIII.

**73-*d*.** — Anno Domini M° CCC° XXXIII°, post festum sancti Michaelis, Parisius, in Prato clericorum, archiepiscopo Rothomagensi sermonem de crucesignando populo faciente, rex Philippus cum innumerabili multitudine populi, crucem assumpsit. Fuit etiam in toto regno similiter ordinatum ut crux predicaretur ubique omnesque crucesignati parati essent a mense augusti transacto in tribus annis in nomine Domini transfretare.

**74.** — In crastino Ascensionis Domini fuit eclipsis solis valde magna post meridiem, per duas horas durans.

**75-*e*.** — Cum quasi sopiretur et quasi sopita crederetur pape Johannis predicatio supradicta de visione beata, publice tamen Avinione, ob favorem summi Pontificis a quibusdam cardinalibus sustinebatur hec opinio tanquam vera, sed, propter timorem, aliqui sustinebant quoniam quemdam fratrem predicatorem qui contra hoc predicabat summus Pontifex incarcerari mandavit [1]. Missis igitur a latere pape duobus fratribus Parisius, altero minore, altero predicatore, fratreque minore in plenis scolis determinante animas beatas Deum facie ad faciem ante se post diem judicii non videre, inter scolares murmur maximum generavit. Hanc autem opinionem omnes magistri in theologia Parisius judicaverunt tanquam hereticam et prophanam. Audiens autem frater predicator pro hac determinatione inter scolares scandalum ortum esse, statim ad papam rediit, prius tamen summum Pontificem excusavit dicens in pleno sermone non hoc cum assertione dixisse. Cum autem ista ad aures regis Francie devenirent et audiret predictus minor regem super hoc non contemptum, ivit ad eum se desiderans excusare. Rex vero voluit ut coram clericis loqueretur, convocatisque decem doctoribus in theologia sufficientioribus quorum quatuor erant minores, petiit in presentia minoris predicti rex quod dicebant de doctrina sua nuper Parisius seminata. Qui omnes reprobaverunt eam tanquam hereticam sivé falsam nec

1. Sans doute Thomas Walleis, de l'ordre des Frères Prêcheurs, que le pape Jean XXII fit effectivement emprisonner, non, disait celui-ci dans une lettre au roi de France, du 18 novembre 1333, parce que le moine avait parlé contre la vision béatifique, mais parce que, dans un sermon, il avait exprimé plusieurs opinions qui avaient été jugées erronées par plusieurs docteurs en théologie (Denifle et Chatelain, *Chartul. Univers. Paris.*, t. II, p. 415 et 428; Quétif-Échard, *Scriptores ordinis Predicat.*, t. I, p. 600).

propter hoc ipsum minorem ad concordiam adducere potuerunt. Iterum, satis cito post, apud Nemus rex fecit omnes magistros in theologia congregari cum universis prelatis et abbatibus qui tunc potuerunt Parisius inveniri, vocatoque predicto minore duo in gallico rex quesivit : Primum, utrum anime sanctorum ex nunc videant faciem Dei; aliud, utrum illa visio quam nunc vident deficiat in die judicii. Ad primum dixerunt omnes affirmativam, ad secundum duplex quod permanebit eternaliter et quod erit perfectior. Huic sententie frater minor quasi coactus consensit. Petiit denique rex litteras fieri super istis. Fuerunt igitur tres littere eamdem sententiam continentes XXIX sigillis magistrorum qui tunc aderant singule sigillate, quarum una pape a rege dirigitur, mandans ei quod de visione beata theologorum magis quam juristarum et merito sententiam approbabat, et quod corrigeret contrarium sustinentes, et sic faceret quod deberet[1].

76-*f.* — Roberto de Brux, rege Scotorum, strenuo milite sicut prediximus, jam defuncto, filioque ejus David qui sororem regis Anglie desponsaverat succedente, contigit Eduardum de Baillieul venire ad regem Anglie tanquam ad superiorem in isto casu, maxime, ut dicebat, dicens sibi regnum Scotie et non ad David puerum duodecim annorum nec ad alium pertinere, cum ipse de primogenita regis Scotie Alexandri et David de secundogenita natus esset. Unde petiit regem

---

1. C'est le 19 décembre 1333 que Philippe VI, se trouvant au bois de Vincennes, convoqua vingt-neuf docteurs en théologie pour discuter la question de la vision béatifique. Leur sentence fut rendue le 2 janvier suivant (Denifle et Chatelain, *Chartul. Univers. Paris.*, t. II, p. 429-433).

Anglie ut ipsum de regno Scotie in homagium reciperet, quod et fecit, oblitisque pactionibus quas cum
Roberto de Brux rege Scotorum habuerat, arma para-
vit contra Scotos ut ipsum Eduardum regni Scotie
poneret in saisinam. Scoti igitur, se defendere cupientes, et contra Anglicos ad prelium exeuntes, finaliter
devicti sunt, pluribus captis, quamplurimis interfectis [1]. Civitas eciam de Beroyc proditorie capta fuit, ut
multi postea retulerunt.

77. — *Cap. CLXXVI a.* — Philippus, rex Francie,
decem naves armis victualibusque munitas in auxilium
Scotorum misit. Sed vento impellente in mari, nec pervenire valentes ad optatum portum, apud portum de
Sclusa in Flandria appulerunt, ibique venditis ymo
quasi omnibus dissipatis, effectum nullum penitus
habuerunt [2].

78. — Hoc anno fuit fertilitas tanta vini ut sextarium mundi vini et clari pro quinque denariis, aliquando pro minori precio, haberetur [3].

79-*b*. — Cum Delfinus de Vienna, dimisso exercitu,
quoddam castrum comitis Sabaudie quod obsedebat,

1. Les Écossais furent battus près de Berwick, le 19 juillet 1333.
Le 22 juillet, Édouard III envoyait des lettres à tous les arche-
vêques et évêques d'Angleterre pour les informer de sa victoire
(Rymer, R. II, p. ii, 866).

2. Le 7 mai 1333, le roi d'Angleterre prévenait le roi de France
qu'en présence des infractions à la paix récemment commises
par les Écossais, il se voyait obligé d'intervenir en Écosse (Rymer,
tome II, p. ii, 860).

3. « Quod sextarium vini mundi et clari denarium venderetur
et aliquando pro minori pretio haberetur » (Contin. de Guillaume
de Nangis, t. II, p. 140); — « que l'en avoit un sextier de vin
cler, bon, net et sain, pour cinq et six deniers » *(Grandes Chroniques,* t. V, p. 354).

exploraret, fuit a quodam balistario sic percussus quod nisi per dimidium diem postea supervixit, et quia heredem de corpore proprio non habebat, fratrem suum heredem reliquit.

## M CCC XXXIV.

80-*c*. — Anno Domini м° ccc° xxxiiii°, illi de Bononia contra legatum a domino papa missum ad submittendos Guibellinos rebellaverunt, ipsumque, magna copia de suis hominibus interfecta, extra patriam fugaverunt. Quoddam etiam castrum fortissimum quod edificaverat extra muros civitatis funditus everterunt.

84-*d*. — Orta est materia magna guerre inter ducem Brabancie et comitem Flandrie pro quibusdam redibenciis quas episcopus Leodiensis dicebat in villa de Mealines in Brabancia se habere. Quas redibencias predictus comes emerat ab episcopo fraudulenter ut inter ipsos dissensio oriretur, secundum quod plurimi asserebant. Sed cum magno apparatu arma pararentur hinc et inde, rege Boethmie, episcopo predicto, comite Hanonie et Johanne fratre ejus comite de Guellis aliisque magnis de Alemannia juvantibus partem comitis antedicti, rege vero Navarre, comite Alenconis, fratre regis Francie, comite Barri, comite de Stampis aliisque faventibus partem ducis, interveniente quasi pro mediatore rege Francie, tandem ad concordiam sunt adducti [1].

82-*e*. — Eodem anno, David de Brux, filius Roberti de Bruz quondam Scotorum regis, quasi tredecim annorum, una cum uxore sua sorore regis Anglie, Scotiam

1. Cf. Kervyn de Lettenhove, *Histoire de Flandre*, t. III, p. 155-159.

relinquens, fugiendo maliciam emulorum ut sub alis regis Francie tueretur, a quibusdam sibi benivolis, maxime a quodam nobili armigero nomine Anfredo de Kyrepatric[1] qui se cum bonis in ecclesia Sancti Dionysii reddidit ut devotus, in qua finaliter est sepultus, in Franciam est adductus. Cui rex castrum Galliardi in Normannia tradidit ad manendum.

83-*f.* — Philippus, rex Francie, quadam domo pro religione que Moncellus dicitur, juxta Pontem sancte Maxentie, que etiam ad fiscum regium pro forefactura provenerat ordinata, posuit ibi mulieres Deo perpetuo serviendum Sancti Francisci regulam observantes.

84. — Uxor domini Roberti de Attrabato, soror regis, quorumdam votorum cum filiis, ut dicebatur, suspecta[2], apud Chynon in Pictavia carcere detinetur, filii vero apud Nemosum in Gastineto prisioni traduntur[3].

85. — Fuit habundantia vini magna, sed non fuerunt ita sicut anno preterito fortia vel matura.

86-*g.* — Scoti, reparatis viribus ac resumptis, contra Eduardum de Baillieul et contra Anglicos quos rex Anglie dimiserat ad custodiam munitionum quas in Scotia acquisierat viriliter preliantes ac omnia preter

1. Ce personnage est nommé *Anfroy de Trycpatric* dans les *Grandes Chroniques,* qui en parlent dans les mêmes termes que notre auteur (t. V, p. 356), tandis qu'il n'en est fait aucune mention dans le Continuateur de Guillaume de Nangis.

2. « En ce temps, la femme messire Robert d'Artois... fut souppeconnée et ses fils aussi d'aucuns *voults* qui avoient été fais » (*Grandes Chroniques,* t. V, p. 356).

3. Ce n'est pas à Nemours, mais au Château-Gaillard, que, d'après la *Chronique des quatre premiers Valois,* les enfants de Robert d'Artois furent transportés (cf. Lancelot, *Mémoires de l'Académie des inscriptions,* année 1736, t. X, p. 630 et 631 ; *Chronographia reg. Franc.,* t. II, p. 35).

civitatem Beroyc recuperantes ipsum Eduardum a finibus regni Scotie turpiter ejecerunt.

87. — Mense decembri, IIII° die, papa Johannes,
anno XIX° pontificatus sui, obiit erroremque de visione
beata quam diu tenuerat et publice predicaverat, insuf-
ficienter tamen ut aliqui dicunt, moriens revocavit[1].
Cui Jacobus, sancte Prisce presbyter cardinalis, Cister-
ciensis ordinis, XIX° die ejusdem mensis per electionem
succedens, VIII<sup>a</sup> die januarii consecratur ac Benedictus XII, papa ducentesimus primus, appellatur.

88-*h*. — Rex Francie Philippus iter arripuit ut
Summum Pontificem de novo creatum visitaret, sed
superveniente infirmitate, cum quasi medium itineris
sui peregisset, consilio medicorum ad propria remeavit. Misit tamen solennes nuncios ad ipsum super
quibusdam petitionibus tangentibus passagium Terre
Sancte in quibus multum bene papa se habuit gratiose,
quibusdam tamen sue deliberationis consilio reservatis.

89. — Circa Parisius, in vigilia Sancti Nicholai hye-
malis, audita sunt tonitrua cum choruscationibus ita
magna ac si esset in festo Marie Magdalene. Fuerunt
etiam in octabis sancti Johannis evangeliste tonitrua
sicut supra, ac etiam XIX<sup>a</sup> die januarii, quamvis hyems
frigida nimis esset.

90. — *Cap. CLXXVII a*. — Johannes, dux Britannie,
considerans bonum regni Francie, periculum eciam
quod eidem regno posset in futuro evenire, voluit predictum ducatum dimittere regi Francie post decessum,
ita tamen quod si post decessum ejus aliquis heres
appareret, eidem aliqua terra sufficiens assignaretur

1. Cf. Denifle et Chatelain, *Chartul. Univers. Paris.*, t. II, p. 440.

a rege. Ordinatum itaque fuit quod si aliquis heres
probabilis appareret ex tunc eidem in recompensatio-
nem ducatum Aurelianis assignabat. Contradicentibus
vero quibusdam baronibus, remansit negocium imperfectum et assignata est dies ad tractandum de isto
negocio in octabis Marie Magdalene, iterum usque ad
dominicam sequentem, illoque die negocium sic transivit in penduloque remansit ac finaliter in nichilum est
redactum.

## M CCC XXXV.

91-*b.* — Anno Domini M CCC XXXV°, dominus Johannes de Sepeio[1], missus in terram Turcorum ad explo-
randos portus et passus pro passagio Terre Sancte,
episcopusque Belvacensis qui peregre profectus fuerat
contra Turcos, ad propria remeavit.

92-*c.* — Circa medium junii, Johannem ducem Normannie, primogenitum regis, gravis arripuit egritudo
in tantum ut de ipso medici desperantes, rex et regina
per omnes ecclesias tam a clero quam populo fecerunt
divinum auxilium implorare. Rex namque tantum in
misericordia Dei et sanctorum meritis precibusque
populi confidebat ut diceret non cito sepelire filium si
obiret, sed credebat quod eum Deus, tantis pulsatus
precibus, suscitaret. Cumque fierent processiones ubique et a conventu Sancti Dionysii processio ter nudis
pedibus esset facta ac apud Taverniacum ubi infirmus
jacebat delate fuissent sacrosancte reliquie, clavo Do-

---

1. « Johannes de Septio » (Contin. de Guillaume de Nangis,
t. II, p. 145); — « Jehan de Cepoy » (*Grandes Chroniques*, t. V,
p. 361). Il accompagna en ce voyage Jean de Marigny, évêque
de Beauvais (*Chronique normande*, p. 37).

mini scilicet cum corona et digito sancti Dyonisii que
ibi fere diebus duodecim remanserunt, tandem sanctorum meritis precibusque populi Deum orantibus est
sanatus. Septima vero die julii rex cum filio suo a
Taverniaco pedestres usque Sanctum Dyonisium accesserunt, regraciantibus sanctis martyribus duabus noc-
tibus pernoctando et a quibusdam fratribus ecclesie
audito servicio de Beato Dyonisio cum missa ab abbate
ante altare martyrum celebrata, post prandium reces-
serunt visitaturi alia sancta loca[1].

93-*d*. — Circa festum Magdalene, rex Anglie tam
equitum quam peditum turma vallatus, comite Namursii uxoris sue cognato, comite de Guellis qui sororem
suam desponsaverat cum aliis nobilibus de Alemannia
ipsum comitantibus, mare Scoticum transiens, sine impedimento Scotiam subintravit, deinde ad villam sancti
Johannis se transferrens illamque muniens ac ibidem
fratrem suum Johannem Deltan comitem Cornubie cum
Eduardo de Baillieul dimittens et ad Sanctum Andream
veniens, pacifice recepit quorumdam de regno Scotie
non tamen omnium homagia magnatorum. Confirmato
igitur in regno Scotie Eduardo predicto, ordinavit
quod ipse et successores sui regibus Anglie homagium
facient, ferentes eisdem auxilium contra omnes. Ad

1. On trouve, dans les comptes de Saint-Denis, des traces du
pèlerinage fait à l'abbaye en cette circonstance : « Pro adventu
regis quando venit de Taverniaco ad ecclesiam devotte et pro toto
luminari quod arsit ibi, xxiiii l. — Pro torchiis traditis famulis
preceptoris in adventu ipsius regis quas tradiderunt sicut dicunt
illis de hospicio, xxvi l. — Pro reportatione reliquiarum de Taver-
nyaco ad ecclesiam tam in torchiis quam in alio luminari, xx l. »
(Comptes du 1er juillet 1335 au 1er juillet 1336. Arch. nat., LL 1241,
fol. 156.)

supplementum itaque exercitus regis Anglie, ccc homines de armis cum mille peditibus ducendo vel mittendo ad proprias expensas per annum integrum tenebuntur, sed, anno transacto, rex seu reges Anglie eos nisi ad suas expensas poterunt retinere[1].

94-e. — Cum ad Scotorum noticiam devenisset quod comes Namursii regem Anglie tarde sequens maris Scotici vellet transitum attemptare, eidem insidias paraverunt, partem de suis mittentes ante ipsum, alia in insidiis remanente. Cumque ipsos pertransisset, ipsum a tergo sequentes et ei cum aliis obviantes, inclusus capitur, multis captis, pluribus interfectis. Cum vero comes Moreti vellet eum ob favorem regis Francie liberare et solum cum octoginta armatis conductum preberet eidem, in regressu ab Anglicis capitur ac suis omnibus interfectis regis Anglie carceri mancipatur.

95. — Hoc anno vina fuerunt ita cruda, viridia, indigesta quod vix bibi sine indignatione gustus aut etiam gravamine potuerunt.

## M CCC XXXVI.

96-f. — Anno Domini M CCC XXXVI°, Philippus, rex Francie, partes remotas visitans regni sui, honorifice a cunctis civitatibus est receptus, cumque summum Pontificem cum duce Normannie filio suo primogenito visitasset, susceptusque fuisset a papa maximo cum honore, habito colloquio de passagio Terre Sancte auxilioque Scotorum, utrum, consideratis confederationibus quas inter se habebant, specialiter a tempore Philippi Pul-

---

1. Cf. Walsingham, *Historia anglicana,* I, p. 196.

chri regis avunculi sui[1] eisdem auxilium ferre contra
regem Anglie teneretur, tandem Massiliam ad visitan-
dum Sanctum Ludovicum se transtulit, ut videret eciam
navigium quod parari faciebat pro passagio Terre
Sancte, qui, a Massiliensibus, quamvis non essent sub
ejus dominio, receptus est cum tanta reverentia et
honore, ut in mare navibus ordinatis ad bellum navale
in ejus presentia simularent pomis auriacis se invicem
impugnantes.

97-*g.* — Hoc anno, iii[a] die marcii, fuit eclipsis solis
attingens fere usque ad centrum ipsius, Marte et Saturno
aspicientibus ipsum solem qui tunc incipiebant retro-
gradari. Duravit autem per duas horas cum aliquibus
minutis.

98. — *Cap. CLXXVIII a.* — Philippus, rex Francie,
rediens a visitatione summi Pontificis Benedicti, arripiens per Burgundiam iter suum, a duce simul et comite
Burgundie recipitur cum honore, qui discordiam magnam inveniens ortam esse inter ipsum ducem comitemque et dominum Johannem de Chalon quosdamque
nobiles Burgundie et Alemannie dicto domino de Chalon adherentes super quibusdam redibentiis sibi debi-
tis ut asserebat in comitatu Burgundie maxime super
villam et puteum Salinarum quas dictus dux et comes
injuste sibi subtrahere nitebatur, cum rex comite duce-
que contradicente nequiret ponere concordiam inter
partes, idem dux et comes in presentia regis ex parte
dicti domini Johannis de Chalon sibique adherencium

---

1. « ... Et espécialement depuis le temps de Phelippe le Bel,
oncle du roy de France » (*Grandes Chroniques,* t. V, p. 364). Ce
détail ne se trouve pas dans le Continuateur de Guillaume de
Nangis.

diffidatur et in crastinum cum sibi adherentibus comitatum Burgundie subintravit ac magnam partem ejusdem non ita ferro quam igne et predationibus devastavit, postque in quibusdam castris que scienter antea muniri fecerat cum complicibus se recepit. Dux igitur et comes Burgundie adjutus auxilio regis Navarre, ducis Normandie, comitis Flandrie, comitis de Stampis, magnum exercitum congregavit ac castrum domini Giraldi de Monte Falconis nomine Chausiacum obsidens quasi post sex ebdomadarum spatium in deditionem accepit. Deinde versus Bisantium civitatem que partem domini de Chalon nutriebat se transferens, datis treugis usque natale, quia pro exercitu victualia non habebat, remansit negotium imperfectum.

99-*b*. — Hoc anno, tam grave incendium xiiii$^a$ die julii tam in pannis Indicti aliisque mercibus conflagravit ut multi mercatores qui divites advenerant pauperes ad propria remearent.

100. — Secunda die julii natus est regi Francie puer ex uxore sua legitima apud nemus Vicenarum qui baptizatus Philippus a parentibus appellatur.

101. — In vigilia Magdalene que fuit die dominica[1] Hugo de Crusiaco, miles, natione Burgundus, dudum prepositus Parisius dominusque postea Palamenti, tanquam judex nequissimus accusatus aliis criminibusque convictus communi patibulo Parisius est suspensus.

102-*c*. — Quarta die augusti, tanta tempestas toni-

---

1. La continuation de Guillaume de Nangis porte seulement : « et erat dies, » ce que le dernier éditeur a supposé vouloir dire : « les premières heures du jour; » la leçon suivie par notre auteur indique qu'il faut plutôt suppléer « dominica, » ce qui est d'ailleurs confirmé par le texte des *Grandes Chroniques* : « la veille de la Magdaleine ensuivant, qui fu au dimenche » (t. V, p. 365).

trui circa Parisius et maxime circa nemus Vicenarum
est exorta ut tentoria et cortinas que pro purificatione
regine que filium pepererat fuerant elevata ad terram
prosterneret, muros et domos corrueret, pinnaculum
domus regine subverteret, arbores magne grossitudinis
everteret, aliquos occideret, breviter quotquot erant in
nemore Vicenarum multipliciter deterreret.

103-*d*. — Cum propter subversionem castri Xanc-
tonensis in Pictavia factam per dominum Karolum
comitem Alenconis fratrem regis exorta fuisset discordia inter regem Francie Philippum et Anglie Eduardum
et inter comitem Aginensem[1] propter quasdam villas
et munitiones quas dominus Karolus, comes Valesii,
pater regis, dudum in Gasconiam a Karolo rege missus
regi Anglie Eduardo patri ipsius Eduardi propter con-
tumacias abstulerat vi armorum, que omnia iste rex
Anglie repetebat, ob hoc plures nuncii transfretassent
hinc et inde, ad concordiam non potuerunt reduci, ins-
tigante domino Roberto de Attrabato qui in Angliam
transfugerat, ut communiter dicebatur.

104-*e*. — Cum inter reges Hyspanie et Navarre[2]
maxima guerra esset pro custodia cujusdam abbatie

---

1. La continuation de Guillaume de Nangis porte aussi « comitem Aiginensem, » que Géraud a corrigé en « civitatem Aginensem » (t. II, p. 154); — « et par le comte de Gyen » (*Grandes
Chroniques*, t. V, p. 366). Le 11 avril 1336, Édouard III adressait
au roi de France plusieurs réclamations au sujet des terres con-
testées de Gascogne (Rymer, R. II, p. ii, 936).

2. Les *Grandes Chroniques*, comme notre auteur, racontent que
la guerre eut lieu « entre le roy d'Espaigne et le roy de Navarre »
(t. V, p. 367), tandis que le Continuateur de Guillaume de Nangis, avec beaucoup moins de vraisemblance, met aux prises en
cette occasion le roi d'Angleterre et le roi de Navarre « inter
regem Anglie et regem Navarre » (t. II, p. 154).

in confinio regnorum suorum site, tandem per summum Pontificem et regem Francie, administrante tunc Johanne de Vienna, archiepiscopo Remensi, qui ex parte regis Francie et Navarre ad hoc missus fuerat, ad concordiam sunt adducti.

105. — Hoc anno inter regem Francie et Hyspanie facte sunt et firmate confederationes solennes.

106-f. — Rex Anglie Eduardus, videns regem Francie partem Scotorum fovere volentem propter confederationes quas cum ipsis inierat avunculus suus Philippus quondam rex Francie dictus Pulcher, magnum apparatum navium in mari disposuit ac confederationem habuit, non obstante quod esset excommunicatus imperioque privatus, cum duce Baioarie Ludovico, eodem duce sibi auxilium promittente, fuerunt autem multe belli commotiones inter utrosque reges, facta tamen piratica tam in terra quam mari tantummodo exercendo.

## M CCC XXXVII.

107-g[1]. — Anno Domini m° ccc° xxxvii°, discordia que fuerat inter dominum Johannem de Chalon ac ducem comitemque Burgundie, ut dictum est, per regem Francie pacificata fuit et sedata.

108.—Circa festum Sancti Johannis Baptiste, cometa apparuit que in signo Geminorum fuit orta, ratione eclipsis anni precedentis tertia die martii per Martem et Saturnum, ut dicebant astrologi sapientes. Unde

---

1. Au commencement de cette année, le Continuateur de Guillaume de Nangis mentionne l'engagement par le roi de France de beaucoup de gens de guerre et surtout de Génois (t. II, p. 156); les *Grandes Chroniques,* comme notre auteur, n'en parlent pas.

adhuc dicebant quod ratione signi quo generata fuit et generantium significabat habundantiam sanguinis immundi in multis egritudines subsequi. Item ratione Martis existentis in Scorpione significabat falsitates, fraudes, mendacia, latrocinia atque guerras; ratione Saturni, cupiditatem, extorsionem, rancores, odia, machinationes, inobedientes cordis miserias, mortem, rumores terribiles ac pavorem. Item ipsum signum Geminorum dicunt esse humanum avium magnatorum Deo servientium, ideo cometa minabatur illa omnesque corporaliter vel in statu. Item dicebant quod, consideratis ymaginibus celi ab ea pertransitis consideratoque conjunctionis signo Martis et Saturni minabatur terre quadrupedia in aquis natantia eisque navigantia et quod in aquis deberent sequi multa inconvenientia vel per aquas.

109. — *Cap. CLXXIX a.* — Circa festum omnium Sanctorum ceperunt gentes regis Anglie quoddam castrum regis Francie in Xanctonia quod dicitur Paracollum[1], ferro et igne vastantes villas circa castrum adjacentes ac plurimos occidentes.

110. — Cum communiter diceretur regem Anglie regnum Francie velle non solum invadere sed intrare

1. Parcoul, Dordogne, arr. de Ribérac, cant. de Saint-Aulaye. M. H. Moranvillé a cité une quittance du 2 juin 1337, d'Arnaud de Marmande, écuyer, à Itier de Magnac, sénéchal de Saintonge, pour le montant de ses gages comme gardien du château de Parcoul (*Chronographia*, t. II, p. 27); — d'autre part, le 12 octobre 1337, Hue Quiéret, « chevalier le Roy et son amiral, » mandait à Thomas Fouque, garde du clos des galées du roi à Rouen, de fournir des armures à Durant Pelegrin « qui s'entremet de l'appareil de l'armée que le Roy envoie ès parties de Saintonge. » Inventaire manuscrit des titres de Joursanvault, n° 1034 (Bibl. nat., f. fr. 10430, p. 222).

sed qua parte rex Francie penitus ignorabat, oportuit ipsum omnia regni sui confinia premunire illaque viriliter custodire. Hec autem omnia, ut dicebatur, dominus Robertus de Attrabato contra regnum Francie procurabat.

111-*b*. — Papa Benedictus mittens duos cardinales pro pace inter regem Francie et regem Anglie reformanda, parum aut nichil penitus profecerunt.

112. — Post captionem castri antedicti quidam nobilis de lingua occitana, nomine Ernaldus de Normandia[1], eo quod castrum illud ab Anglicis fuerat per ipsum proditiose captum, Parisius in platea porcorum capite privatur et in quadriga ductus ad patibulum est suspensus.

113. — Hoc anno per constabularium regis comitem Augi, adjuvantibus sibi comite Fuxi, comite de Armegniaco aliisque nobilibus de lingua scilicet occitana, ville cum castris plurimis capiuntur. Eodemque tempore, thesaurarius regis Francie, Nicholaus Beuchet, Cenomannus, portum seu villam in Anglia que dicitur Porta muta[2] combussit cum pluribus villis, Insulam quoque de Gernesi, uno castro excepto, dicitur ignis incendio consumpsisse.

114-*c*. — Scoti ab Anglicis eos opprimentibus multa gravamina patiuntur, rege Francie, ut tenebatur, eis auxilium non ferente.

115. — Audientes igitur hoc tempore rex Navarre,

1. « Quidam nobilis homo de lingua occica, qui Renaldus de Normannia vocabatur » (Contin. de Guillaume de Nangis, II, 158) ; — « un noble homme de la langue d'oc, lequel avoit nom Ernaut de Myrande » (*Grandes Chroniques*, t. V, p. 369).

2. « Portmuth » (Contin. de Guillaume de Nangis, t. II, p. 158); — « Portevive » (*Grandes Chroniques*, t. V, p. 389).

comes Alenconis, frater regis Francie, cum quibusdam magnatibus hujus regni, regem Anglie cum magno exercitu in Franciam velle descendere et apud Boloniam applicare, sibi putantes occurrere cum suo exercitu perrexerunt, sed quia non comparuit neque venit ad propria non immerito vacui sunt reversi. Anglici tamen apud Sclusam in Flandriam cum sexdecim navibus appulerunt. Qui primo passi repulsam seque in mari iterum retrahentes, tamdem bastardum Flandrie, fratrem comitis Flandrie, custodem portus incaute et pueriliter se gerentem capiunt, de suis vero quam de Flamingis pluribus interfectis, ipsum in Hollandiam deduxerunt[1].

116-*d*. — Quidam sub habitu religionis in curia regis venerunt, qui regem cum tota curia impotionare volebant, qui capti ac deprehensi quid de eis factum fuerit ignoratur.

117. — Quidam Flandrenses maxime Gandavenses nisi sunt contra regem Francie eorumque comitem rebellare, sed excommunicati auctoritate summi Pontificis per episcopum Silvanensem et abbatem sancti Dyonisii Guydonem[2] a sua malicia sunt repressi.

## M CCC XXXVIII.

118-*e*. — Anno Domini M° CCC° XXXVIII°, rex Anglie, uxorem suam, sororem comitis Hanonie neptemque

1. Ce récit est beaucoup plus développé dans les *Grandes Chroniques* (t. V, p. 370-373).

2. « Per episcopum Silvanectensem ac abbatem Sancti Remigii excommunicati » (Contin. de Guillaume de Nangis, t. II, p. 159); — « et y furent envoiés, de par le roy, l'évesque de Senlis et l'abbé de Saint-Denis, Guy de Chartres » (*Grandes Chroniques*, t. V, p. 373).

regis Francie, cum magno exercitu secum ducens, ad partes Brabancie transfretavit. Deinde ad Alemanniam se transferens, confederatus est pluribus nobilibus soldearios suos faciens cuilibet certam summam pecunie promittendo. Et si a solutione deficeret minime reputarentur confederationes predicte. Confederavit se etiam, licet esset excommunicatus, cum duce Baioarie Ludovico qui pro imperatore tunc temporis se gerebat. Eodem vero anno ab ipso Ludovico est in imperium vicarius constitutus. Qui vocationes et citationes suas faciens ad regnum Francie invadendum, pauci obedierunt eidem.

119. — Audiens igitur rex Francie regem Anglie velle invadere regnum Francie, exercitum immunerabilem apud Ambianis ut ei occurreret congregavit, sed cum diu expectasset, licentiavit exercitum cum videret regem Anglie nichil penitus se moventem[1].

120-*f.* — Hoc anno, due naves notabiles regis Anglie, Christofora et Eduard cum quibusdam aliis bonis plurimis oneratis per gentes regis Francie capiuntur.

121. — Cum Flamingi et maxime Gandavenses de quibus supra meminerimus a comite suo ut dicebant multa gravamina paterentur, spiritu rebellionis assumpto, eumdem comitem de finibus suis fugere compulerunt multosque populos aliarum villarum sibi jungentes ac contra magnos qui eisdem resistebant insurgentes et unum de ipsis nomine Jacobum Artevelle sibi caput et principem facientes, eisdem multa gravamina intulerunt.

1. Pour les nombreuses convocations de gens d'armes pendant cette année et les deux suivantes, cf. le compte du bailliage de Chaumont aux Pièces justificatives.

**122-*g*.** — In Guasconia, castrum munitissimum capitur quod Penna de Aginesio[1] appellatur. In Anglia etiam quedam villa que Hantonna[2] dicitur ignis incendio per gentes regis Francie devastatur.

**123.** — Rex Francie quedam privilegia Normannorum confirmavit, dominusque de Haricuria qui antea nomine comitis usus fuerat, auctoritate regia, titulum ac nomen comitis est adeptus.

**124.** — Petrus Rogerii ex archiepiscopo Rothomagensi efficitur cardinalis[3].

## M CCC XXXIX.

**125.** — Anno Domini $M^o$ $CCC^o$ $XXXIX^o$, duo castra fortissima in Gasconia, Burgum scilicet et Blavia capta sunt. In captione vero castri Blavie dominus de Caumont cum fratre domini de Labret quibusdamque nobilibus fuit captus[4].

**126.** — Quedam villa in comitatu Augi que vocatur Triportus[5] supra mare per gentes regis Anglie comburitur cum abbacia in eadem villa similiter existente[6].

---

1. Penne, Lot-et-Garonne, arr. de Villeneuve-sur-Lot (*Chronique normande*, p. 245, n. 2).

2. « Hanonia » (Contin. de Guillaume de Nangis, t. II, p. 162); — « Hantonne » (*Grandes Chroniques*, t. V, p. 376), aujourd'hui Southampton.

3. Cette mention, qu'on trouve aussi dans les *Grandes Chroniques*, ne figure pas dans la contin. de Guillaume de Nangis.

4. Blaye, Gironde, chef-lieu d'arr.; — Bourg, Gironde, arr. de Blaye, chef-lieu de cant. (*Chronique normande*, p. 39, 245).

5. « Tréport » (*Grandes Chroniques*, t. V, p. 377). — Les mss. de la continuation de Guillaume de Nangis portent « Corportus » (t. II, p. 163). Cf. *Chronographia reg. Franc.*, t. II, p. 67.

6. Le retour dans leur pays des Génois précédemment engagés par le roi de France, qui est rapporté par le Continuateur de

127. — Circa festum Sancti Michaelis, rex Anglie, Francie regnum invadere cupiens, congregavit Anglorum, Brabantinorum, Alemannorum exercitum copiosum. Rex itaque Francie contra ipsum apud Sanctum Quintinum in Viromandia suum exercitum congregavit, rege tamen Anglie prius hostiliter regnum Francie subintrante ac partem non modicam Tereschie devastante; cumque in populo, eo quod rex non sibi occurreret, murmur et scandalum oriretur, rex Francie tandem sibi occurrit, quadam die veneris, in villa que Burenfosse[1] vulgariter appellatur. Amplius igitur bellum dissimulare nollens, arma sumpsit et alios ad pugnandum viriliter animavit. Et ecce quidam, nescio quo spiritu ducti, dixerunt bellum non esse congruum, propter quatuor asserentes, scilicet ob diei reverentiam quia dies veneris erat, quia per quinque leucas equitaverat, quia nec ipse nec equi cibum gustaverant neque potum, ratione etiam cujusdam passus inter ipsos et inimicos positi difficultatis[2]. Hiis igitur rationibus differri bellum usque in crastinum consulebant consiliarii antedicti. Et licet acquiesceret hujusmodi sermonibus rex invitus, tamen finaliter acquievit, precipiens omnibus ut in crastinum ad prelium pararentur, que dilatio regi ac toti regno Francie extitit in ruinam, quoniam rex Anglie potentiam regis audiens, media nocte fugam iniit et in imperium se recepit, sicque fraudulatus a desiderio suo, rex Francie Philippus inglorius in Franciam remeavit.

Guillaume de Nangis et par les *Grandes Chroniques,* n'est pas mentionné par notre chronique.

1. Buironfosse, Aisne, arr. de Vervins, cant. de La Capelle.
2. Ms. *difficultas.*

I                                                  4

128. — *Cap. CLXXX a.* — Flamingi et maxime
Gandavenses, spiritu rebellionis assumpti, cogitabant,
instinctu Jacobi Artevelde antedicti, regi Anglie, tanquam regi Francie, facere homagium, fidem regis Francie dimittentes, veluti pessimi proditores. Quo com-
perto, rex, qui nuper in Flandriam apud Sclusam
advenerat, in Angliam transfretavit ut a suis pecunias
extorqueret et exercitum adduceret contra regem
Francie in auxilium Flamingorum.

129. — Hoc eodem anno, illi de episcopatu Cameracensi et de Tereschia villas plurimas in terra domini
Johannis de Hanonia combusserunt. Cumque ex pacto
idem dominus Johannes cum domino Johanne de Vervin[1], ipsorum capitaneo, ex parte regis Francie se
gerente, feria quinta in cena Domini pugnare deberet,
ad diem non comparuit assignatam, sed ex adverso
maliciose se transferens ad villam que Aubenton[2] dicitur, cujus homines ad bellum processerant, predationibus ac incendio devastavit.

## M CCC XL.

130-*b*[3]. — Anno Domini M° CCC° XL°, cum rex Anglie,
ut pecunias extorqueret pro auxilio Flamingorum qui

---

1. « Johanne de Nemurs » (Contin. de Guillaume de Nangis,
t. II, p. 165); — « Jehan de Vervins » (*Grandes Chroniques*, t. V,
p. 379).

2. Aubenton, Aisne, arr. de Vervins; cf. Froissart, édit. Luce,
p. 198-204.

3. Le Continuateur de Guillaume de Nangis et les *Grandes
Chroniques* commencent cette année par une sévère critique de
la conduite des rois de France et d'Angleterre et par l'exposé des
maux que la guerre a déjà fait peser sur l'Église et sur le peuple.
Rien de pareil ne se trouve dans notre chronique.

sibi homagium facere cogitabant, in Angliam transfretasset, comitemque Saleberie cum comite Auxonie loco
sui in partibus Flandrie dimisisset, iidem[1] comites,
consilio inito ut Insulam obsiderent, Anglorum ac
Flamingorum non modicum exercitum congregarunt
quem ad duo miliaria vel circiter longe ab Insula dimittentes, quasi cum ducentis processerunt ut locum obsidioni congruum explorarent. Quos videntes, Insulani
de villa prosilierunt ex adverso comiteque Saleberie
de equo ictu lancee turpiter dejecto ac graviter vulnerato, cum suis capitur ac regi Francie presentatur. Fuit
etiam ibi quidam nobilis interfectus cujus nomen cela-
verunt, ejus amputato capite, inimici, nec exinde potuit inveniri. Dicebatur enim a pluribus quod erat
rex Anglie, sed hujus rei contrarium postea probavit
eventus.

131-c. — Rex Francie Philippus, contra Brabantinos,
Hanones et Flamingos movens exercitum et Attrebatum
veniens, ibi totum exercitum expectavit. Qui premit-
tens filium suum Johannem, ducem Normannie, ut terram comitis Hanonie devastaret, pervenit feliciter ad
optatum, nam castrum quod dicitur Escandueuvre[2]
castrum quoque quod Tun[3] dicitur cepit funditusque
evertit. Deinde rex, Avaudin transiens, venit inter Insulam et Duacum ubi regis exercitus cum equis gravi
cepit infirmitate vexari. Audiens denique quod rex
Anglie magnum navigium preparasset ad transfretandum in auxilium Flamingorum, accepta classe Piquar-

1. Ms. *hiidem*.

2. Escandœuvres, Nord, arr. et cant. de Cambrai.

3. « Thini » (Contin. de Guillaume de Nangis, t. II, p. 168);
— « Tun l'Evesque » (*Grandes Chroniques*, t. V, p. 382). Aujour-
d'hui Thun-l'Évesque, Nord, arr. et cant. de Cambrai.

die et Normannie ad ejus introitum prohibendum
dominique Roberti de Attrabato, prefecit eidem classi
duos admirallos, dominum Hugonem dictum Quieret
et Nicholaum dictum Buchet. Cumque, in vigilia sancti
Johannis Baptiste, rex Anglie transfretasset ventumque
fuisset ad conflictum ante portum Scluse, nostri bellatores, bene primitus se habentes, sed postea repulsi
pre multitudine supervenientium Flamingorum, tamdem Nicholaus Buchet occiditur, ac in despectu regis
ad malum navis suspenditur captoque Hugone Quieret, multe naves perdite fuerunt et ablate, Christofora
et Eduarda, regis Anglie navibus, restauratis[1].

132-*d*. — Dominus Robertus de Attrabato, ut civitatem sancti Audomari obsideret, multum exercitum
congregavit. Qui satis prope villam tentoria sua collo-
cans cum bellico apparatu, locum obsidioni congruum
explorabat. Et ecce dux Burgundie qui pro custodia
intus erat, dare locum obsidioni non arbitrans esse
bonum, summatis oppidanis ut secum exirent, nolen-
tibus illis exire, ymo dicentibus se velle protegere
villam suam, cum suis quos habebat exivit. Et primo
ab adversariis passus repulsam periculose pugnavit.
Sed filio ejus Philippo cum comite Armeniaci in ejus
auxilium properante, inimicos fugere compulerunt, ac
usque tentoria sua subsecuti in quibus quiescere cupie-
bant, tentoria et supellectilia maxime Jacobi de Artevelle ac domini Roberti de Attrabato rapientes, omnia
regi Francie presentarunt.

133-*e*. — Hoc anno, rex Anglie, collecto exercitu

1. Ce dernier trait, qui est raconté presque dans les mêmes
termes par les *Grandes Chroniques,* ne se trouve pas dans la Continuation de Guillaume de Naugis.

validissimo Flamingorum, Anglorum, Allemannorum, Brabantinorum, Hanoniorum, Tornacum civitatem potenter obsedit, diuque ibi moratus ob deffectum victualium fere usque ad deditionem accepit[1], quod audiens Francie rex Philippus, de loco inter Insulam et Duacum ubi tentoria fixerat ac fere per quinque ebdomadas moratus fuerat, castra movit pontemque Bovinarum transiens, ad duo miliaria vel circa prope regem Anglie sua tentoria figi fecit. Discurrentibus itaque ex parte Summi Pontificis ipsorumque regum nunciis hinc et inde, diu fere per sex ebdomadas tractatum est de induciis impetrandis. Que tandem, consilio proborum, a xx[a] die septembris usque ad festum Sancti Johannis Baptiste et in crastinum usque ad ortum solis, confectis super hoc litteris, conceduntur[2]. In quibus, sub tridecim conditionibus quas longum esset inserere, modus treugarum plenius continetur[3].

134. — Rex Hyspanie et rex Portusgalliæ contra Sarracenos feliciter pugnaverunt ac ex ipsis circiter centum quinquaginta milia occiderunt.

135. — Rex Scotie David cum uxore sua, sorore regis Anglie, qui diu timore regis Anglie fuerat exulatus et apud regem Francie veniens in castro Galliardi fuerat commoratus, ad regnum proprium est reversus.

---

1. Les *Privy seals* d'Édouard III nous montrent le roi d'Angleterre « près de Tournay, » ou « es champs devant Tournay, » sans interruption depuis le 23 juillet jusqu'au 26 septembre 1340 (Rec. off., Edw. III *Privy seals,* n[os] 13340-13421).

2. Les trêves entre Édouard III et Philippe VI sont datées du 25 septembre 1340 (Rymer, R. II, p. ii, 1135-1137).

3. La teneur de ces trêves est donnée par le Contin. de Guillaume de Nangis (t. II, p. 122).

## M CCC XLI.

136-*a*[1]. — Anno Domini M° CCC° XLI°, comes Hanonie qui multa dampna ecclesiis intulerat in episcopatu Cameracensi et Tereschie necnon ecclesie Beati Dionysii in Tereschia pro quibus excommunicatus non solum ab episcopo Cameracensi sed etiam a Summo Pontifice Benedicto terramque suam supposuerat interdicto, Avinione proficiscitur ubi, absolutione percepta, postmodum ad propria remeavit[2].

137. — *Cap. CLXXXI a.* — Dominica ante Brandones, obiit Ludovicus, dux Borbonie et comes etiam Claromontis, qui apud Predicatores Parisius est sepultus.

138. — Defuncto Johanne, Britannie duce, orta est controversia magna inter Karolum de Blesis, nepotem regis ex sorore Margareta, uxore comitis Blesensis Guydonis, qui etiam Karolus filiam Guydonis, comitis Lemovicarum, fratris ejusdem ducis secundo geniti, desponsaverat, et Johannem, comitem Montisfortis, fratrem ejusdem ducis tertio genitum. Dicebat enim idem Karolus quod, ratione consuetudinis approbate et currentis per totam Britanniam dicentis et volentis quod si aliquis tam nobilis quam ignobilis decederet, herede de suo corpore non relicto, dato quod haberet plures fratres, dato etiam quod ante

1. A partir de ce moment jusqu'en 1345, les nombreuses ressemblances que nous avons jusqu'ici signalées entre notre chronique et le Continuateur de Guillaume de Nangis cessent complètement, tandis qu'elles continuent aussi nombreuses entre notre auteur et les *Grandes Chroniques.*

2. Ce fait n'est mentionné ni dans la Continuation de Guillaume de Nangis ni dans les *Grandes Chroniques.*

ipsum frater ejus secundo genitus decessisset, si haberet heredem masculum vel femellam, ante omnes alios
fratres hereditatem haberet. Ideo, supposita consue-
tudine approbata, dicebat ratione uxoris sue sibi dominium ducatus deberi. Comes igitur Montisfortis in
contrarium sic dicebat : Licet ista consuetudo inter
non nobiles curreret, tamen inter nobiles et maxime
principes locum penitus non habebat. Et ideo ad
audientiam regis ventum est probataque prima consue-
tudine sicut vera, datum est per arrestum pro Karolo
de Blesis de ducatu Britannie possidendo homagium-
que regi Francie faciendo[1]. Quo facto, rex de ducatu
Britannie eum faciendo militem investivit. Sed antequam hec fierent, comes Montisfortis, in ducatu Britannie se tranferens, ut eidem Karolo posset resistere,
contulit se in Nannetum, fortissimam civitatem. Ut
ergo vidit rex quod contra suum judicatum ibat,
terra ejus in manu regis posita, missis Johanne filio
regis et Karolo comite Alenconis, fratre regis, contra
ipsum, intrantibus illis Britanniam, castrum quod dicitur Chastiaus[iaux] Nannetumque civitatem ceperunt
cum comite Montisfortis quem, tamen sub quibusdam
pactionibus, regi presentare fecerunt. A quo licet diu
apud Luperam Parisius in custodia teneretur, uxor

---

1. L'arrêt de Conflans qui admettait Charles de Blois à rendre
hommage au roi de France pour le duché de Bretagne fut rendu
le 7 septembre 1341 (Dom Morice, *Preuves de l'histoire de Bretagne*, t. I, col. 1421). Antérieurement à cette date, le comte de
Montfort, sans aller lui-même en Angleterre, comme le prétend
Froissart, avait engagé des négociations avec Édouard III, qui,
le 22 juin 1341, envoyait en Bretagne Gauvain Corder et Richard
Swasham pour examiner les propositions du rival de Charles de
Blois (Rec. off., *Excheq. Queen's Remembr. Navy*, 602/8).

tamen ejus, soror comitis Flandrie, cum complicibus suis in ducatu Britannie multa mala facere non cessavit[1].

139-*b*. — Mense decembri, nona die, fuit eclipsis solis, ipso in sagittario existente, et duravit per duas horas et amplius.

140. — Cum dominus Herveus de Lyons[2], vir magnus in Britannia, qui Karolo de Blesis adherebat, duos milites homines suos ligios ad se vellet inclinare nec posset, orta dissensione, ipsum in hospicio non multum securo, fractis foribus, vi ceperunt et ne posset in facili liberari ad regem Anglie transmiserunt. Interim castrum quod dicitur Hanebunt, supra mare situm, in quo erant dominus Yvo de Trezeguidi, dominus Gaufredus de Malatret, gentes regis Francie, partem Karoli de Blesis foventes, ceperunt, interfectis pluribus et fugatis[3].

1. A ce moment, où la continuation de Guillaume de Nangis avec Jean de Venette présente un texte tout différent, il n'est peut-être pas sans intérêt de citer quelques lignes des *Grandes Chroniques,* afin de montrer combien elles suivent de près notre auteur : « Mais endementres que le roy le fist tenir à Paris au Louvre sus certaine garde, sa femme qui seur estoit au comte de Flandres et ses complices pour ce ne se desisterent oncques de faire moult de maux par le duchié de Bretaigne » (*Grandes Chroniques,* t. V, p. 414).

2. « Messire Henri de Léon » (*Grandes Chroniques,* t. V, p. 414). Hervé de Léon était encore présent, le 20 février 1342, à un don fait par Charles de Blois à Estienne Goyon, seigneur de Matignon (Dom Morice, *Preuves de l'histoire de Bretagne,* I, col. 1431).

3. Par une procuration datée de Blain, le 1er février 1342, Galois de la Baume autorisait Henri de Malestroit à traiter en son nom et au nom de Robert Bertran avec plusieurs Bretons qui avaient embrassé le parti de Montfort, parmi lesquels Yves de Tréziguidy et Geoffroy de Malestroit (Dom Morice, *Preuves,* I, col. 1430).

141-*c*. — Mense aprili, xxv<sup>a</sup> die circa vesperas, obiit
Avinionis Benedictus papa xii[1] ac die vii<sup>a</sup> maii sequentis, circa horam tertiam, electus est cardinalis Rothomagensis, Petrus Rogerii, in papam, papa cc<sup>us</sup> secundus,
Clemensque vi<sup>us</sup> altero nomine nuncupatur. Cumque
dux Normannie Johannes, primogenitus regis, et dux
Burgundie missi essent ex parte Regis, vacante sede,
maxime propter promotionem Petri Rogerii presbi-
teri cardinalis, et audissent ad votum suum perduci
negotium ad effectum, non tamen propter hoc ad
curiam accedere destiterunt, sed illuc venientes a
Summo Pontifice jam creato ac toto cardinalium
collegio suscepti sunt maximo cum honore. Qui,
xix<sup>a</sup> die mensis maii, papam coronatum per frenum
equi rexerunt et in prandio de primo ferculo servie-
runt, sicque peremptis solenniis papalibus ut decebat,
cum gaudio ad propria redierunt.

## M CCC XLII.

142-*d*. — Anno Domini ccc° xlii°, inter regem
Francie Philippum, Brabantinos, Hanonios et Flamingos sic extitit concordatum, quod nullas incursiones
facient, unus scilicet alterum invadendo, nisi prius per
mensem sibi significatum fuerit aut notabiliter intima-
tum. Audita incarceratione comitis Montisfortis, Robertus de Attrabato de Anglia in Britanniam transfretavit et adjunctis secum duobus militibus supradictis,
dampna multa in ducatu Britannie perpetravit[2].

---

1. Ms. : « *XXII.* »
2. « Roberto de Artoys, militi, destinato per dominum regem et
consilium suum ad proficiscendum cum hominibus ad arma,

143-*e*. — Hoc anno, duo cardinales, dominus Penestrinus et dominus Tusculanus, super compositione pacis inter reges Francie et Anglie a Summo Pontifice destinantur. Qui, primo ad regem Francie venientes, hoc habuerunt in responsis, quod salva majestate regia et pactum (*sic*) quod ad suos confederatos habebat, se ad pacem veram libentissime consentiret. Mittentes igitur nuncios ad regem Anglie qui ipsos pro pace hujusmodi mare dicerent transituros, respondit illos regnum suum nullatenus ingressuros, sed intendebat in proximo regnum suum Francie visitare illosque ibi, ob reverentiam sedis apostolice, libenter audire. Ad Flamingos denique venientes, responderunt [quod], nisi prius fuissent absoluti, nunquam se ad pacem aliquam inclinarent. Cumque ad Brabantinos Hanoniosque venissent, responderunt quod, salva confederatione quam ad regem Anglie habebant, bono pacis se voluntarie offerebant.

144. — *Cap. CLXXXII a*. — Eduardus, rex Anglie, in Britanniam transfretavit et Vannetum obsidens, ibi aliquandiu moram traxit. Quod audiens Philippus, Johannem, primogenitum suum, misit cum Karolo, comite Alenconis. Qui statim, parte suorum in civitate

hobelariis et sagittariis ad partes Britannie, ccc l., » 17 décembre 1341 (Rec. off., *Issue Rolls,* 16 Edw. III, Michaelmas, m. 17). — Il ne semble pas toutefois qu'à ce moment Robert d'Artois ait dirigé une expédition en Bretagne, car, le 12 mars suivant, nous le trouvons de nouveau indiqué comme devant partir pour la Bretagne, cette fois en compagnie de Gautier de Manny, nommé par un acte du 1er mars lieutenant d'Édouard III en Bretagne : « Roberto de Artoys, ad partes Britannie profecturo super vadiis suis et quorumdam hominum ad arma et sagittariorum in comitiva sua et comitiva Walteri de Manny ducendorum, x l. » (*Ibid.,* m. 34).

recepta, ipsum de nocte fugere compulerunt, sed nichilominus in Britanniam quamplurima mala fecit, nam Dinantum, villam opulentam, cum adjacentibus villulis predatus est[1]. Vannetum igitur iterum obsidens et in quadam abbacia prope residens, cum ante civitatem aliquamdiu perstetisset, suburbia ejus cepit.

145. — In partibus Britannie, dominus Robertus de Attrabato pro quo et per quem regno Francie acciderant multa mala, defunctus est et per mare defertur in Angliam ad sepeliendum, unde non fuerat oriundus[2].

146-*b*. — Cum audisset Francie rex Philippus regem Anglie Vannetum civitatem in Britannia totis viribus impugnare, collecto Turonis ubi erat cum regina exercitu copioso, venit Redonis regina tamen in abbatia Majorismonasterii derelicta. Habens itaque obviam cardinales, cum eo de pace secundum jussionem Summi Pontificis tractaverunt. Discurrentibus igitur nuntiis hinc et inde, tandem treuge in villa de Malatret sub XVII conditionibus concesse sunt prout in litteris plenius continetur.

1. Ce dernier détail ne se trouve pas dans les *Grandes Chroniques*. Les environs de Dinan furent effectivement pillés, comme le prouve le compte d'un espion français que nous publions plus loin, non par Édouard III lui-même, mais par le comte de Salisbury, que l'on a à tort représenté comme retenu en ce moment en Angleterre par un engagement antérieurement pris avec le roi de France : « Item, le XXIIIIe jour de décembre, pour porter lettres à mesdits seigneurs faisant mencion come les forbours de Dinan estoient ars par le conte de Sallebiere... »

2. Par un acte sous sceau privé, du 21 novembre 1342, daté de Grand-Champ, près Vannes, Édouard III mandait à son chancelier de faire enterrer aux Frères Prêcheurs de Londres les restes de Robert d'Artois, qu'il faisait transporter en Angleterre (cf. Pièces justificatives).

## M CCC XLIII.

*147-c*. — Anno Domini M° CCC° XLIII°, cum inter Johannem, comitem de Haricuria, dominum Godefridum, fratrem ejus, ex una parte, et dominum Robertum Bertran, marescallum regis, ex altera, gravis dissensio oriretur propter pactiones matrimoniales contractas ex una parte cum filio dicti mareschalli, et filia domini Rogeri dicti Bacon et, ex altera parte, cum domino Godefrido de Haricuria supradicto, discordia tanta fuit ut apud Malbuisson juxta Pontizaram, in presentia regis, gladios extraherent, et nisi eos rex personaliter separasset, se invicem percussissent[1]. Tandem vero pro justicia facienda, rex voluit ut ad parlamentum suum Parisius citarentur, quibus citatis, dictus dominus Godefridus non comparuit nec misit, ymo, nonobstante regis inhibitione, dominum Guillermum Bertran, episcopum Baiocensem[2], obsedit in quodam castro, fratrem scilicet domini Roberti sepius nominati, seque postea regi Anglie sociavit. Unde rex iratus, ipso vocato ad parlamentum, cum non venisset nec pro se sufficienter misisset, fecit eum banniri de regno Francie et expelli, ac bona illius omnia confiscari.

*148-d*. — Cum rex, ad requestam ducis Burgundie, eodem duci vellet aliqualiter subvenire, quoniam in

1. Ce détail ne se trouve pas dans les *Grandes Chroniques*.

2. « Messire Guillaume dit Bertran, evesque de Lizieux » (*Grandes Chroniques*, t. V, p. 425). C'est notre auteur qui a raison. Guillaume Bertran, nommé évêque de Noyon le 25 mai 1331, avait été transféré, le 23 janvier 1338, à l'évêché de Bayeux, qu'il occupa jusqu'au 14 mai 1347, date à laquelle il fut nommé évêque de Beauvais.

terra sua defectus victualium magnus erat et ordinasset quod super territorium Aurelianense, Belsiense et Wastineti hujusmodi subventio levaretur, accidit ut clerici Aurelianenses cum burgensibus et populo, graviter hoc ferentes, rebellarent et dicerent quod propter hoc mercatum posset minui ac etiam impediri. Rebellantes igitur contra regis consilium et regine, venerunt ad Ligeris fluvium, ubi quedam naves erant onuste victualibus ut in Burgundiam deferrentur et illas sine discretione venditioni publice posuerunt. Quidam etiam illorum per villas vicinas discurrentes, ostiaque domorum frangentes, quod pejus est, latrocinio se dedebant. Prepositus igitur civitatis, videns obviare talibus esse decens, ipsorum XIIII carceri mancipavit. Quod audientes alii, statim ad carcerem cucurrerunt ipsamque frangentes, omnes incarceratos etiam morti adjudicatos abire libere permiserunt. Quibus auditis, rex duos milites illuc misit cum multitudine armatorum, quatinus suspendio traderent quotquot reos hujus criminis invenirent, maxime quos prepositus Aurelianensis duceret nominandos, qui, preceptum regis implentes, plures cum uno clerico etiam dyacono, ut dicebatur, communiter suspenderunt.

149-e. — Abbas Sancti Dyonisii, Guydo de Castris[1], mittens ad Romanam curiam procuratorem sufficienter fundatum, regimini ejusdem ecclesie in pleno consistorio coram summo Pontifice resignavit, postque frater Egidius Rigaudi, prior de Essona, ejusdem ecclesie sancti Dyonisii monachus et professus, in curia tunc existens, ad suggestionem Philippi, regis Navarre, sub-

---

1. « Guy de Chartres » (*Grandes Chroniques,* t. V, p. 427).

rogatur, et in abbatem sancti Dyonisii confirmatur.

150. — Hoc anno, orta est guerra inter regem Aragonum et regem Majoricarum pro quibusdam redibenciis quas rex Aragonum dicebat in villa de Parpegniaco se habere. Cum vero ventum fuisset ad prelium, rex Majoricarum campo devincitur et fugatur, regno pariterque privatur.

151-*f.* — Quidam falsarii, magni sigilli regis falsi compositores, capti Parisius et detenti, facto pulpito ligneo, in campis juxta Sanctum Laurentium perducuntur, ubi, pugnis eorum abscisis, deinde tracti ad patibulum suspenduntur.

152. — Quidam miles nobilis de ducatu Britannie, Oliverus de Clichon, in et contra regem multis perpetratis proditionibus accusatus, de Castelleto in Hallis traditur, ibique, capite truncatus, demum patibulo Parisius est suspensus. Cujus caput apud Nannetum civitatem in Britannia, cui multa mala intulerat ipsamque prodi nisus fuerat, est delatum[1].

153. — Circa idem tempus, quidam dicti Tortefontaines, complices falsitate sigillorum regis, capiuntur et eodem modo quo alii superius puniuntur.

154. — Philippus, rex Navarre et comes Ebroicensis, in Garnatam contra Sarracenos proficiscens, in terra sua Navarre moritur et apud Pampiloniam honorifice sepelitur.

## M CCC XLIV.

155. — *Cap. CLXXXIIII a.* — Anno Domini M° CCC° XLIIII°, Johannes de Vervin, miles superius

---

1. Cf. *Grandes Chroniques*, t. V, p. 429.

nominatus, die martis post Quasimodo, apud castrum
Gisorcii, coram rege et optimatibus ejus contra dominum Henricum de Bosco pugnaturus, bellum aggrediens in duello turpiter est devictus. Causa duelli
siquidem ista fuit. Isdem namque Johannes imposue-
rat domino Henrico predicto quod dixerat se mulie-
rem non tangere, cujus velle suum finaliter non haberet[1].

156.—Johannes, dux Normannie, apud Avinionem,
ubi rex Anglie convenire debebat, proficiscitur cum
nobili comitiva. Cumque diu expectasset et rex Anglie
non venisset etiam nec misisset, sicut ierat vacuus sic
recessit.

157. — Quidam nobiles de ducatu Britannie qui
contra regem conspiraverant, erantque regni Francie
proditores, quorum ista sunt nomina : Gaufredus de
Malatrait, Johannes de Malatrait, Johannes de Monte
Albano, Guillelmus de Brex, Alanus de Calilac, Dyo-
nisius de Plesseyo, omnes milites, Johannes de Malatrait, Guillemus de Brex, Johannes de Sevedaind, omnes
armigeri, ex precepto regis capiuntur et in Castelleto
Parisius includuntur, postque in Hallis seu Campellis
tracti omnes pariter decollantur atque tracti denuo
suspenduntur[2].

158-*b*. — Tres milites de ducatu Normannie, Guil-

1. La Chronique de Jean de Noyal est avec notre auteur la
seule qui fasse mention de ce duel ; plusieurs pièces relatives à
cette affaire, récemment publiées par M. H. Moranvillé, con-
firment pleinement le récit de Richard Lescot (cf. H. Moranvillé,
*la Trahison de Jean de Vervins. Bibl. de l'École des chartes*, 1892,
p. 605-611).

2. Cf. Froissart, édit. Luce, tome III, p. x, n. 1.

lelmus Bacon, dominus de Rupe Taxonis, Richardus de Persy, capti tanquam notorie proditores, eodem modo quo et illi de Britannia de quibus immediate mentionem fecimus, moriuntur.

159. — Comes Hanonie, nepos Philippi regis Francie, transmarinum iter arripuit et perfecit.

# RICHARDI SCOTI

## CHRONICI CONTINUATIO.

160[1]. — Octava die mensis januarii, Philippus, dux Aurelianensis[2], filius regis Francie, dominam Blancham, filiam quondam Karoli regis Francie, desponsavit.

161. — Ultima die februarii, fuit conjunctio trium planetarum, Martis, Jovis et Saturni, que, secundum astrologos, mutationes regnorum et novorum prophetarum portendebat.

162. — Rex Arragonum regem Majoricarum, captum in prelio, regno suo privavit.

### M CCC XLV.

163. — Anno Domini $m^o$ $ccc^o$ $xlv^o$, quia Franci contra Anglicos per regnum Francie hostiliter discurrebant, rex Anglie pape litteris intimavit quod rex Francie conventiones servatas non servabat, quas litteras regi Francie destinavit[3].

1. La division en chapitres et en paragraphes, que nous avons signalée au début, s'arrête ici dans le manuscrit.

2. Ms. *Aureliensis*.

3. Les lettres d'Édouard III au pape pour dénoncer la violation des trêves par Philippe de Valois sont du 26 mai 1345 (Rymer, R. II, p. ii, 41).

164. — Idem vero rex Anglie Flandriam intrans, eundem Flandrenses de Ypra, de Gandavo et de Brugis minime receperunt nec fidelitatem, ut sperabat, juraverunt, ymmo Jacobum de Artevella qui ad hoc ipsos temptaverat inducere, xvii[a] die julii[1] occiderunt.

165. — Sic rebus desperatis, rex, in Angliam rediens[2], pugiles in Vasconiam misit qui dominum Johannem, filium regis Francie, quem sciebat illuc in brevi iturum, expugnarent. Antequam tamen illuc Johannes dux accessisset, comes Derbi, capitaneus Anglicorum, villam de Bergerac et de Riolla vi assultuum ceperat, multis ex Francigenis occisis. Quapropter videns quod nil ibi posset proficere, redire statuit, sed ne iram patris incurreret, quia nil ibi egerat dignum laude, castrum d'Aguillon obsidione cinxit usque ad mensem augusti, quod tamen non potuit occupare[3].

---

1. Jacques d'Artevelde fut tué, non le 17, mais le 24 juillet 1345. La même date du 17 juillet se retrouve dans les *Grandes Chroniques* (t. V, p. 439).

2. Parti de Sandwich le 3 juillet, Édouard III ne semble pas avoir quitté l'entrée du Swyn, près de l'Écluse, pendant cette courte expédition de 1345. Nous avons en effet des lettres de lui, données « in portu del Swyn, » ou « el port del Swyn, » ou « en la Swyn, » des 5, 6, 9, 16, 18 et 22 juillet. Il était de retour à Sandwich le 25 juillet (Rec. off., *Edw. III Privy seals*, n[os] 16979-16988).

3. Notre auteur, très bref, comme les *Grandes Chroniques*, sur les événements de Languedoc, a comme elles mêlé le récit des deux expéditions du duc de Normandie en 1345 et 1346. Le siège d'Aiguillon dura du mois d'avril au mois d'août 1346 (Bertrandy, *Études sur Froissart*, p. 309-310; Froissart, éd. Luce, III, xxxii; *Chronique normande*, p. 270-271).

166. — Dum dominus Johannes de Monteforti[1] ducatum Britannie infestaret, comes de Norentonio, capitaneus Anglicorum in illis partibus degentium, villam de Karahes temptavit capere vi assultuum sed nequivit. Unde ad Rupem Deriani retrocedens, multis diebus villam assilivit et introrsum manentes fortiter se deffenderunt, sed tamen, de cõnsensu eorum, quia fami media primebantur, et cuncta missilia consumpserant, dominus Hugo Arael[2], capitaneus opidi, ad Anglicos accedens, petiit et impetravit quod post octo dies oppidani cum bonis suis inde recederent. Cum igitur idem capitaneus, episcopus Trigorensis[3], dominus Radulphus de Rupe et ceteri milites inde recessissent, comes de Norentonio, ad custodiam castri deputatis custodibus, villam de Lannion victualibus et armis munitam, frustra capere temptavit. Inde per episcopatum Leonensem, ubi sui pugiles multa opida ceperant, pertransiens, episcopatum Trecorensem intravit hostiliter et dum sic discursiones hostiles perageret et pugilles quos relinquerat ad obsidionem de Lannion, assultus, oppidanis fortiter resistentibus, iterarent, custodes Rupis Deriani, exeuntes de portu proximo, mille et CCC vasa vino plena rapuerunt, occisis conductoribus. Ex rapina fere per annum integrum ducen-

---

1. Le 20 mai 1345, le comte de Montfort prêtait hommage à Édouard III comme roi de France pour le duché de Bretagne ; le 3 juin suivant, le roi d'Angleterre mandait au comte de Northampton, son lieutenant en Bretagne, d'aider de tout son pouvoir le comte de Montfort à reconquérir son duché (Rymer, R. II, p. II, 39, 42).

2. « Hue de Carrimel » (*Grandes Chroniques*, t. V, p. 444). Plusieurs mss. donnent comme variantes : *Cassiel, Araël*.

3. Richard du Poirier était évêque de Tréguier depuis l'année 1338 (*Gallia christiana*, t. XI, col. 1125).

tes in commessationibus et ebrietatibus dies suos et sepissime cantantes : Cantat Normanus, bibit Anglicus, est Alemanus. Ne Gallici in circuitu eorum haberent securum habitaculum, ecclesiam cathedralem de Lentriguier in qua corpus Sancti Yvonis requiescit, destruxerunt ; ad monumentum vero sancti confessoris, causa prede accedentes, capsam sancti non potuerunt attingere, quod miraculum reputamus. Inde ad ecclesiam Sancti Tutuali que est mater ecclesia in diocesi Tregorensi, accedentes, ob reverentiam sanctarum reliquiarum ibidem quiescentium, illam destruere ausi non sunt. Quod videns quidam presbiter[1], cum quibusdam complicibus inde indignatus, illam incepit destruere sed mox ipse et complices, cunctis merito stupentibus, arrepti a demone, ceperunt latrare sicut canes et tandem irabiati mortui sunt.

167. — *Hanonienses a Frisonibus vincuntur*. — Eodem anno, Guillelmus, comes Hanonie, nepos Philippi, regis Francie, ad debellandos Frisones cum multa militia navigavit, sed antequam littus patrie attigisset, Frisones, qui, in auxilio Dei confidentes, cum solempni processione virorum ecclesiasticorum et devota[2], illuc advenerant, illum protinus invaserunt. In hoc infausto conflictu fere tota nobilitas Hanonie et ibidem milites merito nominandi, videlicet dominus Floreville, dominus de Duro, de Hermes, de Magniaco cum fratre suo, domini d'Arques, de Bello Burgo, de Unelicourt, Johannes Liseruilles, dominus Gaucherus de Lignaco et frater ejus, domini Michael et Henricus d'Antoing, Gerardus

1. Ms. *prespiter*.
2. Le caractère religieux que notre auteur attribue à la défense des Frisons n'est pas mentionné par les *Grandes Chroniques*.

ad Barbam, Haso de Brucellis, Thierricus de Vaucourt, marescallus Hanonie, Johannes de Bruiffe, Egidius Gruingart[1], famosi milites ceciderunt nec ullus quidem de tota nobilitate evasit nisi dominus Johannes de Hanonia, avunculus dicti Guillelmi comitis, qui tamen in tibia graviter vulneratus est.

168. — Dominus Johannes, comes de Monteforti, qui se dicebat ducem Britannie, moritur, relinquens filium suum parvulum, nomine Johannis, sub custodia et tutela regis Anglie Eduardi[2].

169. — Andreas, filius regis Hungarie, cognatus germanus regis Sicilie Roberti, dum iret ad lectum, a propriis cambellanis proditorie strangulatus est, cui successit in regno Sicilie domina Johanna.

170. — Anglici qui villam de Lannion obsidebant, per proditionem[3] duorum armigerorum, videlicet Henrici Sciguit et Henrici Allouhe[4], illam circa auroram

1. Les noms des personnages cités ici sont, à part quelques variantes, les mêmes que l'on trouve dans les *Grandes Chroniques* : « Le seigneur de Floreville, le seigneur de Duras, le seigneur de Hermes, le seigneur de Maigny et son frère, le seigneur d'Arques et le seigneur de Buelincourt, le seigneur de Walincourt, monseigneur Jehan de Lissereuilles, monseigneur Gautier de Ligne et son frère, monseigneur Michiell, monseigneur Henri d'Aucourt, monseigneur Girart à la Barbe, monseigneur Haso de Broucelle, monseigneur Thieri de Vaucourt, mareschal de Haynaut, monseigneur Jehan de Bruiffe, monseigneur Gilles Grignart » (t. V, p. 441).

2. Le comte de Montfort mourut le 26 septembre 1345. Son jeune fils, Jean de Montfort, emmené par sa mère en Angleterre au commencement de 1343, avait été dès l'année suivante confié aux soins de la reine Philippe (Rec. off., *Issue Rolls,* 18 *Edw. III Michaelmas*).

3. Ms. *productionem.*

4. « Henri Quiguit et Pringuier Alloue » (*Grandes Chroniques,* t. V, p. 447).

intraverunt, quod percipiens strenuus miles Gauffridus de Poy[1], gladium arripiens et semiarmatus exiens cum Anglicis fortiter in vici medio preliando ex ipsis plures occidit sed tandem ab eis interemptus est. Armigerum suum etiam capientes, eidem fractis cum lapidibus dentibus, oculos eruerunt ac deinde dominum Gaufridum de Carmes[2] et nonullos alios milites occidentes, dominos de castro Quiefret, Gauffridum de Conestran et Rollandum Philippi, Britannie senescallum, ceperunt[3]. Ceperunt etiam Theobaldum Meron, doctorem in jure civili, quém ad ignominiam cleri exeuntes, super humeros ejus vini ponderosam sarcinam imposuerunt usque ad Rupem Deriani portandam et derisorie dicebant si sarcine bajulatio et legendi exercitatio unum erat. Villa vero spoliata, antequam ad Rupem redirent, rurales patrie, qui sub tributo Anglicorum vivebant, mox Gauffrido Tournemine cum multis pugilibus accersitis, ad succursum vicinorum accedere maturarunt, sed ab Anglicis in via victi protinus fuerunt, sed postmodum Lannion iterum inhabitare ceperunt.

171. — Rex Anglie cum Gaufrido de Haricuria et armatorum copia per Hoguam Sancti Vedasti[4] Nor-

---

1. Le même personnage est appelé Geffroy de Pont-Blanc dans les *Grandes Chroniques*, dont plusieurs manuscrits donnent d'ailleurs comme variantes : Pyeblanc et Poyblanc (*Grandes Chroniques*, t. V, p. 447).

2. « Geffroy de Kaermel » (*Grandes Chroniques*, t. V, p. 448).

3. « Ils pristrent aussi le seigneur du chastel de Qoettrec et monseigneur Geffroy de Quoettrevan, chevalier, et Rolant Phelippe, souverain seneschal de Bretaigne, et maistre Thibaut Meran... » (*Grandes Chroniques*, t. V, p. 448).

4. Saint-Vaast-de-la-Hougue, Manche, arr. de Valognes, cant. de Quettehou. Édouard III y débarqua le 12 juillet (Robert

manniam intrans, cum villas de Nulliaco[1] et Montem-
bourc[2] temptasset frustra capere, Carenten[3] villam
cepit et predatus est. Et cum ville custodiam Rolando
de Verduno et Nicholao de Grossi, militibus, commissis-
set, Normanni cum domino le Despensier huc accedentes, illos ceperunt et Parisius miserunt, qui tandem
ut proditores fuerunt decollati[4]. Rex vero Anglie, villam Constanciensem capiens, capita trium militum
decollatorum anno M° CCC° XLIII° tumulari fecit[5], villa-
que predata, usque Torigni[6] accessit, cedes, rapinas
et incendia exercendo[7]. Inde Cadomum, spreta dedi-

d'Avesbury, *De gestis Edwardi tertii,* éd. Thompson, p. 358 ; *Chronicon Galfridi Le Baker de Swynebroke,* éd. Thompson, p. 79, 253).

1. Neuilly-la-Forêt, Calvados, arr. de Bayeux, cant. d'Isigny.

2. Montebourg, Manche, arr. de Valognes, chef-lieu de canton.

3. Carentan, Manche, arr. de Saint-Lô, chef-lieu de canton.

4. Un fragment de compte du bailliage de Caen pour l'année
1346 confirme pleinement la version de notre auteur : « Pour
despens faiz par Jehan de Brieux, lieutenant du bailli et de
XII hommes d'armes à cheval, ovec les vallés d'iceuls, et x arbalestriers en sa compaignie pour mener du chastel de Caen à
Amiens par-devers le Roy nostre sire, par vertu du mandement
d'iceli par ses lettres, c'est assavoir à Paris, as pons Saint-
Maixence, et depuis à Paris, monseigneur Roullant de Verdun
et monseigneur Nicolas de Grouchy, chevaliers, Guillemet de
Verdun, filz dudit Roullant de Verdun, et Richard de Grouville,
escuiers, traîtres dudit seigneur, si comme l'en disoit, lesquiex
avoient esté pris ou chastel de Karenten ovesques plusieurs autres
par monseigneur Philippe le Despensier, chevalier, pour ce les
parties en un roulle baillé à la court, IIII[xx]x l. xv s. VIII d. » (British Museum, *Addit. Chart.,* 11).

5. Il ne peut s'agir ici de Coutances, mais de Saint-Lô, où
Édouard III arriva le 22 juillet.

6. Torigny, Manche, arr. de Saint-Lô.

7. La lettre de Michel de Northburgh publiée par Robert
d'Avesbury nous montre comment la flotte anglaise appuya l'ac-
tion de l'armée de terre en ravageant les côtes normandes (*De*

tione, imparatam obsedit, ad cujus custodiam rex
Francie comittem Augi et de Guines, conestabularium
Francie, dominum Johannem de Meleduno, comittem
de Tanquarvilla, episcopum Baiocensem, dominum de
Tournebu miserat, sed multis et diris peractis assultibus, Anglici triumphum obtinuerunt, comite Augi et
comite de Tanquarvilla captis. Villa predalis (*sic*) effecta,
ad oppidum mox perrexit, ubi episcopus Baiocensis,
dominus de Tournebu et baillivus Rothomagensis se
retraxerunt, sed illud occupare non potuit[1]. Postea
Luxovium intrans, per Falesiam, Trouart et Beccum
transiens hostiliter, prope Rothomagum, ubi rex Philippus erat, pervenit, qui, egre sustinens ejusdem

*gestis Edwardi tertii,* éd. Thompson, p. 359); quelques efforts
semblent cependant avoir été faits pour lui résister : « Pour despens faiz par le bailli à iiii chevaux en alant de Caen à Harefleu,
du commandement de messire Fauvel de Waudencourt, chevalier, conseiller du Roy nostre sire, par ses lettres sur ce adrechées
audit bailli pour parler avecques icelui chevalier sur plusieurs
choses touchant ledit seigneur pour cause du navire de l'armée
de la mer, pour iiii jours, xx sols, oultre les gages d'icelui, valant
iiii livres. » — « Pour les despens et le salaire de Giefroi Tardif,
sergent, pour fere devaler les nefs de Caen en la mer, lxxv sols.
Pour la despense faite en la mer par U. de Bordeaux et ses mari-
niers pour espier le navire d'Angleterre, xi livres » (Fragment
de Compte du bailliage de Caen en 1346. British Museum, *Addit.
Chart.,* 11).

1. Le compte que nous venons de citer renferme également
une mention intéressante au sujet du siège du château de Caen
après la prise de la ville : « Pour une maison avec ses apparte-
nances assise jouxte les murs devant la porte du chastel de Caen,
achetée de Colin Marie, filz et hoir ainsné de Guillaume Marie
pour la nécessité de monseigneur le duc et pour faire demourer
illec le vicomte de Caen, laquelle maison fut arse par les Gene-
vois estanz ou chastel de Caen, afin que les Angloys qui lors
estoient à Caen ne peussent illecques repairier ne pour ce nuire
audit chastel, pour ce vi<sup>xx</sup>x l. t. » (*Ibid.*).

regis excessus, duellum ei personaliter obtulit, quod noluit acceptare donec veniret prope Parisius, sed ad aliud vertens mentem, per Meduntam et Mellentum usque Possiacum et inde per Sanctum Germanum in Laya, per Nanterre, Karolinarium[1], Montem Gaudii et per portum Luniaci transivit, omnia concremando. Nullus ei resistebat, sed nobiles per loca per que transibat, naves demergi, pontes dirui faciebant cum admiratione multorum. Rex Francie vero, cum beato Dyonisio devote se recommendasset, et regem Anglie monuisset ut duellum promissum adimpleret, ad hoc Montemfortem, velut locum propicium, assignavit, sed ponte de Possiaco reparato absque resistentia, cum communitatem Ambianensis (*sic*) vicisset, versus Belvacum direxit iter suum, rege Francie deluso. Tunc monasterio Sancti Luciani combusto, prope Abbatisvillam transiens, rex Anglie fluvium Some transivit, et juxta forestam de Creciaco jussit tentoria elevari, quod rex Francie audiens, cum pluries[2] publice asseruisset se vere esse proditum, coadunato exercitu, cum filio suo domino Johanne qui de Aguillon de novo redierat[3], illuc flectit iter. Tunc rex Anglie prope arenes prandium suis ducibus paraverat, sed, per aulicos proditores audito ejus adventu, relinquit epulas preparatas quibus refecti Francigene, cito post non longe Anglicos ad bellum paratos reperiit, quos rex, contra

1. Le même lieu est désigné par Jean de Venette sous le nom de *Caroli Venna*, certains manuscrits portant *Karoli bona* ou *Karoli bova* (éd. Géraud, t. II, p. 198).

2. Ms. *plures*.

3. Il est à peine besoin de faire remarquer l'évidente erreur dans laquelle notre auteur tombe ici en plaçant le retour du duc de Normandie avant la bataille de Crécy.

voluntatem principum, invadere statuit indilate. In pugne initio, Januanses balistarii ob inundationem pluvie tractum habere nequibant, cum corde nimium restricte essent, quod videntes Gallici et credentes quod hoc maliciose facerent in favorem hostium, eos velut proditores notorios occiderunt, et inde adversarii audiciores (*sic*) sunt effecti, sceleste facinus execrantes. Prelio autem commisso, cum confuse omnia agerentur, rex, fuga lapsus, evasit[1]. Gallici victi fuerunt et inhoneste tractati ab hostibus, quod ordinatione divina credimus tunc accidisse, ut eorum humiliaret superbiam et dissolutiones corrigeret, in quibus ceteras nationes superabant. In hoc infausto certamine, preclari comites de Alenconie, frater regis, Blesensis etiam, nepos ejus, Flandrie quoque Ludovicus occubuerunt gladiis Anglicorum cum comitibus etiam de Haricuria, Autissiodorensi, de Samnes[2], insignes duces Lotaringie et de Baro diem ultimum signaverunt. Occisus est etiam cum predictis, fortiter dimicando, rex Boemie Johannes, naturali lumine tunc privatus, cujus filiam Johannes dux Normannie duxerat in uxorem. Rex autem Francie, indutus confusione, rediit Parisius. — Flamingi, eorum comite [mortuo], filium suum Ludovicum in dominum receperunt. — Anglie vero rex Eduardus, obtenta victoria, ante Calesium

---

1. La *Chronographia* est aussi affirmative que notre auteur sur la fuite de Philippe VI à Crécy (t. II, p. 233). Cf. H. Moranvillé, *Philippe VI à la bataille de Crécy*, dans la *Bibl. de l'École des chartes*, année 1889, p. 295.

2. « Le conte de Samines » (*Grandes Chroniques*, t. V, p. 462); « le comte de Saumes » (Gilles li Muisis, p. 246); il s'agit très probablement ici, comme l'ont supposé les éditeurs de la *Chronique normande* (p. 276), de Simon, comte de Salm.

venit quod, quia custos ville, vocatus dominus Johannes de Vienna, deditionem recusavit, obsidione cinxit, jurans quod inde non recederet nisi prius capta villa, et quia hyemps instabat, locagia in circuitu fieri jussit ad modum cujusdam ville quam Villam novam et audacem voluit nominari. Obsidionem audiens rex Philippus, ultra exactiones consuetas et fere importabiles regnicoli alias superaddidit et de consensu pape, decimas ecclesiarum colligens, cum ab usurariis Lombardis ingentes pecunias extorsisset, ville Calesii decrevit succurrere, prius tamen in ecclesia beati Dionysii accepta devotissime auriflamma, quam domino Gaufrido de Chargni tradidit defferendam.

172. — Circa idem tempus, rex Philippus dominum Gaufridum de Haricuria, proditorem, qui multa contra regnum molitus fuerat, recepit in gratiam et quidquid forefecerat clementer indulsit[1].

173. — Symon Poulleti, burgensis Parisius (*sic*), quia dixerat quod rex Anglie jus majus in regno Francie habebat quam rex Philippus, tanquam proditor decollatus fuit.

174. — Obiit tunc dux Burgundie Philippus, frater regine Francie[2].

175. — Comes Derbi, Anglicus, custos Burdegalensis urbis, villam Sancti Johannis Angeliaci absque resistentia cepit, eodemque modo Pictavis (*sic*) occu-

---

1. D'après la *Chronographia reg. Franc.* (t. II, p. 237), la réconciliation se fit par l'intermédiaire du duc de Brabant. Cf. L. Delisle, *Histoire du château et des sires de Saint-Sauveur-le-Vicomte*, p. 66 ; *Grandes Chroniques*, t. V, p. 466.

2. Philippe de Bourgogne mourut le 22 juillet 1346. Il n'était pas duc de Bourgogne, mais simplement fils du duc Eudes IV, qui ne mourut qu'en 1350.

pans civitatem, ipsam in parte maxima flamma voraci consumpsit et burgenses virosque ecclesiasticos multos captivos secum abduxit[1].

176. — Propter guerras imminentes, jubente rege Francie, villa Sancti Dyonisii tunc fossatis clausa fuit[2].

177. — In Pictavensi territorio villa que Tuella vocatur ab Anglicis capta fuit sed, nondum[3] exactis tribus mensibus, a Gallicis viribus recuperata est.

178. — *Villa Calesii capitur*. — Anno Domini m° ccc° xlvii°, cum Calesienses tanta famis (*sic*) media primerentur[4], ut ratos, mures et animalia immunda edere cogerentur, nec deputati a rege cibaria messa, cupiditate moti, eis ferrent, rex, tante calamitati comparatus ad succurrendum eisdem flectit iter cum exercitu copioso. Quod audiens rex Anglie in dolo missis nunciis ad tractandum de pace triduum petiit et impetravit, que spatio, exercitum suum vallo et fossa circumcinxit sicque transacto termino rex Francie ad illum nequivit accedere[5] unde recessum ejus ingloriosum Calesienses agnoscentes, se regi Anglie reddiderunt salva vita. Villam ergo ingrediens, omnes incolas ejecit qui postmodum coacti sunt per regnum miserabiliter mendicare et villam Anglicis populavit.

---

1. Cf. *Grandes Chroniques*, t. V, p. 464; *Chronographia reg. Franc.*, t. II, p. 235.

2. D'après les *Grandes Chroniques*, les travaux furent commencés vers l'Épiphanie de l'année 1347 (t. V, p. 466).

3. Ms. *numquam*.

4. Ms. *tanta famis media primerentes*.

5. Une lettre d'Édouard III, du lundi 30 juillet 1347, que nous publions parmi les Pièces justificatives, montre clairement qu'à ce moment Édouard III n'avait aucunement l'intention de faire la paix avec le roi de France.

179. — Obsidione Calesii durante, David rex Scotie cum Anglicis infeliciter pugnans captus fuit[1]. Eo etiam tempore, juvenis comes Flandrie, Ludovicus, per Flamicos ad regem Anglie est adductus, qui invitus eidem regi promisit[2] ut filiam suam duceret in uxorem. Sed, cum quadam die finxisset[3] se velle venationi vacare, equo velocissimo vectus, in Franciam ad regem Philippum venit, qui inde letus effectus, comittem collaudavit, et eidem postmodum filiam ducis Brebancie in matrimonio dedit[4]. De recessu comitis Flamigii, rex Anglie et ejus filia tristati sunt sed in memoriam evasionis ipsius diu postmodum in regno cantata est cantilena que sic ad confusionem filie regis incipiebat : « Ego deffeci ad illum cui data fueram per amorem[5]. »

180. — *Karolus de Blesis captus fuit a comite Montisfortis*[6]. — Karolus, comes Blesensis, qui, ratione uxoris sue, [se] dicebat ducem Britannie, ad recuperandum Rupem Deriani exercitu congregato, cum partem suorum apud vallem viridem collocasset et cohortes alias secum ducens, dictam Rupem in vanum

---

1. Les Écossais furent battus et David Bruce fait prisonnier à Nevill's Cross le 17 octobre 1346.

2. Ms. *permisit*.

3. Ms. *fixinxisset*.

4. C'est le 13 mars 1347 que le comte de Flandre s'engagea à épouser la fille d'Édouard III ; son évasion dut avoir lieu entre le 14 mars et le 1er avril suivant (Rymer, R. III, i, p. 111 ; Gilles li Muisis, p. 265).

5. « J'ay failli à celluy à qui je estoie donnée par amour » (Contin. de Guillaume de Nangis, t. II, p. 209).

6. Il ne peut s'agir ici que du parti de Montfort, le comte de Montfort, rival de Charles de Blois, étant mort en 1345, et son fils, encore en bas âge, étant toujours en Angleterre.

pluries invasisset, jussit in circuitu instrumenta obsidionalia elevari qui hanc incessanter destruerent, lapides trescentarum librarum ponderis jaciendo. Dum sic
machinis jaculatoriis muri concutiuntur per ambitum,
quadam die, ictu lapidis camera capitanei Richardi
scilicet de Contesson[1] ubi uxor sua de novo peperat
solo tenus pro[2] parte magna corruit, quo casu feminea
(*sic*) terrore perterrita virum pluries rogavit, frustra tamen, ut castrum redderet. Assultus cotidianos
agrestes acole, qui huscusque Anglicis obedierant sub
pastu annuo, audientes, illuc in magna copia adierunt
ac[3] oppidanos coegerunt deditionem rogare, salva
vita, quam Karolus contra oppinionem suorum militum, denegavit, sed cito post experimento didicit
quam stultum sit respuere que pacis sunt. Nam dominus Thomas Dagorne[4], Anglicis suis cupiens opem

1. Il s'agit ici de Richard de Totesham, capitaine de la Roche-
Derrien, qui fut envoyé en Bretagne avec un secours assez important dès le commencement de 1344, comme le prouvent les quit-
tances de plusieurs patrons de nefs engagées « pour le passage
monseigneur Richard de Tottesham et autres devers les parties
de Bretaigne » (Rec. off., *Exchequer. Treasury of the Receipt. Mis-
cellanea*, 39/14).

2. Ms. *per*.

3. Ms. *ad*.

4. Thomas de Dagworth n'avait cessé de guerroyer en Bretagne
depuis le commencement de la lutte. Par une endenture du
28 janvier 1345, passée entre lui et le comte de Northampton, il
s'engageait à servir en Bretagne en qualité de lieutenant du
comte, avec 15 chevaliers, 65 écuyers, 120 archers et 40 *biden-
wers* (Rec. off., *Exch. Queen's Remembr. Army*, 47, 17). Le 10 janvier 1347, Édouard III le nommait son lieutenant en Bretagne
(Rymer, R. III, p. i, 847). D'après une endenture du même jour,
qui n'est pas publiée dans Rymer, le roi lui abandonnait tous les
revenus du duché de Bretagne. Dagworth s'engageait de son côté
à entretenir dans ce pays, pendant tout le temps que durerait la

ferre, huc pugiles mox adduxit quos contra Karoli aciem ordinans eos inter molendinum ad ventum et leprosariam inter quarros et vehiculos[1], cum nox obscurrissima esset, precepit collocari.

181. — Ipsa et eadem hora, cum vigiles et qui nocturnas excubias persolvebant adventum hostium ex eorum tumultu et equorum strepitu comperissent, mox ingeminantes ad arma ceteros excitaverunt dormientes et tunc cum fascibus ardentibus acriter est pugnatum et bis Anglici dominum Thomam captum recuperaverunt animose, qui, ut quosciens opus esset, citius se adjuvarent, quoddam verbum secretissimum eis dederat quod pluries exclamaverunt illa nocte. Huc illucque divisim et inordinate usque ad auroram utrinque dimicatum est, sed tandem Anglici victores exstiterunt. Karolum graviter sauciatum capientes, qui tamen se reddere recusavit, mallens mori quam ad manus eorum pervenire, sed tandem Bernardus de Castello supervenit cujus dictioni se submisit quia Anglicus non erat[2]. In hoc infausto conflictu vice-

guerre, 300 hommes d'armes et 600 archers (Rec. off., *Exch. Queen's Remembr. The Realm of France*, 482/3). Nous savons d'autre part, par la lettre qu'il adressa à Édouard III et qu'a publiée Robert d'Avesbury, que Thomas de Dagworth avait avec lui à la Roche-Derrien 300 hommes d'armes et 400 archers (*De gestis Edwardi tertii*, éd. Thompson, p. 388).

1. Ms. *behiculos.*

2. C'est également à Bernard du Châtel que, d'après les *Grandes Chroniques,* Charles de Blois se serait rendu. Parmi les chevaliers bretons attachés à la cause de Montfort, nous n'avons trouvé aucun personnage de ce nom. Tanneguy du Châtel, au contraire, ne cessa de combattre dans les rangs anglais pendant toute cette guerre; il était certainement en Bretagne à ce moment et prit, d'après Froissart, une part importante à la bataille. C'est donc

comes de Rohan, insignis baro dominus de Derval, dominus de Quintin et Guillelmus ejus filius occisi sunt, frater quoque prefati Guillelmi fuit nasi obscicione deturbatus. Ibi etiam domini de Castobriente, de Roge, de Tournemine, Gaufridus de Rosdrenen, dominus Thomas Beauboissel, dominus de Valle Guidonis perierunt. Peracta autem victoria,

plus vraisemblablement de lui qu'il s'agit ici. Édouard III récompensa dignement le service que la victoire de la Roche-Derrien rendait à sa cause. Outre les 4,900 l. st. données à cette occasion à Thomas de Dagworth, on trouve, dans les comptes de l'Échiquier, à la date du 6 novembre 1348, trace d'un don également important fait à un écuyer de Flandre qui aurait pris le comte de Blois : « Kolkino de Lovayn, scutifero, in denariis sibi liberatis de dono Regis, tam pro bono servicio per ipsum eidem domino Regi impenso quam *pro captione Karoli de Bloys,* quem nuper cepit de guerra in obsequio domini Regis in partibus Brytannie, MCLXVI l. XIII s. IIII d. » (Rec. off., *Issue Rolls, 23 Edw. III Michaelmas,* m. 11). — Un autre paiement lui fut fait le 7 septembre 1351 pour le même objet : « Nicholao Loveyn, militi, in partem solutionis, MLXVI l. XIII s. IIII d., infra quamdam summam de III$^m$ L *marcz* quas dominus Rex ei concessit pro captione Karoli de Bloys, LXVI l. XIII s. IIII d. » (Rec. off., *Ibid.,* 25 *Edw. III, Easter,* m. 27). — Le 17 mai de la même année, nous trouvons la mention d'un autre combattant de la Roche-Derrien, qui semble devoir partager avec le précédent l'honneur d'avoir contribué à la prise de Charles de Blois : « Johanni de Isplyngrode, in denariis sibi liberatis in partem solutionis M l. quas dominus Rex sibi liberari mandavit de dono suo pro efficaci labore quem dictus Johannes nuper circa captionem Karoli de Blois adversarii Regis in partibus Brytannie laudabiliter apposuit, c l. » (*Ibid.,* m. 6). — Enfin, un autre don, que nous trouvons dans les mêmes comptes à la date du 28 octobre 1350, est destiné à celui qui porta à Édouard III l'heureuse nouvelle : « Johanni de Merle, cui dominus Rex x l. annuatim concessit percipiendas pro bono servicio per ipsum eidem domino Regi impenso necnon pro felici rumore quem idem Johannes attulit domino Regi de captione Karoli de Bloys, per breve currens anno XXI°, x l. » (*Ibid.,* 25 *Edw. III Michaelmas,* m. 7).

Karolum apud Vanes Anglici deduxerunt cum eoque anno revoluto transfretaverunt in Angliam, et tunc ad redemptionem positus inde recedens, filios suos Henricum et Johannem pro se obsides relinquit donec promissas pecunias persolvisset. Ex exuviis occisorum Rupes Deriani solito habundantius munita est et Anglici ruricolas ceperunt 'solito accrius infestare, unde vicini nobiles indignati, cum eisdem rege tamen annuente qui cum eis dominum de Credonio et dominum Antonium Daurie miserat, Rupem fortiter obsiderunt et quia introitus in eam impossibilis videbatur, quinque ex Januensibus L florenorum auri cupiditate allecti, quos dominus de Credonio primis ingredientibus promiserat dum continuantur insultus, primi, invitis deffensoribus, intraverunt et viam aliis paraverunt. Capta Rupe, omnes indiferenter usque ad fugentes (*sic*) ubera occiduntur, villa quoque bonis omnibus spoliata, victores ville municipium invaserunt quod tandem pugiles infra manentes reddiderunt et ex condicto inde exierunt absque detrimento vite vel mobilium bonorum.

182. — In festo Sancte Christine, circa solis occasum, prope Parisius, in villa[1] Sancti Dyonisii, collisionem ventorum vehementem secuta est tempestas grandinis alias inaudita[2].

183. — Ludovicus Bavarus, usurpator imperii, dum, venationi insistens, aprum insequeretur, equo cespitante, cecidit et fracto cervice expiravit.

184. — Quidam proditor, advocatus, nomine Galvanus de Bellemont, de Lauduno oriundus, et qui

1. Ms. *villam.*
2. *Grandes Chroniques,* t. V, p. 482.

Anglicis temptaverat tradere civitatem, fuit morte turpissima condempnatus[1].

185. — Quidam etiam Parisiensis aurifaber qui villam perdere voluerat, [fuit] suspensus[2].

186. — Oppidum dictum de Bemour[3], quod erat domini Johannis de Vervin, captum fuit et destructum et in detestationem proditionis domini, ex lapidibus dicti castri commune patibulum constructum est.

187. — Apud Luperam, filius ducis Brebancie, Godefridus, filiam ducis Borbonensis uxorem duxit, et Henricus, alius filius ejus junior, filiam domini Johannis, ducis Normannie, desponsavit[4].

188. — Domina Johanna, ducissa Burgundie, obiit[5].

189. — Treuge inter reges Francie et Anglie, et etiam cum Flamigis, componuntur[6].

190. — Dominus Karolus, rex Bohemie, filius regis Boemie qui bello Creciascensi occisus fuerat, in imperatorem est electus, et postmodum a Summo Pontifice coronatus.

## M CCC XLVIII.

191. — *De Magna epydimia.* — Anno Domini

---

1. Sur la trahison de Gauvain de Bellemont et sur ses rapports avec Jean de Vervins, dont notre auteur parle plus loin, cf. H. Moranvillé, *la Trahison de Jean de Vervins* (*Bibl. de l'École des chartes,* année 1892, p. 606).

2. Cf. *Grandes Chroniques,* t. V, p. 470.

3. « Le chastel de Beaumont » (*Grandes Chroniques,* t. V, p. 470). En réalité, comme l'a montré M. Moranvillé, il s'agit de Bosmont (Aisne, arr. de Laon, cant. de Marle).

4. Les *Grandes Chroniques* placent ces deux mariages le même jour, 21 juin 1347 (t. V, p. 471).

5. D'après les *Grandes Chroniques,* cette mort eut lieu au mois d'août 1347, dans l'octave de l'Assomption (t. V, p. 485).

6. Les trêves entre la France et l'Angleterre furent conclues le 28 septembre 1347.

M° CCC° XLVIII° et duobus sequentibus annis, longe late-
que per orbem universum, dira mortalitas que a
medicis dicta fuit epydimia perduravit et tot homines
apostematibus mortui sunt quod de XX duo pene
remanserunt, qua vigente, in villa Parisiensi fere quinquaginta milia hominum, in villa vero beati Dyonisii
sexdecim milia et in ecclesia XXX et amplius religiosi
eadem gravissima peste assumpti sunt[1]. Toto tamen
tempore quo duravit, tantam gratiam Dominus contulit
Christianis ut decedentes quasi subito omnes leti mortem expectabant, nec erat aliquis quin confessus et cum
viatico sanctifero vellet mori. Papa etiam Clemens
sextus, in multis civitatibus et villis, indulgentiam a
pena et culpa concedebat ad obeuntium favorem. Causam hujus epidimialis pestis varii varie sentientes
dicebant quod provenerat ex aeris infectione et aquarum quia tunc temporis non erat fames nec deffectus
victualium quorumcumque sed habundantia magna.
Corruptio tamen aquarum Judeis tunc fuit imposita
unde in pluribus locis multa milia eorum interfecta
fuerunt quamvis alia causa quam ista assignari pro-
tuerit, utpote voluntas Dei et humoris intrinseci ex
aeris indispositione corrupti. Cessante autem ypydi-
mia, viri qui remanserunt cum mulieribus nupserunt
et uxores solito fecundius conceperunt, nec aliqua
reperiebatur sterilis, ymo ita quam plures alios tres
parturiebant infantes uno partu qui tamen deinceps
dum ad etatem dentium attingebant nonnisi XX vel

1. Les *Grandes Chroniques* donnent le même nombre de morts
pour Paris et pour la ville de Saint-Denis (t. V, p. 486), mais
notre auteur est le seul à relever ce détail assez significatif du
nombre des religieux de l'abbaye de Saint-Denis qui succom-
bèrent à la peste.

xxii dentes more habuerunt. Et protdolor ex hac renovatione non est mundus mutatus in melius nam postea homines fuerunt magis indisciplinati, magis etiam tenaces et cupidi et per littes atque rixas amplius seipsos perturbantes; guerre etiam inter principes amplius viguerunt, caritas in cunctis refrigescere incepit et iniquitas habundare.

192. — Sanctus Yvo, de Britannia minori oriundus, a Summo Pontifice canonizatur isto anno, et dignus ascribi decernitur in cathologo sanctorum confessorum, prius tamen inquisitione facta et sancte sedi apostolice presentata de innumerabilibus miraculis que per eum divina virtus ubique operabatur[1].

193. — Obiit Odo, inclitus dux Burgundie, et in monasterio Cistercii sepelitur[2].

194. — Dominus Ymbertus, dalphinus Vienne, regi Francie Philippo vendidit Delfinatum de quo tunc idem rex dominum Karolum, primogenitum filii sui Johannis, ducis Normanie, investivit.

195. — Obiit isto anno Henricus de Lambourco, filius ducis Brebancie, qui, anno preterito, Johannam, filiam ducis Normannie desponsaverat, quam postmodum in uxorem duxit rex Navarre ut patebit.

## M CCC XLIX.

196. — Anno Domini m° ccc° xlix°, dominus Karolus, delfinus Vienne, primogenitus Johannis, ducis Normannie, dominam Johannem, filiam ducis Borboniensis, desponsavit.

197. — *De flagellatoribus.* — Quedam secta fatuo-

1. Saint Yves fut canonisé le 19 mai 1347.
2. Eudes IV, duc de Bourgogne, mourut à Sens en 1350.

rum hominum de Alemannie, Flandrie et Lotharingie
partibus qui suburbia et compita civitatum trans-
euntes, seipsos publice flagellis acculeatis, quasdam
cantilenas suo ritui aptas decantantes, per spatulas
et brachia flagellabant, usque in Franciam venit[1].
Quorum ritum cum rex Francie Philippus velut Chris-
tianitati dissonum, de consilio alme Universitatis
Parisiensis prohibuisset exerceri, postmodum, ad promotionem ipsius, Summus Pontifex ipsum penitus
dampnavit, nam, inter multa erronea que tenebant,
asserebant sanguinem suum sic flagella effusum posse
misceri et debere cum sanguine Jhesu Christi.

198. — Quidam Lombardus astutus et pecunia cor-
ruptus[2] domino Gauffrido de Charniaco quemdam
turrim de Calesio propinquam promisit tradere ut sic
villam posset recuperare Calesii, sed, die dicta, videns
vexillum Francie super portam elevatum, cum huc
accelerasset, cum paucis quos Lombardus intus hucusque tenuerat absconditos exierunt et obtenta victoria eumdem captum regi Anglie obtulerunt. Dominus
vero Montismorenciaci, qui cum eo advenerat, fuga
lapsus, tunc evasit.

199. — Inter reges Francie et Anglie inducie ad
annum confirmate sunt et jurate quibus tamen duran-
tibus, Anglici villam de Lodun ceperunt fraudulenter[3].

---

1. Cf. *Grandes Chroniques,* t. V, p. 492 et 493; Contin. de Guillaume de Nangis, t. II, p. 216 à 218.

2. Aimeri de Pavie, dont Froissart raconte tout au long les
négociations avec Geoffroi de Charny et avec Édouard III. L'attaque eut lieu dans la nuit du 31 décembre 1349 au 1er janvier
1350 (cf. Froissart, éd. Luce, t. IV, p. xxxi à xxxiv, 81 à 84;
*Grandes Chroniques,* t. V, p. 491).

3. La trêve conclue entre Édouard III et Philippe VI, le 28 sep-

200. — Triginta Gallici contra totidem Anglicos apud Plamelium pugnaverunt et obtinuerunt triumphum gloriosum[1].

201. — Dominus Thomas Dagorne, flos militie anglicane, in quodam parvo prelio dum cum paucis Gallicis obviasset, a Radulpho de Caours, milite, interemptus est[2].

202. — Domina Johanna, Navarre regina, uxor quondam Philippi comitis Ebroycarum filiaque Ludovici Hutin quondam regis Francie, diem signavit ultimum ad pedesque patris sui in ecclesia beati Dyonisii sepulta est, cui successit in regno Navarre dominus Karolus, filius ejus primogenitus, de quo multa in sequentibus narranda sunt[3].

203. — Obiit etiam isto anno domina Bona filia

tembre 1347, et qui devait expirer quinze jours après la Saint-Jean 1348, fut renouvelée pour un an le 6 août 1348. — D'après les *Grandes Chroniques* (t. V, p. 492), Loudun fut pris par les Anglais le 24 juin 1350.

1. Le combat des Trente, entre Ploërmel et Josselin, n'eut lieu que deux ans plus tard, le 26 mars 1351 (cf. A. de la Borderie, *la Bretagne aux grands siècles du moyen âge*, p. 188).

2. La surprise de Thomas de Dagworth par les gens de Raoul de Caours eut lieu près d'Auray au commencement d'août 1350, d'après les *Grandes Chroniques* (t. V, p. 494). La défection de Raoul de Caours ne fut pas due, comme l'a soutenu M. Luce (*Bertrand du Guesclin*, p. 97-99), à la concession faite par Édouard III au comte de Lancastre du monopole de la vente du sel en Poitou, mais à des différends survenus entre lui et Gautier de Bentelée au sujet de diverses possessions en Bretagne et en Poitou, différends que, dès le 20 octobre 1349, le roi d'Angleterre tranchait en faveur de Gautier de Bentelée et de Jeanne de Belleville, sa femme, veuve d'Olivier de Clisson (Rec. off., *Chancery, French Rolls, 23 Edw. III*, m. 3).

3. D'après les *Grandes Chroniques,* Jeanne, reine de Navarre, mourut le 4 octobre 1350 (t. V, p. 490).

quondam regis Boemie et uxor domini Johannis ducis
Normannie ex quo genuerat Karolum, delfinum Vienne,
Ludovicum, Johannem et Philippum et tres filias sepul-
taque fuit apud Malam-Dumam (*sic*) prope Pontissa-
ram[1].

204. — Domina etiam Johanna de Burgundia, uxor
Philippi regis Francie, deffuncta est, et in ecclesia beati
Dyonisii tumulata, postquam Philippus rex uxorem
duxit dominam Blancham, sororem Karoli regis Navarre[2].

205. — Comes Fuxi aliam sororem regis Navarre
desponsavit.

206. — Dominus Johannes, dux Normannie, primogenitus regis Francie Philippi, secundam uxorem
duxit videlicet dominam Johannam, comitissam Bolonie, de qua tamen nullos liberos habuit[3].

## M CCC L.

207. — Anno Domini $M^o$ $CCC^o$ $L^o$, indulgentiam
magnam Rome que de centum annis in centum annos
habebat cursum suum dominus papa Clemens ad quinquaginta annos reducere dignum duxit ad petitionem
Romanorum quia dies hominum breviores solito videbantur.

1. D'après les *Grandes Chroniques*, Bonne, duchesse de Normandie, mourut le 11 août 1349 et fut enterrée à l'abbaye de Maubuis-
son, près Pontoise (t. V, p. 490).

2. Jeanne, fille de Robert II, duc de Bourgogne, mourut le
12 décembre 1349, d'après les *Grandes Chroniques* (t. V, p. 90).
D'après le même témoignage, le nouveau mariage de Philippe VI
eut lieu le 29 janvier 1350 (t. V, p. 491).

3. Jean, duc de Normandie, se remaria à Jeanne, comtesse de
Boulogne, le mardi 9 février 1350, d'après les *Grandes Chroniques*
(t. V, p. 492).

**208.** — *De morte Philippi regis Francie.* — Philippus, rex Francorum, XXII[a] die augusti anno etatis sue LXI, regni vero XXIIII apud Nongentum mortuus est et in ecclesia beati Dyonisii sepultus est, post quem Johannes, dux Normannie, filius ejus primogenitus, regnavit[1]. Qui, post coronationem suam, rediens Parisius, dominum Radulphum, comitem de Guinis, Francie conestabularium, propter quasdam proditiones[2] ab eo perpetratas, in domo regia de Nigella, ipso rege residente in pallacio regio, decollari precepit in presentia plurium Francie magnatorum (*sic*) et caput abcissum de altiori turre domus in Seccanam proici ut sic certus esset de justitia completa[3]. Quo sic ignominose mortuo, dominum Karolum de Hyspania, virum approbate militie, conestabularium ordinavit.

**209.** — Anglici in comitatu Santonensi contra dominum Guidonem de Nigella marescallum Francie et Guidonem fratrem ejus, dominum quoque Arnulphum Daudenehan ac nonullos alios Francigenas feliciter pugnaverunt ac redemptionis miserum jugum subire coegerunt[4].

**210.** — Obiit dominus Guido de Castris, quondam abbas sancti Dyonisii, qui nuper abbatie renuntiaverat

---

1. D'après les *Grandes Chroniques*, Philippe VI mourut non le 22, mais le dimanche 23 août (t. V, p. 495).

2. Ms. *perdiciones*.

3. D'après les *Grandes Chroniques*, Raoul, comte d'Eu et de Guines, connétable de France, fut arrêté le 16 novembre et décapité le 18 (t. VI, p. 4).

4. Le combat eut lieu le 1er avril 1351, d'après les *Grandes Chroniques*, le 8 avril, d'après Robert d'Avesbury. Le frère de Gui de Nesle était Guillaume de Nesle, d'après les *Grandes Chroniques* (t. VI, p. 4).

ut contemplationem vacaret attentius. Dominus vero
Egidius Rigaudi qui eidem successerat, ad cardinalatum succiditur, assumitur, post quem Egidius de Pontisara auctoritate summi Pontificis abbas constitutus
est[1].

211. — Post mortalitatem pretactam, tanta caris-
tria (*sic*) granorum viguit in regno Francie ut sextarius
frumenti octo librarum, avene vero XL s. venderetur.

212. — Dominus Gauffridus de Charniaco, soluta
redemptione, de carceribus Anglicorum liberatus,
rediit in Franciam[2].

## M CCC LI.

213. — Anno Domini M° CCC° LI°, in curia Romana,
quidam domini cardinales cum nonnullis aliis prelatis
Summo Pontifici multis persuaverunt mediis ut mendicantibus inhiberet ne de cetero predicarent vel con-
fessiones audirent ut sic eorum ordines tractu temporis penitus anullarentur, sed papa mendicantibus
favendo ipsos prelatos multis rationibus redarguit
finaliter sic concludens : « Vos in quid odio et sine
causa comoti contra ipsos venistis sicut una congre-
gatio taurorum in vaccis populorum ut excludatis eos
qui probati[3] sunt argento, » et sic tandem resipisce-
runt ab incepto[4].

214. — Civitas Sancti Johannis de Angeliaco recu-

1. Cet ordre de succession des abbés de Saint-Denis ne se trouve
mentionné que dans notre Chronique.

2. Sur la date de la libération de Geoffroi de Charni, voy. Froissart, éd. Luce, t. IV, p. XXXVIII, n. 2.

3. Ms. *propati*.

4. Tout ce passage est beaucoup plus développé dans la continuation de Guillaume de Nangis (t. II, p. 223 à 225).

peratur a Gallicis, secreto tractatu composito cum habitatoribus ville [1].

215. — Dominus de Bello Rocho ante Calesium fortiter dimicando contra Anglicos qui impetuose contra eum exierant, occisus est [2].

216. — *De festo Stelle*. — Johannes, rex Francorum, ad captandum benivolentiam ducum, comitum et magnatum regni sui, ipsis in domo regia Sancti Audoeni prope villam Sancti Dionysii sollennitatem peregit percelebrem, precipiens [3] ut famosiores armorum experientia et probitate clariores secundum merita sua in conviviis [4] diu ibidem pertractatis [5] discumberent, et statuens ut cum eo de cetero confratres *Stelle* vocarentur; confraternitatem istam volens per modum religionis vel ordinis introducere, inter ceteras observantias statuit ut die sabbati de scalleto uniformiter induti defferrent stellam auream et geminatam tunicis vel capuciis affixam et hiis diebus jejunando, semper ad solempne prandium convenirent et jurarent de fidelitate mutua conservanda. Ulterius ad indecentiam morum evitandam, dampnosum ludum taxillorum, luppanariam et tabernas eis summe prohibuit, canonicos dignum ducens statuere in domo prenominata

---

1. Le roi Jean prit part en personne au siège de Saint-Jean-d'Angély. La ville dut se rendre à la fin d'août ou dans les premiers jours de septembre 1351 (Froissart, t. IV, p. XLIV, n. 1; *Chronique normande*, p. 99 et 289).

2. Il s'agit évidemment ici d'Édouard de Beaujeu, maréchal de France, tué à la rencontre d'Ardres, au mois de juin 1351 (Froissart, t. IV, p. 116).

3. Ms. *percipiens*.

4. Ms. *convivis*.

5. Ms. *pertractis*.

qui pro eis die noctuque devote Dominum exorarent[1].
Hec tamen, breviloquio utens, diu non habuerunt
vigorem, et, anullatis statutis, stella dicta non divini
luminis irradiata fulgore, cito post, radiis deficienti-
bus, apparuit terribiliter eclipsata. Ista etiam celebritas
invidie ac odii fomitem ministravit ob comparationem
probitatis et meritorum militum indeque adversarii
regni sumpserunt derisionis materiam et occasionem
malignandi. Nam, federe indutiali postposito et Hugone
de Malconray[2], custode de Guines, corrupto pecunia,
castrum illud eodem mense receperunt, traditor tamen
postmodum in villa Sancti Audomari decollatus proditionis sue penas luit.

## M CCC LII.

**217.** — Anno Domini $M^o$ $CCC^o$ $LII^o$, papa Clemente
mortuo, eidem Innocentius successit[3].

**218.** — Mense junii[4], Lombardus, qui dominum
Gauffridum de Chargny deceperat, ut dictum est, captus, fuit in villa Sancti Audomari, ut meruerat, decollatus[5].

**219.** — Vigilia assumptionis beate Marie, dominus

1. L'ordonnance de la fondation de l'ordre de l'Étoile est du
16 novembre 1351; la première fête eut lieu le 6 janvier suivant
(cf. L. Pannier, *La noble maison de Saint-Ouen*. Paris, 1872, in-12).

2. « Guillaume de Biauconroy » (*Grandes Chroniques*, t. VI,
p. 6).

3. Clément VI mourut le 6 décembre 1352; Étienne Aubert,
cardinal d'Ostie, fut élu pape sous le nom d'Innocent VI le 18 décembre suivant.

4. Ms. *junio*.

5. Aimeri de Pavie fut surpris par Geoffroi de Charni à Fré-
thun, petit château de la marche de Calais (Froissart, t. IV,
p. 99).

Guido de Nigella, dominus d'Auffemont, Francie marescallus, et dominus de Briquebec, castellanus Belvacensis, apud Mauront[1] in Britannia contra Anglicos infeliciter pugnantes perimuntur[2].

220. — Prope Parisius, in Prata Clericorum, dux de Bresovic et dux Lencastrie voluerunt monomachiam comittere occasione proditionis que sibi mutuo imponebant, que per testes probari non potuerant sed rex Johannes qui tunc presens erat hoc passus non est cum admiratione multorum quia unus Alemanus et alter Anglicus erat[3].

221. — Gallici in vanum temptaverunt castrum de Guines recuperare perditum.

222. — Anno isto, rex Anglie Eduardus cum exercitu maximo per Calesium usque Ambianis grassando hostiliter, partes illas cedibus, rapinis et incendiis vastavit, sed regis Johannis et sui exercitus precognito adventu ad eum debellandum, iterum retrocessit et tunc fedus induciale usque ad annum inter reges juratum est, quo[4] nichilominus perdurante, Anglici Dompnumfrontem, castrum validissimum, ceperunt.

223. — Dominus Egidius Rigaudi, qui, de abbate Sancti Dionysii effectus cardinalis, curiam romanam

---

1. Mauron, Morbihan, arr. de Ploërmel.

2. Robert d'Avesbury a publié la lettre adressée à cette occasion à Édouard III par Gautier de Bentelée, son lieutenant général en Bretagne (éd. Thompson, p. 416).

3. Le duel devait avoir lieu le 4 décembre 1352; il fut empêché par le roi de France, comme le témoignent ses lettres du 9 décembre 1352, publiées par Leibniz, *Scriptores rerum Brunswicensium,* t. II, p. 47. Cf. *Grandes Chroniques,* t. VI, p. 6; *Chronographia reg. Franc.,* t. II, p. 251.

4. Ms. *quod.*

petiit et abbatiam predictam in bonis mobilibus plurimum dampnificavit, recedendoque tamen, ut promiserat, in toto, morte preventus, restituere nequivit[1].

## M CCC LIII.

**224.** — Anno Domini m° ccc° liii°, die Sancti Luce evangeliste, in Alemannie partibus, fuit terre motus terribilis cujus violenscia (*sic*) Basilie civitas et nonnulle alie funditus absorte (*sic*) corruerunt[2].

**225.** — *De rege Navarre.* — Karolus, rex Navarre, apud Vivarium in Brya, filiam Johannis regis desponsavit, cui rex in favorem filie quam super omnes alias diligebat, contra voluntatem multorum magnam partem ducatus Normannie dono dedit in prejudicium regni, ut patebit[3].

**226.** — Eodem anno, idem Karolus, rex Navarre, propter quedam injuriosa verba a Karolo de Hyspania, conestabulario Francie, prolata, ut dicebatur, contra eum, in villa que Aquilla dicitur ipsum conestabularium proditorie jussit interfici[4]. Unde cum propter hoc coram rege comparens, justicia[m] inde de illo facere precepisset et de consciis sceleris perpetratti, ad preces tamen cardinalis Boloniensis, cognati sui, atque regine Blanche, sororis regis Navarre, sibi scelus nephandissimum pepercit, dum tamen cappellanias duas fundaret

---

1. On remarquera que ce nouveau passage relatif à l'abbaye de Saint-Denis est également particulier à notre Chronique.

2. Les mêmes faits sont rapportés par le Continuateur de Guillaume de Nangis, à l'année 1354 (t. II, p. 226).

3. Le mariage du roi de Navarre eut lieu au mois de février 1352.

4. Charles d'Espagne fut assassiné à Laigle, le 8 janvier 1354 (cf. Froissart, éd. Luce, t. IV, p. li, n. 1).

pro anima deffuncti conestabularii, et quia idem rex Navarre redditus[1] quosdam nondum adhuc assignatos ratione maritagii sui regi Johanni poscebat, dictum fuit et per predictos conclusum quod ob hoc XXVIII mille libras eidem rex Francie assignaret sed postmodum rex Navarre propter predictos redditus[1] petiit et impetravit viscecomitatum de Bellomonte-Rogeri, terras de Conques et d'Orbec, vicecomitatum Pontis Audomari et bailliviam Constantini, conditione addita quod de istis et de terris aliis quas in Normania possidebat, subditi sibi et non regi fidelitatis homagium facere tenerentur[2].

227. — Hiis ergo mediantibus viis, pax formatur inter reges, conscii facinoris indulgentiam perceperunt quamvis multis displiceret propter proditionis[3] orrorem.

## M CCC LIV.

228. — Anno Domini M° CCC° LIIII°, comes[4] de Haricuria Johannes, Ludovicus frater ejus et Gauffridus eorum advunculus, Philippus, regis Navarre frater, dominus de Grandivilla, dominus Maubue et Nicholaus Doubleti, scutifer, qui conscii mortis conestabularii fuerant[5], mediante rege Navarre, regi Francie recon-

---

1. Ms. *resditus*.

2. Par le traité de Mantes, du 22 février 1354, le roi de France faisait droit à la plupart des réclamations du roi de Navarre, et celui-ci, en échange de ces concessions, faisait amende honorable au roi devant la cour des pairs et obtenait des lettres de rémission le 4 mars suivant (Secousse, *Preuves de l'histoire de Charles le Mauvais*, p. 33, 38).

3. Ms. *perditionis*.

4. Ms. *commes*.

5. Ms. *fuerat*.

siliantur. Causa autem homicidii perpetrati eidem secretissime reserata, tunc cardinalis Bolonie et dominus Robertus de Lorriaco, regis primus cambellanus, quasi conscii sceleris, se diu abstentiaverunt[1].

229. — Post hec, rex solennes nuncios in Avinionem misit qui de consensu Summi Pontificis cum nunciis regis Anglie pacificum tractatum, si possibile esset, componerent et tunc treuge solum prolongate fuerunt inter reges usque ad festum Sancti Joannis Baptiste[2].

230. — Audiens autem rex Johannes quod rex Navarre in fidelitate quam promiserat non manens castra sua Normannie servanda commiserat, ad villam de Caan mox pergens, omnes possessiones ejus in manu regia poni fecit ubique officiales auctoritate sua statuens. Illi tamen qui castra Ebroyce civitatis, Pontis Audemari, Gauvray, Cessarisburgi, Abrincensis, et de Mortaing custodiebant, obedire ipsi penitus renuerunt, dicentes quod illa[3] non redderent nisi de regis Navarre consensu[4].

1. D'après les *Grandes Chroniques* (t. VI, p. 13), ce furent les révélations du comte de Harcourt qui amenèrent la disgrâce de Robert de Lorris et du cardinal de Boulogne.

2. Les trèves conclues à Guines le 6 avril 1354 devaient expirer le 6 avril 1355. Malgré les efforts des ambassadeurs envoyés à Avignon par les deux rois à la fin de 1354, elles ne purent être prolongées que jusqu'au 24 juin 1355.

3. Ms. *illam.*

4. Dans un mémoire rédigé par le conseil du roi de France au sujet des prétentions de Charles le Mauvais et attribué par Secousse à l'année 1355, le premier article porte que « le Roy de Navarre baille, rende et mette realment et de fait les vi chasteaux dessusnommez en la main du Roy » (cf. Secousse, *Preuves de l'histoire de Charles le Mauvais,* p. 576; *Grandes Chroniques,* t. VI, p. 14).

**231**. — Rex Johannes monetam ex auro puro in qua sculptus erat Agnus Dei fabricari fecit et cursum aliarum prohibuit, statuens ut hoc xx solidos parisienses valeret. ·

**232**. — Civitas Nanetensis a Gallicis recuperata fuit et a Karolo de Blesis restituta, expulsis inde custodibus auctoritate Johannis de Monteforti collatis[1].

**233**. — Mense februario, dominus Galterus de Pontisara, abbas Sancti Dyonisii, morbo equinancie obiit, cui successit dominus Robertus de Fonteneto, vir simplicis conversationis, devotus, religiosus et competenter litteratus, via Spiritus Sancti et nullo religiosorum contradicente electus[2].

## M CCC LV.

**234**. — *Navarrenses regnum Francie infestant*. — Anno Domini m° ccc° lv°, de mandato Karoli regis Navarre, capitanei castrorum suorum qui preceptum regis Francie contempserant de suis oppidis exeuntes cum ipso rege Navarre per Normanniam hostiliter grassati sunt dampnaque irreparabilia perpetrantes, castrum de Conchis viribus occupaverunt, expulsis inde Francigenis. Sed tandem Karolus, primogenitus regis Francie, quem pater illuc miserat ut patriam tueretur, ipsum regem Navarre adduxit Parisius et apud

---

1. D'après les *Grandes Chroniques* (t. VI, p. 16), la ville de Nantes aurait été surprise le 17 février 1355 par un parti d'Anglais et reprise la nuit suivante par Guy de Rochefort, capitaine de la ville.

2. Les premiers actes où Robert de Fontenay soit mentionné comme abbé de Saint-Denis sont, d'après dom Félibien, du mois de mars 1355 (Félibien, *Histoire de Saint-Denis en France,* p. 278).

patrem veniam de commissis sibi multis precibus impetravit[1].

235. — Anglici per Picardiam et Aquitaniam grassantur hostiliter.

236. — Rex Anglie, de Calesio usque Hisdunum equitans hostiliter, cuncta cedibus et incendiis replevit; unde Johannes rex indignatus, Ambianis cum exercitu veniens, per marescallum Daudenehan ipsi regi Anglie bellum personale obtulit, et cui sors triumphum concederet, devicto ad suum libitum ordinaret, quod tamen non acceptavit, dicens quod ibidem satis expectaverat nec invasorem repererat, et sic ambo reges ad propria redierunt[2].

237. — Hoc tempore, Eduardus, primogenitus ejusdem regis Anglie, Aquitaniam graviter infestabat[3], quidquid hostis in hostem consuevit exercendo, et

1. Sur la nouvelle réconciliation du roi de Navarre avec le roi de France en 1355 et l'intervention de la reine Jeanne, sa tante, et de la reine Blanche, sa sœur, voir Secousse, *Preuves de l'histoire de Charles le Mauvais,* p. 568 à 576, et H. Moranvillé, *Une lettre à Charles le Mauvais (Bibl. de l'École des chartes,* année 1888, p. 91).

2. Pour l'itinéraire du roi de France pendant cette campagne, cf. Froissart, éd. Luce, IV, p. LV, n. 3.

3. Le *Chronicon Galfridi Le Baker de Swynebroke* (éd. Thompson, p. 127) fixe le départ du prince de Galles au 9 septembre 1355 et son arrivée en Gascogne aux premiers jours d'octobre. Il semble toutefois qu'une flotte ait été préparée à Southampton et prête à partir dès le mois de mai précédent, comme paraît l'indiquer le fragment de compte suivant : « Particule compoti Johannis Deyncourt, militis subadmiralle (*sic*) flote navium Regis versus partes boriales, euntis in comitiva principis Wallie versus partes Vasconie... ab ultimo die maii anno XXIX° usque XXVI diem novembris proximo sequentem. — *Expense.* Idem computat in vadiis suis... ab ultimo die maii anno XXIX° quo die iter suum arripuit de Suthampton versus partes Vasconie in comitiva predicti principis... CLXVII l. XI s. VII d. » (Rec. off., *Exch. Navy,* 803/13). Pour l'itinéraire et les

quamvis nonullas villas muratas et civitates[1] patrie ut Narbona et Tholosa in vanum temptaverit tunc[2] occupare, tandem tamen ingenti preda onustus, Burdegalensem urbem repetiit, nemine resistente et, ut verum fateor, hoc ignavie et pusillanimitati[3] comitis Armeniaci, comitis de Pontivo, conestabularii Francie ac marescalli Francie, Johannis Clarimontis, ascribitur, quos rex Francie ad custodiam patrie ibidem destinaverat cum pugilibus qui numero adversarios excedebant.

238. — Rex Johannes, ad habendum subsidia propter guerras, consilium generale celebravit Parisius' et tandem ab ordinatis super hoc conclusum est quod omnes cujuscumque status essent vel ordinis, etiam rurales, servientes eisdem, dumtaxat claustralibus monachis et mendicantibus exceptis, de centum libris quatuor, de XL solidos[4] XL, de decem libris XX solveret ad continuandum dictam guerram[5].

239. — Occasione subsidiorum, in villa Attrebati, minor populus in potentiores resurgens multos ex ipsis cecidit, sed rex Johannes illuc milites destinavit qui, sedata descordia, seditionis actores capite plecti jusserunt ad aliorum terrorem[6].

principaux faits de l'expédition du prince de Galles en Languedoc, cf. Le Baker de Swynebroke, p. 127-138.

1. Ms. *citantes*.

2. Le ms. répète ici *in vanum*.

3. Ms. *pusillamentati*.

4. Ms. *solidis*.

5. Cf. *Grandes Chroniques*, t. VI, p. 21 à 25.

6. D'après les *Grandes Chroniques*, le soulèvement d'Arras eut lieu le 6 mars 1356 et fut réprimé le 27 avril suivant par Arnoul d'Audrehem, maréchal de France. M. Luce a cité des lettres de rémission accordées par ce dernier aux habitants d'Arras, le 28 avril 1356 (Froissart, IV, p. LXIV, n. 3).

240. — *De justicia quam exarcuit rex Johannes apud Rothomagum*. — Karolus, regis Francie primogenitus, Vienne dalfinus, dux Normanie a patre constitutus est, qui dum ibidem res ducatus in melius reformaret, rex Navarre, Johannes, commes Haricurie, dominus de Pratellis, domini Ludovicus et Guillelmus de Haricuria, fratres prefati comitis, dominus Friquet de Friquant, dominus de Tournebu, dominus Maubue de Mainemans [1], dominus de Grandivilla, Colinetus Doubleti et Johannes de Bantalu [2], armigeri, conspiraverunt contra ipsum sese jurejurando ad hoc adstringentes infidelitatem (*sic*) conceptam contra ipsum affectui manciparent. Quod audiens rex Johannes a quodam proditionis conscio qui et illam revelando indulgentiam impetravit, mox cum multis de domo Francie et centum viris armatis ad castrum Rothomagense, ubi ipsos Karolus invitaverat ad prandium, magnis itineribus contendit, premissoque comite de Tanquarvilla qui ipsis auctoritate regis preciperet ne quis sub pena amisionis capitis se de sede sua moveret, ipse rex per posternam castri huc ingressus, comitem de Haricuria, dominum de Grandivilla, dominum Maubue et Colinetum Doubleti capi fecit et per eamdem posternam ad patibulum duci, ipsis prius in itineris medio decollatis. Regem vero Navarre et reliquos tunc assistentes diversis ergastulis custodiri mandavit donec deliberasset quid ageretur de ipsis; quod audiens Philippus frater regis Navarre, in odium Gal-

---

1. Maubue de Mainemares. Par des lettres du mois de janvier 1358, le dauphin Charles rendit à Jean de Mainemares les biens confisqués sur Maubue de Mainemares, son frère (Secousse, *Preuves de l'histoire de Charles le Mauvais*, p. 70).

2. Ms. *Pantalu*. Cf. Secousse, *ibid.*, p. 53.

licorum, se confederavit[1] cum Anglicis, et quamdiu frater suus fuit in carceribus detentus, in Britania et Normania irreparabilia dampna perpetravit.

## M CCC LVI.

241. — Anno Domini M° CCC° LVI°, Summus Pontifex quemdam fratrem minorem sancte conversationis et honeste in Avinione detinebat qui multos futuros eventus quasi spiritu[2] prophetico predicebat. In scripturis quoque sacri canonis et libris[3] prophetalibus eruditus, super eventibus contingentibus et futuris duos libellos composuit quorum unus intitulatur : *Ostensor* et alter : *Veni mecum in tribulatione*, et quamvis dictis libellis fidem non adhiberent plurimi, postea tamen multa vidimus evenire que ipse predixerat. Eo etiam sic detento, ad questionem sibi factam ab archiepiscopo Tholosano, videlicet quantum adhuc guerre vigentes in Francia durabunt, multa miranda respondit, que in parte maxima evenerunt[4].

242. — Hoc tempore fastus et dissolutio plus solito inter nobiles et ignobiles vigebat seque cum habitibus deauratis, corrigiis, capuciis, pileis quoque aureis et gemmatis ceperunt curiosius[5] et sumptuosius solito deformare quod temporibus retroactis[6].

243. — Dux Lancastrie cum fratre et amicis regis

---

1. Ms. *consideravit*.
2. Ms. *spiritus*.
3. Ms. *liberis*.
4. Les faits relatifs aux prédictions de ce frère mineur et aux poursuites dirigées contre lui sont racontés beaucoup plus longuement par Jean de Venette (cf. *Contin. de Guillaume de Nangis*, t. II, p. 234-237).
5. Ms. *curosius*.
6. Cf. *Continuateur de Guillaume de Nangis*, t. II, p. 237.

Navarre Karoli, in Normannia, ejus oppidis reparatis, usque Bretolii[1] castrum grassatus est, cuncta cedibus et incendiis devastando, municipio quoque eodem reparato, et tendens versus comitatum Particensem, Vernolii villa et castro viribus occupatis, cum audisset regem Johannem ad eum accedere, mox ingenti preda onustus et cum incolumi exercitu loco cessit[2].

**244. — *Captio regis Johannis.*** — Rex Johannes egre ferens quia sic hostes[3] indampnes evaserant, castro de Tyllieres[4] viribus occupato, ac, occisis Navarrensibus, gentibus suis munito, Britolium XL diebus obsedit, quod tandem oppidani, ingenti pecunia concessa liberoque recessu cum bonis mobilibus, reddiderunt[5]. Nondum tamen peracta deditione, rex audiens principem Wallie primogenitum filium regis Anglie cum multitudine gravi Guasconum et Anglicorum regnum suum subintrasse, et quod, per Bituriam transiens usque ad fluvium Ligeris, villam de Rumorentin ceperat cum deffensoribus suis inter quos aderat dominus de Crodonio, et dominus Johannes le Maingre dictus Bourcicaut[6], graviter indignatur et ad persequendum adversarium magnis itineribus decrevit contendere. Tunc consilio baronum et militum ex presumptione nimia procedente, civitatum communitatibus ab exercitu

1. Breteuil, Eure, arr. d'Évreux, ch.-l. de cant.

2. Voyez dans Robert d'Avesbury le journal de l'expédition du duc de Lancastre (*De gestis Edw. III*, éd. Thompson, p. 462-465).

3. Ms. *hostiles*.

4. Tillières-sur-Avre, Eure, arr. d'Évreux, cant. de Verneuil.

5. Le siège de Breteuil commença au mois de juillet et la ville se rendit entre le 12 et le 19 août (cf. Froissart, éd. Luce, IV, LXX, n. 2).

6. Sur la prise de Romorantin, voir *Chronicon Galfridi Le Baker de Swynebroke* (éd. Thompson), p. 141.

expulsis quas tunc yronice Jaquetos Bonos Homines
vocabat, ne ipsi essent oneri ad consequendum bra-
vium, ne adversarii evadendi haberent potestatem,
non ex directo in eos suas acies direxerunt, sed per
viam oblicam eos includere temptaverunt. Antequam
tamen locum aptum certaminis attigissent, insignes
comites Autisidiorensis et Jogniaci, dominus quoque
de Castellione qui lente regis acies sequebantur, hostibus obviarunt cum quibus infeliciter pugnantes victi
captique fuerunt[1]. Quo peracto, cum princeps suos
pugiles quarris et quadrigis et omni genere vehiculorum cinxisset ad resistendum fortius, per cardinalem
Petragoricensem[2] illuc pacis occasione a papa desti-
natum, regi Francie trina vice offerri fecit omnia que
pacis erant et cum perpetua pace quidquid citra mare
Anglici possidebant. Quibus cum indignatione spre-
tis et cum tanta superbia ut nobiles assistentes publice
ipsum dominum cardinalem de proditione notarent,
confusus inde recedens, cum hostes ab eo flexis genibus benedictionem accepissent, tunc fortunam prelii
expectare statuunt pede fixo. Ad eorum ordinem
explorandum, rex ducem Atheniensem, conestabularium, dominosque Arnulphum Daudenehan et Johannem de Claromonte, marescallos, miserat, sed, visis
adversariis, orta contentione verbali inter eos, dum
unus dignum duxeret hostes invadere et ignavie socii

1. Cette rencontre eut lieu le 17 septembre près de Chauvigny.
Notre auteur est d'accord avec Robert d'Avesbury (p. 171) et Le
Baker de Swynebroke (p. 142) pour prétendre que le comte
d'Auxerre y fut fait prisonnier. Les *Grandes Chroniques* (t. VI,
p. 31) prétendent au contraire que ce fut le comte de Sancerre.

2. Ms. *Petragoricensis*.

ascripsisset quod adgrestum (*sic*) detractabat[1], inde
retrocedere dedignati, in eos irruunt incunctanter et,
introitu cum difficultate magna patefacto, atrox prelium inchoatur. Quod rex comparens, cum festinan-
tius justo debito nec ordinata acie suis accelerasset
opem ferre, tunc Francigenarum equi hostium tractu
vallido indomabiles redduntur, unde multi perterriti,
cum mutuo se adhunare non possent et viderent jam
adversarios superiores existere et marescallos expo-
sitos[2] extremo discrimini, absque erubescentie velo
fugerunt, rege relicto. Quod percipientes famosi capitanei Aymericus de Poymiers et Captau de Beu cum
suis Guasconibus ad eum mox accurrerunt, et domino
Gauffrido de Chargny, suo vexillifero, interfecto, ipsum
regem fortiter preliantem, protdolor! tandem ceperunt. Et revera, si quanta rex virtute fulsit in prelio
tanta constantia miles mansisset in acie, hoc indele-
bile dedecus et perenne Francigenis minime accidis-
set. Sed captione comperta, Karolus, ejus primogenitus, vallatus potenti subsidio Normanorum et qui hostes
numero excedebant, de consilio domini de Han et Ade
de Meleduno qui frenum ejus regebant, seorsum a
conflictu se retraxit[3] quem mox Ludovicus, Andegavie, et Johannes, Pictavie comites, fratres ejus, cum
suis bellatoribus, secuti sunt. Tunc princeps Wallie

1. Ms. *detratabat.*
2. Ms. *exposita.*
3. Une lettre du comte d'Armagnac du 1er octobre 1356, publiée
par Ménard (*Histoire de Nîmes,* t. II, Preuves, p. 182) et citée par
M. Luce (Froissart, t. V, p. xii, n. 1), montre que le dauphin ne
quitta le champ de bataille que sur les ordres du roi. Un autre
fait confirme encore l'attitude du dauphin en cette journée, c'est
que son porte-étendard, Tristan de Maignelières, fut entouré et
pris par les Anglais (British Museum, *Addit. Chart.,* n° 17).

Eduardus, qui hucusque a longe expectaverat finem belli[1], regem sibi presentatum, non ut captivum, sed ut dominum cum omni reverentia ad dedicionem suscipiens, eum ad civitatem Burdegalensem perduxit et postmodum, die octava mensis Januarii, cum eo ad patrem transfretavit[2]. Cum rege capti fuerunt dominus Philippus, filius ejus minor, dominus Jacobus de Borbonio, comes Pontiniaci, Johannes de Attrabato, comes Augi et Karolus, frater ejus, regis Francie cognati, dominus Johannes de Meleduno, comes de Tanquarvilla cum fratre suo ac filio, Guillelmus de Meleduno, Senonensis arciepiscopus, comites de Vantandour, de Dampmartino, de Vindocinio, de Valdemono, de Salesburia et Arnulphus de Dendeneham, marescallus Francie, cum aliis quinquaginta baronibus, mille quoque et quingentis tam nobilibus quam burgensibus et ecclesiasticis viris. In infelicissimo etiam hoc conflictu domini commendabiles et immortalis memorie, Petrus dux [de] Borbonio, dux Atheniensis, conestabularius Francie, Johannes de Claromonte, marescallus, dominus Reginaldus Fauveau, episcopus Cathalanensis, princeps de Durast interfecti

1. Cette phrase est conforme au peu d'estime dans lequel on semble avoir assez communément tenu, en France, le courage personnel du prince de Galles, ainsi que le témoigne le passage suivant d'une compilation du xve siècle : « L'an mil CCCLXXVI, le jour de la Trinité, en Angleterre, trespassa le prince de Galles, qui moult fut eureux en armes, jà soit ce que comme l'en dit, de son courps fut couart, mès la compaignie de messire Jehan Chandos et autres Angloys l'aydèrent fort » (Bibl. nat., lat. 5030, fol. 127 v°).

2. La date que notre chroniqueur assigne ici au départ du roi Jean et du prince de Galles pour l'Angleterre est tout à fait inexacte et d'ailleurs en désaccord avec ce qu'il dit plus loin, au commencement de l'année 1357 (cf. n° 253).

fuerunt cum octingentis aliis famosis pugnatoribus, quorum anime sancta requie perfruantur.

**245.** — *De vario et alias inaudito statu regni Francie post detentionem regis.* — Sic rege relicto adversariorum manibus, de consensu domini Karoli, ducis Normanie, viri ecclesiastici, nobiles et burgenses electi ex cunctis oris Francie Parisius evocantur, ut inirent consilium super liberatione regis et continuatione guerrarum. Pro cunctis tunc astantibus, sicut condictum fuerat, archiepiscopus Remensis, Philippus, dux Aureliensis, frater regis et Stephanus Marcelli, prepositus mercatorum Parisiensium, successive responderunt quod propter hoc se et sua prompti erant exponere ; latius tamen deliberandi super proposito spatium proposerunt. Quo concesso, omnes utriusque status solum quinquaginta ex seipsis elegerunt quibus factum commiserunt, qui, deliberantes iterum, primo a colloquiis suis repulerunt consiliarios regis atque ducis ad quem postmodum redeuntes, dixerunt se non posse factum sine debito (*sic*) terminare, nisi prius quosdam officiales regios deponeret, per quos regnum male gubernatum fuerat tempore retroacto, iterum liberationem regis Navarre promovendo, asserentes quod occasione detentionis ipsius, regnum irreparabiliter dampnificatum fuerat, petierunt ut quatuor prelati, xii milites et totidem burgenses eligerentur quorum consilio idem dux cuncta regni ardua [resolveret]. Super principali vero puncto iterum consulendo, concluserunt ut viri ecclesiastici et nobiles de suis resditibus decimam et dimidiam[1] solverent, ignobiles vero de

---

1. Ms. *decima et dimidia.*

centum focis[1] solverent unum pugilem armatum, et hec dicebant sufficere ad stipendia triginta milium hominum persolvenda. Sed cum petita dux dixisset sine consensu regio se non posse peragere, financiamque taxatam numero pugnatorum minime adequatam, infecto negotio, qui evocati fuerant audierunt, et, persuasione episcopi Laudunensis, magistri Roberti Galli, compatriotis suis litteris intimarunt quod dux, spreto eorum [consilio], ad hoc solum laborabat ut solus et in solidum regnum Francie gubernaret. Ex tunc ad imponenda subsidia dux Parisienses[2] non potuit inclinare, nisi qui recesserant iterum evocarentur, qua de causa quosdam per baillivias regni destinavit qui ad hoc populum inclinarent, unde, in Aquitania, quinque milia hominum armatorum, mille clientes armatos et equestres ac duo milia balistariorum sibi mittere promiserunt, quosciens (*sic*) sibi placeret.

246. — Interim, dum hec aguntur, idem dux, de consilio quorumdam qui cor facile sequebantur, thesauros paternos apud Luperam visitans, coronam speciosissimam fabricari jussit, que, cum diligentissima per totum regnum inquisitione lapidum pretiosorum eidem inferendorum, vix in decem annis ad perfectum deducta est[3].

247. — Paucis dehinc evolutis diebus, relicto regimine regni fratri sui comitti Andegavie, Ludovico, ad auxilium pro patre implorandum in pomposo habitu

---

1. Ms. *foris*.

2. Ms. *Parisiensis*.

3. Ce fait ne se trouve mentionné ni par les *Grandes Chroniques* ni par Jean de Venette.

et nobili comittiva avunculum suum imperatorem adiit qui tunc Metis residebat, a quo effabiliter et honorifice susceptus. Videns imperator statum ejus superfluum in vestimentis auro et gemmis contextis, ipsum valde redarguit maxime cum hoc sibi non liceret, rege patre captivato, succursum tamen rediret sicut recedens jusserat[1].

248. — Moneta aurea et argentea, auctoritate ipsius fabricata, per civitatis compita proclamatur, cujus tamen cursum prepositus mercatorum et aliqui burgenses de facto impedierunt, dicentes quod hoc in regie auctoritatis et plebis prejudicium vertebatur.

249. — Rediens autem prefatus dux archiepiscopum Senonensem, Guillermum de Meleduno, comittem de Rouciaco, dominum de Revel, dominum Robertum de Lorriaco ad eundem prepositum misit quem in ecclesia Sancti Germani Autissidiorensis rogaverunt ut compesceret populum, ne de moneta proclamata murmuraret, sed inde multi commoti et quasi insanientes, dimissis privatis operibus, illuc armati venerunt. Unde dux timens ne inde scandalum oriretur vel aliquid horrendum perpetrarent, evocato preposito, et parcens populo forefactum quod, quasi

---

1. L'omission de plusieurs mots, due sans doute au copiste du manuscrit, rend cette dernière phrase incompréhensible. — En conséquence des engagements pris à Metz avec le dauphin, l'empereur Charles IV intervint, dès l'année 1356, pour ménager un traité de paix entre Édouard III et le roi de France, comme le montre le fragment de compte suivant de cette même année : « Jakemino Bremier, clerico, et Conrad de Rydbergh, nunciis imperatoris, venientibus in Angliam cum litteris ejusdem imperatoris tangentibus tractatum inter dominum Regem et adversarium suum Francie, videlicet cuilibet eorum c s. x l. » (Rec. off., *Exch. Treasury of the Receipt, Miscell.*, 49/22).

capitis turbati, homines arma sumpserant sine causa, cursum monete sue penitus anullavit et congregationem trium statuum acceptavit, promittens quod illos quos a curia regali expelli poposcerant incarcerari faceret et inventorium fieret de bonis suis mobilibus, fisco regio, si meruissent, applicandis. Inter eos ut alias precipue nominabant Symonem de Buciaco, presidentem in parlamento regio, dominum Robertum de Lorriaco, regis Francie cambellanum, Nicholaum Braque, militem, magistrum hospicii regis, Inguerranum de Parvo Cellario, burgensem Parisiensem, thesaurarium Francie, Johannem Poylevilain, magistrum monetarum, Johannem Chauviau guerrarum thesaurarium, dominum etiam Petrum de Foresta cancellarium Francie, dominum Petrum d'Orgemont, in Parlamento presidentem et nonnullos alios curiales. Istos omnes nominatim, cum tres status evocati usque ad diem tertiam marcii super facto subsidiorum consilia celebrassent, in presentia dicti ducis ac fratrum ejus, dominus Robertus Galli, episcopus Laudunensis, accusavit publice, dicens quod tempore retroacto regnum pessime rexerant plebem quoque vexaverant tam mutatione monetarum[1]..... ideoque erant ab officiis suis merito deponendi, poscens ulterius ut moneta curreret qualem tres status electi ordinarent. Tunc, consensu nobilium, dominus Johannes de Piquigniaco, miles, auctoritate civitatum regni, Nicholaus le Chausseteur, advocatus, et prepositus mercatorum, ex parte civium Parisiensium, domino duci obtulerunt xxx milia hominum armatorum ad quorum etiam stipendia per-

---

1. Le mot *tam* qu'on vient de lire prouve qu'il doit manquer ici un membre de phrase commençant par *quam*.

solvenda statuerunt ut omnes viri ecclesiastici decimam et dimidiam solverent, nobiles de centum libratis traderent libras xv, ceteri quoque regnicole de centum hospiciis continuarent unum armatum hominem qui de dimidio scuto auri contentaretur pro die[1]. Ut igitur sciri posset si collecta tot viris [sufficeret], spacium deliberandi usque post Pascha petierunt quod tamen impetraverunt in vanum. Nam rex Johannes, hiis auditis, per archiepiscopum Senonensem, comitem Augi et comitem de Tanquarvilla, Parisius ordinationem trium statuum anullavit, unde populus commotus, cum obloqueretur contra illos, audiens quod civitatem dignum ducebant humiliare viribus, tunc cives villam ceperunt de die et de nocte diligentissime custodire et ad extra vallare profundissimis fossatis, vicos quoque cathenis fortificare ferreis.

250. — Isto anno, in Alemanie et Lothoringie partibus, mense novembri, terra orribiliter tremuit.

251. — Robertus de Claromonte, in Normania, contra gentes domini Philippi Navarre feliciter pugnavit et in prelio dominus Gauffridus de Haricuria cum pugilibus octingentis occisus est[2].

252. — De consensu amborum regum Francie scilicet et Anglie, sub spe pacis reponende, fedus induciale usque ad duos annos proclamatur, quo spacio, ultra incursiones hostiles quas Navarrenses per Franciam exercebant, latrones et predones ubique libere grassabantur, vias et itinera occupantes et dampna irrepabilia absque resistentia perpetrantes.

253. — In vigilia natalis Domini, Summus Pontifex

1. Ms. *dieta.*
2. Cf. *Grandes Chroniques*, t. VI, p. 44.

archiepiscopum Rothomagensem, dominum Petrum de
Foresta, cancellarium Francie, cum aliis quinque cardinalem fecit novum[1].

## M CCC LVII.

**254.** — Anno Domini $M^o$ $CCC^o$ $LVII^o$, die mercurii
post Pascha[2], rex Francie cum principe Wallie in
Angliam transfretavit, quarta quoque die maii per-
ductus Londoniam, cum rex Anglie ipsum honorifice
recepisset, eum in hospicio Sabaudie, in civitatis suburb-
bio, honorifice precepit cum gente sua locari, et,
quamdiu ibi mansit, eundi quo vellet plenam habuit
libertatem, et ex familiaribus suis quotquot voluit et
quales penes se retinuit. Captivitatem autem ejus
Summus Pontifex egre tulit, motusque paterna pie-
tate, mox cum cardinalibus Petragoricensi et de Urgest
archiepiscopos Rothomagensem et Senonensem auctoritate apostolica in Angliam destinavit, ut si possibile
esset, pax componeretur inter partes que se tunc
ordinationi sedis apostolice submiserunt; et tunc rex
Anglie Henricum, ducem Lancastrie, qui Britanniam
infestabat, evocavit, ut ipse et milites quos secum
habebat presentes essent si formaretur tractatus[3].

**255.** — Tunc prefatus dux Henricus cum comite de
Panebroc, Roberto Canole, Johanne Chandos et James
Daudelee civitatem Redonnensem in Britannia obside-
bat et quia, deditione negata, juraverat se intus viri-

1. Le mot *fecit* est répété après *novum* dans le manuscrit (cf.
*Grandes Chroniques,* t. VI, p. 48).

2. D'après les *Grandes Chroniques* (t. VI, p. 58), le prince de
Galles s'embarqua pour l'Angleterre avec le roi Jean le mardi
11 avril 1357 (cf. n° 244).

3. Cf. *Grandes Chroniques,* t. VI, p. 59.

bus intraturum, per meatus subterraneos muros suffodi precepit; quod audiens Bertranus de Glesquin, brito, armiger strenuus, qui nemoribus propinquis cum multis sociis latitabat, clam superveniens, opus inchoatum combussit et operarios neci dedit[1]. Videntes autem cives quod, dux non resipiscens ab incepto, Anglici usque ad muros penetrabant, tunc retrorsum fodientes, destructa mole lignorum que terram desuper sustentabat, hos omnes suffocaverunt. Iterum artem ducis qui magnum gregem porcorum maliciose versus villam abigere fecerat, ut ipsi, preda allecti, exirent, arte altera deludentes, ad portam ville quemdam suem clamare coegerunt, ad cujus clamorem porci omnes intraverunt et famis quam patiebantur mitigaverunt mediam, invitis hostibus qui ex insidiis propinquis ad recuperandum animalia ocius festinabant. Spatio novem mensium obsidionem continuavit dux prefatus et erectis per ambitum ville machinis jaculatoriis, cives ad ultimam desperationem perduxisset nisi, ut consultum fuit, quidam civis, inermis exiens, ab hostibus sponte capi permisisset, rogans ut perduceretur ad ducem quia cum eo loqui secretissime optabat. Nam tunc obortis fictis lacrimis, cum civium crudelitatem execrando qui septem ejus infantes occiderant et eos ultima fami[2] media laborare assereret, jurejurando firmavit comitem Blesensem ad succursum eorum accelerare post biduum, consulens ut ipsum preveniendo

1. Pour le rôle joué par Du Guesclin au siège de Rennes, cf. *Bibl. de l'École des chartes*, t. LII, année 1891, p. 615. Remarquons que le récit du siège de Rennes par notre chroniqueur s'accorde pour tous les détails importants avec le témoignage de Cuvelier (*Chronique de Du Guesclin*, éd. Charrière, t. I, v. 1053-2029).

2. Ms. *famis*.

anticiparet locum pugne propitium. Sed, cum verbis
inanibus sic deceptus, hoc peragere maturasset, Bertrannus per prefatum burgensem commentum fraudis
comperiens, omnia hostium victualia rapuit et ad
urbem defferri jussit, cunctis mercatoribus parcens qui
castra eorum inviti sequebantur, tamen juramento pres-
tito quod duci rei seriem quamtocius (*sic*) enarrarent.
Sed dux doluit se delusum et factum Bertranni laudans,
multis promissis temptavit eum ad partem Johannis de
Monteforti attrahere; sed videns se in vanum laborare
et quod villa, suis victualibus munita, capi non poterat,
tractatu inito cum civibus, ipsam inermis intravit ut
juramentum servaret et sic ad mandatum regis Anglie
preparavit[1]. Comes vero Blesensis, audiens que facta
fuerant et Bertrannum multis laudibus commendans,

1. On a reproché au duc de Lancastre de n'avoir obéi que très
tard aux sommations d'Édouard III lui signifiant la conclusion
des trêves et lui enjoignant de lever le siège de Rennes. Peut-
être, en agissant ainsi, ne fit-il que se conformer aux intentions
secrètes du roi d'Angleterre; car, le 19 juin 1357, celui-ci mandait encore de rassembler à Southampton tous les vaisseaux
qu'on pourrait trouver pour transporter des gens d'armes en Bretagne (Rec. off., *French Rolls*, 31 Edw. III). D'après M. Luce, le
duc de Lancastre leva le siège de Rennes le 5 juillet 1357; peut-
être conviendrait-il de reculer cette date de quelques jours, car
le dernier messager envoyé par Édouard III auprès du duc de
Lancastre, et dont l'arrivée décida vraisemblablement celui-ci à
se retirer, ne quitta Londres que le 4 juillet 1357 : « Particule
computi Ricardi de Tottesham militis, euntis in negociis domini
regis... Idem computat in vadiis predicti Ricardi missi in negociis Regis versus partes Britannie ad ducem Lancastrie existentem in obsessu ville de Reynes..., a iiii° die julii anno XXXI°
quo die iter suum arripuit de Londoniis usque xii^um diem septembris proximo sequentem... » (Rec. off., *Exch. Queen's Remembr.*,
*Nuncii*, 628/25).

eidem concessit custodiam Rupis Deriani et eum accinxit noviter baltheo militari.

256. — Cum trium statuum impositio pecuniaria non sufficeret ad stipendia oblatorum pugilum persolvenda, et potissime quod nobiles et viri eclesiastici hoc jugum pati nolebant ut agrestes incole et burgenses, dux congregationes electorum in trino statu penitus anullavit. Officiales regios, quos ad requisitionem eorum privaverat, ad statum pristinum revocavit, preposito mercatorum, Karolo Taussac [et] Johanni de Insula prohibens et eorum complicibus ne de cetero se intromitterent de regimine civitatis, quod deinceps nolebat regi sed regere, sicque electi predicti ad partes suas redierunt et episcopus Laudunensis ad episcopatum suum confusus rediit[1]. Cum domino duce postmodum Parisienses etiam pacificati sunt, per hoc quod promiserunt quod contra officiales regios amplius non loquerentur nec liberationem regis Navarre amplius procurarent et quod pecunias pro redemptione regis libenti animo rogarent, sed cum dux, ad petitionem eorum, quosdam quorum ordinationi starent [convocasset], hii, post multas deliberationes, ipsi duci detulerunt quod super hiis non poterant convenire nisi tres status iterum revocarentur, quia tunc thesaurus regalis exhaustus erat pecuniis, ideo quod petebant noluit denegare et tunc episcopum Laudunensem[2], absentem, precibus revocavit, quia cuncti obtemperabant sibi, sed ex multis apicibus ducis evocatis pauci et specialiter ex nobilibus et viris ecclesiasticis convenerunt.

1. Cf. *Grandes Chroniques*, t. VI, p. 59-60.
2. Dans le manuscrit, le mot *Laudunensem* est suivi de *quem*.

**257. — *Rex Navarre deliberatur*. —** Karolus de Ebroicis, rex Navarre, opere et industria domini Johannis de Piquigniaco, cui rex Francie custodiam Artesii comitatus commiserat, sibi auxiliantibus quibusdam civibus Ambianensibus, de castro vocato *Alleux*[1], in Cameracensi territorio constructo, regis Francie et ducis irrequisito assensu, liberatur[2]. Qui Ambianis honorifice receptus, et regiam auctoritatem usurpando, captivos in ergastulis regiis et episcopi liberans, interim, dum miserias et que perpessus fuerat et, ut asserebat, sine causa, populo enarraret, domina regina Johanna, ejus matertera, et regina Blancha, ejus soror, erga ducem vallidis obtinuerunt precibus ut ad eum accedere[3] posset, et propter viarum pericula, in armis et vallatus copia pugilum armatorum. Quo concesso, de consilio episcopi Laudunensis et quorumdam burgensium Parisiensium, salvo conductu concesso, usque ad sanctum Germanum de Pratis, duce jubente, honorifice receptus est. Secunda die transacta, in prato propinquo abbatie fecit populum evocari et pro themate[4] assumens : *Justus Dominus et justitias dilexit* et cetera, sic eleganter et prolixiose[5] injustissime tractatum fuisse exposuit, quod non solum presentes ad lacrimas excitavit, sed ut domino duci poscerent per os magistri Roberti de Corbeia ut ipsi

1. Arleux, Nord, arr. de Douai.
2. D'après les *Grandes Chroniques* (t. VI, p. 63), le roi de Navarre fut délivré le 8 novembre 1357. En 1365, il donnait à Jean de Picquigny, en reconnaissance de ce service, le château de Tinchebrai (cf. *Chronique normande,* p. 309, n. 2).
3. Ms. *accederet*.
4. Ms. *thenante*.
5. Ms. *prolixiorise*.

regi justitiam et rationem facerent. Episcopus Laudunensis qui amborum erat consiliarius, sine ducis consensu, petitionem approbavit veluti juri[1] et rationi[2] consonam, introductusque ad ducem, cum secrete super petitionibus ejus tractaretur, ut consuluerat prefatus episcopus, nonulli burgenses qui ipsi regi favebant, ad hostium camere ducis pulsaverunt, fingentes quod de secretis negotiis colloqui secum habebant. Quos cum episcopi consilio retinuisset et assistentium servando ordinem super petitis inquisitum fuisset quid sentirent, responderunt libere : « Domine, adimpleatis amicabiliter que petit, nam oportet quod hoc fiat[3]. » Tunc igitur conclusum est quod omnia castra ipsi regi Navarre ablata cum repertis ibidem mobilibus redderentur, omnia forefacta sibi dux parceret, milites etiam quos rex Johannes apud Rothomagum decollari fecerat de patibulo deponerentur, amicis redderentur et sacro loco sepulti[4], bona eorum omnia ad heredes integraliter redirent et quod super dampnis et incommodis que perpessus fuerat, propter que pecunias innumerabiles petebat, alias concluderetur.

258. — Quedam acephalica concio, et, ut dicebatur, auctoritate domini Philippi de Navarra congregata, circa villam Parisiensem multa dampna inferens, villam de Maule super Mandre et quedam alia castra in confinio cepit et fortificavit, nemine resistente. Ad exbellandum istos hostes, dux dominum Petrum de

---

1. Ms. *viri.*

2. Ms. *rocioni.*

3. D'après les *Grandes Chroniques* (t. VI, p. 68), ces paroles furent prononcées par Étienne Marcel.

4. Ms. *sepullis.*

Villaribus et magnum numerum[1] virorum armatorum tunc misit qui tamen nichil proficientes penitus redierunt. Et quia dux Normanie, de die in diem novos pugiles recipiens, eos locare faciebat in villagiis ville Parisiensi contiguis, timens prepositus mercatorum, ut dicebat, ne in ville prejudicium hoc fieret, voce preconia dixit ut qui villam diligebant ex azuro et rubeo defferrent capucia portasque urbis jussit diligentissime custodiri. Quod audiens dominus ne inde seditiones orirentur in domipolis (*sic*), civibus evocatis, dixit quod non mirarentur quoniam ad repellandum hostes hoc agebant. Rex vero Navarre, tunc de Parisius recedens, cum castra sua, ut conclusum fuerat, crederet absque resistentia intra[re], custodes Britolii, Pontis Audemari et Paciaci hoc ei denegaverint[2], addentes nisi haberet super hoc mandatum regis Francie speciale, unde graviter indignatur, asserens publice quod que sibi promissa fuerant minime adimplebantur.

259. — A concionibus hostium que circa Parisius et Carnotum habitabant, villa de Stampis capta fuit, predata, igne voraci consumpta et ditiores incole dirum redemptionis jugum subire sunt coacti[3].

260. — Octava die januarii[4], rex Navarre corpora decollatorum militum apud Rothomagum fecit de patibulo deponi et cum summa funerali pompa primo ubi decollati fuerant et deinde in ecclesia cathedrali Rothomagensi, peractis exequiarum solempniis, collationeque

1. Ms. *cuneum*.
2. Ms. *denegaverit*.
3. D'après les *Grandes Chroniques* (t. VI, p. 81), Étampes fut pris le 16 janvier 1358 (cf. Froissart, t. V, p. xxv, n. 6).
4. Le 10 janvier, d'après les *Grandes Chroniques* (t. VI, p. 74).

peracta in qua ipsos recommendans pluries idem rex gloriosos martires nominavit, in ecclesia Sancti Audoeni sepeliri mandavit.

261. — Comes de Stampis, dominus Ludovicus, cognatus regis Francie, dominam Johannam, filiam domini Radulphi, quondam comitis Augi, conestabularii Francie, desponsavit[1].

262. — Dominus dux, ad captandum benevolentiam Parisiensium, et ut pecunie ab eis colligerentur promisse, in foro communi rerum venialium edicto ipsius convenerunt[2], ibique facundissime refferens ut pugiles evocaverat pro deffensione eorum et expulsione hostium, subjungensque quod deinceps regnum bene intendebat [regere], conclusit quod, si illud hucusque gubernasset, regale erarium non sic exhaustum pecuniis remansisset, sed sperabat quod collectores de receptis redderent bonum compotum et fidelem. Verba ducis populo mirabiliter placuerunt, quod attendens prepositus mercatorum et ejus complices, et timens ne in eos insurgeret, die sequenti ad Sanctum Jacobum venientes[3], temptare voluerunt ut plebem ab amore ducis revocarent[4], sed ad locum dux accedens, cum verba que prius proposuerat per cancellarium recitari fecisset, sicque plebem ad amorem sic allexit ut notabiliores ville assererent publice quod duci obtemperandum erat in cunctis et quod nimis expectaverat regni regimen sumere quod eidem competebat. Tunc ad

1. Ce mariage eut lieu le jour même de la prise d'Étampes (*Grandes Chroniques*, t. VI, p. 81).

2. Cette assemblée eut lieu le 11 janvier 1358 (*Grandes Chroniques*, t. VI, p. 77).

3. Le ms. répète ici : *ad sanctum Jacobum*.

4. Ms. *revocare*.

mutandum mentes plebis, Karolus Taussac, burgensis, multa sinistra protulit in ducem et familiares ipsius, Johannesque de Sancta Auda, advocatus, dixit quod de pecuniis regni collectores non repleverant marsupia sed servitores etiam. Iterumque Karolus Taussac prepositum mercatorum multipliciter[1] multos inducit presentes ad clamandum quod ipsi obediendum erat in cunctis.

263. — Per tres status deputati statuerunt ut, pro subsidio guerrarum et continuando statum ducis, moneta aurea cursum solito debiliorem haberet et muto aureus pro xxx solidis[2] caperetur et, de nobilibus non facientes mentionem quia ab eorum consiliis penitus subtraxerunt, statuerunt ut viri ecclesiastici medietatem decime solverent, burgensesque pro xl focis et agrestes accole pro centum unum hominem continuarent armatum.

264. — Dum sic villa Parisiensis in concordia[3] non manebat, thesaurarius domini ducis, vocatus Johannes Baillet, a famulo cujusdam campsoris nuncupato Petro Marc occisus est; quo perpetrato scelere, cum ad ecclesiam Sancti Mederici, immunitatis gratia, fugisset, precepto domini ducis, Robertus de Claromonte, ejus marescallus, et Parisiensis prepositus, fractis portis ecclesie, famulum violenter extraxerunt et, sibi manu abscissa, loco in quo delinquerat hunc suspendi fecerunt. Sed postmodum episcopus Parisiensis de patibulo deponi procuravit et in ecclesia sepeliri, violatores autem ecclesie anathematis vinculo innodavit[4].

---

1. Un mot est omis ici dans le ms.
2. Ms. *soludis.*
3. Ms. *cordia.*
4. Cf. *Grandes Chroniques,* t. VI, p. 82-83.

265. — Dum domine regine, Francie[1] Johanna et Blancha, soror regis Navarre, ut[2] dominus dux, quod ipsi regi Navarre promiserat, adimpleret, [multis] modis laborarent, in favorem hujus regis episcopus Laudunensis Universitatem ad dictum ducem adducens, cum ex ore cujusdam magistri in theologia rogatus multum fuisset ut adimpleret promissa, affuit quidam[3] alius magister in theologia, Guillelmus de Mollio vocatus, monachus Sancti Dyonisii, qui, sermone finito, intulit sine absque (*sic*) erubescencie velo : « Quamvis, serenissime dux, hic magister noster venerandus prudenter peroraverit, non tamen totum quod injunctum fuerat recitavit, nam sciatis nos deliberasse in communi quod nisi adimpleantur promissa ex parte vestra et regis, rennuantem reputabimus hostem reipublice et regni, et predicabimus contra eum[4]. »

266. — *De nephando scelere perpetrato.* — Dux itaque, persentiens quod multi regi Navarre favebant, exercitum jam congregatum circa Parisius appropinquare precepit. Qui cum homicidia et immunerabilia scelera perpetraret, prepositus et sui complices ducem pluries rogaverunt ut ibi remedium apponeret et tandem mutuo consilium ineuntes, concluserunt ut qui-

1. Ms. *Francia.*
2. Ms. *et.*
3. Ms. *quidem.*
4. Les *Grandes Chroniques* (t. VI, p. 85) ne donnent pas le nom de ce moine de Saint-Denis, mais disent qu'il était maître en théologie et prieur d'Essonne. Le 28 avril 1357, il intervenait avec plusieurs autres maîtres de l'Université de Paris auprès des chanoines de Notre-Dame pour obtenir la mise en liberté d'un écolier de l'Université détenu dans les prisons du chapitre (Denifle et Châtelain, *Chartul. Univ. Paris.*, t. III, p. 43, n° 1232).

dam[1] de sua curia, de quorum consilio tot mala credebant procedere, de medio tollerentur. Tunc ad facinus perpetrandum, XXII[a] die mensis februarii, tria milia virorum armatorum congregantes[2], palatium regale petierunt et primo quemdam[3] advocatum regni, nomine Reginaldum d'Arci, de palatio ad domum suam tendentem, nequiter occidentes, circa horam diei tertiam thalamum domini ducis introierunt armati. Quem cum perterritum prepositus multis verbis lenibus assecurasset, inferens tamen ista verba : « Domine mi dux, nolite expavescere nam nos habemus aliqua exequi in hoc loco, » ceteris signum dedit, qui, protinus ferali rabie in dominum Johannem de Conflans, marescallum Campanie, tunc inermem, juxta lectum ducis instantem, ac etiam in dominum Robertum de Claromonte, marescallum Francie, qui in propinquam cameram fugerat insurrexerunt et eos inhumaniter occiderunt. Dominus dux cum magna anxietate animi hoc cernebat, quare sibi ipsi timens pro salute sua prepositum exoravit, qui, ad majorem securitatem, inter ipsum et ducem capuciis commutatis, corpora interfectorum trahi fecit usque ad petronum marmoreum subtus gradus palatii, horrendum spectaculum de eorum cruentatis corporibus facientes. Inde prepositus adiens ad plateam Gravie, cum, factum populo narrans, assereret quod propter bonum commune hoc perpetratum fuerat et persuasisset ut facinus nephandissimum approbarent, ad ducem rediens et eum confortans dixit quod interfecti erant pessimi prodi-

1. Ms. *quidem.*
2. Ms. *congregans.*
3. Ms. *quamdem.*

tores et quod ordinatione plebis hoc factum fuerat, rogans ut, acta rectificando si indignationem ejus incurrerant, eis indulgentiam condonaret. Quo liberaliter concesso, quia tempora tunc dissimulationis, non vindicte, dux, in signum mutue dilectionis, ex pannis ex preposito sibi missis, pro se suisque familiaribus similia capucia ut Parisienses fieri fecit, prepositus vero trucidata corpora ipsa et eadem die per abjectissimos viros ad Sanctam Katherinam Vallis Scolarium ferri fecit ut ibi sepelirentur. Persuasione etiam prepositi multi burgenses civitatum regni et timore Parisiensium scelus approbaverunt. Dux etiam compulsus est verbo tenus approbare ordinationes trium statutum anno elapso conclusas, promittens quod regnum eorum consilio gubernaret et curiales quos poposcerant expelli ab officiis deponeret[1].

267. — Induciali federe inter reges Francie et Anglie confirmato[2], rex Anglie de municipiis Francie Anglicos jussit recedere, qui tamen in magna parte minime obedierunt, sed solito acrius patriam inquietantes, de Spernaco exierunt et villam Montis-Leherii ceperunt et predati sunt.

268. — Treuge inter dominum ducem et regem Navarre, mediante preposito, confirmantur, sub pacto quod promissa pecunia in magna parte ipsi regi persoluta, dux eidem comitatum Bigorrensem, vigeriam de Riparia daret ac comitatum Masticonensem ite-

---

1. Tout ce récit est entièrement conforme à celui des *Grandes Chroniques* (t. VI, p. 86-90).

2. C'est le 22 janvier 1358 que le traité conclu entre les rois de France et d'Angleterre fut apporté au dauphin (*Grandes Chroniques*, t. VI, p. 83)

rumque eidem XII mille libras[1] alibi annui redditus[2]
assignaret, sicque pace composita, consentiente preposito et suis complicibus, Parisiensibus fuit publice
proclamatum quod dominus dux qui antea vocabatur
regis Francie tenens locum, de cetero regens regnum
Francie vocaretur. Unde et (*sic*) circumferentia sigilli sui
scriptum erat : « Karolus, primogenitus regis Francie,
regens regnum, » et quia Navarrenses multis locis
vias et itinera observabant hostiliter, rex Navarre mercatoribus salvum conductum concedebat ut securius
pertransirent[3].

269. — Quidam armiger gallicus vocatus Philippus
de Remptini qui contra dominum ducem multa machi-
natus fuerat, decollatus fuit Parisius[4].

270. — Blesus de Violanis, ab mortem cognati sui,
marescalli Claromontis, villam Parisiensem ad extra
dampnabiliter inquietavit[5].

1. Dix mille, d'après les *Grandes Chroniques* (t. VI, p. 96) ; les
lettres du dauphin, du mois de mars 1358, portent que cette
réconciliation momentanée fut surtout due à l'intervention des
deux reines (Secousse, *Preuves de l'histoire de Charles le Mauvais*,
p. 73).

2. Ms. *resditus*.

3. Les *Grandes Chroniques* (t. VI, p. 96) reproduisent un modèle
des lettres de sauf-conduit délivrées à cette occasion par le roi
de Navarre.

4. Phelipot de Repenti fut arrêté à Saint-Cloud le 17 mars 1358
et décapité à Paris le 19. On l'accusait d'avoir conçu le projet
d'enlever le dauphin quelques jours auparavant (*Grandes Chroniques*, t. VI, p. 98).

5. Les *Grandes Chroniques* (t. VI, p. 98) disent seulement que
Le Bègue de Villaines était « moult ami » de Robert de Clermont.
D'après la *Chronique normande* (p. 124), il pilla la ville de Cor-
beil dans le but d'affamer les Parisiens.

## M CCC LVIII.

**271**. — Anno Domini m° ccc° lviii°, dominus dux regens, ob necem marescallorum indignatus, de Parisius exiens, ivit Compendium et inde tendens Pruvinum, evocatis Campanensibus, cum de prestandis subsidiis mentionem fecisset, intulit ne mirarentur super hiis que facta fuerant Parisius cum Parisienses magistrum Robertum de Corbeia et dominum Petrum de Roniaco ad conventum hunc misissent qui ipsos poterant excusare qui cum nil aliud dixissent nisi quod Parisienses Campanenses diligebant et cum scirent causas occisionis marescallorum, unionem cum eis habere affectarent de consensu omnium Campanensium. Comes Brenensis, oraculo vive vocis, dominum ducem petiit si causam sciret occisionis eorum. Quorum cum fidelitatem multis laudibus commendasset, comes inquit : « De bono testimonio vestro, vobis gratias Campanenses [reddunt], sperantes quod de injusto scelere perpetrato, capto tempore, facietis justicie complementum ; » sicque colloquium illud solutum est[1].

**272**. — Dux vero inde recedens et Monsterioli castrum quod auctoritate regine Blanche, sororis regis Navarre, servabatur, propter denegatum sibi introitum, in manu sua ponens, Meldis ducissam, uxorem suam, visitavit, quam custodie comitis de Jogniaco deputaverat cuique Johannes dictus Solacii, major ville, ingressum urbis invitus concesserat verba quedam contumeliosa proferens offensam duci civiliter emen-

---

1. Cette première réunion eut lieu le 10 avril 1358 (*Grandes Chroniques*, t. VI, p. 99-102).

davit, vindicta tamen cordialiter reservata tempore magis apto. Tunc dux Compendium tendens, militibus suis cuncta que perpessus fuerat Parisius luculentissime recitavit, qui omnes consuluerunt ut villam modis omnibus impugnaret, quod audiens prepositus et sui complices Universitatem Parisiensem ut mediatricem pacis ad eum direxerunt que, rogans [ut] multitudini parceret, iram ejus mitigaret, sed, quia quinque vel sex de complicibus perpetrati sceleris punirentur dux petiit, hoc prepositus mercatorum et sui complices, sibi timentes, facere renuerunt, decernentes ut civitatem munirent per ambitum profundissimis fossatis ut sic eam deffenderent contra quoscumque viventes.

273. — Interim, dum hec aguntur, dum in Ambianensi civitate alii duci alii regi Navarre faverent, orta est mortalis discordia inter majores et minores que occasio extitit interfectionis multorum.

274. — Campanenses, habito pro subsidiis levandis consilio, domino duci obtulerunt ut burgenses de LX in habitatis hospiciis, ruricole vero de centum unum virum continuarent armatum, viri vero ecclesiastici et nobiles centum solidos[1] solverent de centum libratis terre que collecta duci placuit et auctoritate ejus conclusum est[2] ut ceteri regnicole facerent ut Campanenses.

275. — Dominus James de Pipes cum suis Navarrensibus de municipio d'Espernon exiens et usque ad

---

1. Ms. *soludos*.

2. Les chiffres donnés par notre auteur pour les subsides accordés à Provins ne concordent pas exactement avec ceux qui sont mentionnés par les *Grandes Chroniques* (t. VI, p. 106).

Castrum Landonis predas et incendia exercens, Gas-
tinense territorium vastavit, villam de Nemours flamma
voraci consumpsit et inde onustus ingenti preda ad
castrum suum sine obice rediit.

276. — De Parisius etiam usque Aurelianis propter
predones qui vias et itinera ubique insidiose[1] serva-
bant, nullus de Parisius Aurelianis incedere ausus erat.

277. — Apud Windosore rex Anglie regi Francie
sollenne convivium fecit, ubique interfuerunt multi pre-
potentes duces, comites, barones qui insignia[2] hasti-
ludia peregerunt[3].

278. — Prepositus mercatorum Parisiensium et sui
complices, attendentes quod dux in brevi intendebat
villam Parisiensem impugnare et quod nec ipsum poterant ad misericordiam flectere littere amicabiles et
plene humilitate, sed semper duris et comminatoriis
verbis uteretur, de periclitatione urbis timuerunt,
concludentes quod eam munirent et protegerent contra
omnes, moxque castrum de Lupera in manu sua ponen-
tes inde instrumenta bellica rapuerunt et ad communem
domum ville detulerunt, propugnacula quoque lignea
in murorum ambitu erigentes inde vigilias nocturnas
ceperunt exsolvere[4]. Ad regem quoque Navarre miserunt qui rogarent ut mediator pacis existeret inter ducem et cives, qui, inde letus, ad ducem supplex accessit[5],

1. Ms. *insidione*.

2. Ms. *insignum*.

3. D'après les *Grandes Chroniques* (t. VI, p. 105), ces fêtes eurent
lieu le 23 avril 1358.

4. Voir dans la Continuation de Guillaume de Nangis (t. II,
p. 254-259) les préparatifs faits par Étienne Marcel et ses partisans
pour résister au dauphin.

5. Cette entrevue entre le dauphin et le roi de Navarre eut
lieu les 2 et 3 mai 1358 (cf. *Grandes Chroniques,* t. VI, p. 107).

sed videns quod in vanum laborabat, cum suis Navarrensibus et auxiliariis anglicis, quarta die maii, villam Parisiensem ingressus, honorifice receptus est.

279. — *De Jaqueria.* — Quoniam agrestes incole ubique depredabantur nec erat qui predonibus et adversariis resisteret, xxvii[a] die mensis maii[1], circa villam sancti Lupi de Ceranis[2], Morecelli, Cramosciaci, circa etiam Calvummontem et in dyocesi Belvacensi, sub duce quodam rustico qui Guillelmus Calle[3] vocabatur, insurrexerunt in nobiles. Ab hiis locis, eorum augmentato numero, de Belvovicino usque Compendium et inde Silvanentum sue nequitie dilatantes vestigia, quoscunque insignes viros vel infantes reperiebant, neci [dabant], nec illis parcentes cum quibus fuerant nutriti dulciter et educati. Pluries etiam ingenuas dominas et domicellas[4] construprantes (*sic*), eas postmodum inhumaniter occiderunt etiam cum ipsas[5] percipiebant pregnantes, earum etiam domicilia flamma voraci consumendo. Dum sic canina rabie ibant euntes et redeuntes servirent auxilio Silvanetensium, Armenonvillam[6], Tyers[7] et adjacentia castra solotenus destruentes et ad castrum Bellimontis super Ysaram[8] accedentes, dominam ducissam Aurelianensem, regis

1. Le 28 mai 1358, d'après les *Grandes Chroniques* (t. VI, p. 110).

2. Saint-Leu-de-Sérens.

3. D'après le Continuateur de Guillaume de Nangis (t. II, p. 263), Guillaume Calle était originaire de Mello.

4. Ms. *domicelles*.

5. Ms. *ipsum*.

6. Ermenonville, Oise, arr. de Senlis, cant. de Nanteuil-le-Haudouin.

7. Thiers, Oise, arr. et cant. de Senlis.

8. Beaumont-sur-Oise, Seine-et-Oise, arr. de Pontoise, cant. de l'Isle-Adam.

Francie Karoli filiam, Parisius fugere compulerunt,
quo cognito, oppidum in magna parte destruxerunt.
Ad similia etiam nephanda scelera perpetranda homines Morenciaci vallis incitarunt, ad ipsos etiam multi
burgenses turmatim convolabant qui exercendo facinora semper in ore habebant : « Insurgamus in istos
nobiles proditores qui, regni deffensionem postpo-
nendo, nil aliud intendunt quam plebis substantiam
devorare. »

280. — Dum ubique per regnum Francie discursiones hostiles exercerentur libere, ville murate, Me-
duni scilicet super Ligeris fluvium et Baugenciaci ab
Anglicis occupate fuerunt et cum Baugenciacum per
proditionem quorumdam habitantium in villa cepissent et[1] depredati fuissent, ipsam igne consumpserunt,
dumtaxat ville municipio excepto[2].

281. — Eo etiam tempore, in Pictavia, Luconensis
civitas ab Anglicis capta et igne consumpta fuit ; ecclesia quoque urbis ad quam populus, immunitatis gratia,
confugerat, ab ipsis obsessa fuit sed non capta, populo
viriliter resistente[3].

282. — Dum nonnulli regnicole sponte non obedirent domino duci regenti, Meldis orta discordia inter
majorem Johannem Solacii et cives contra dominum
comitem Fuxensem[4], dominum de Hangest et dominum Blesum de Violanis[5], major ville in suorum auxi-

1. Ms. *ut*.

2. D'après le Continuateur de Guillaume de Nangis (t. II,
p. 262), Beaugency fut pris le 24 juin 1358.

3. Cf. Continuation de Guillaume de Nangis, t. II, p. 263.

4. Ms. *Fuxinensem*.

5. Les *Grandes Chroniques* (t. VI, p. 113), à qui notre auteur
semble avoir emprunté le récit de ce fait, ne mentionnent pas
Le Bègue de Villaines parmi les partisans du dauphin à Meaux.

lium Parisienses evocavit trecentos numero qui sub vexillo cujusdam apotecarii Egidii nomine militabant. Qui venientes et secum adducentes trecentos alios quos apud Toulliacum[1] ad auxilium ferendum ceperunt, cum honorifice recepti fuissent et dapsiliter curati, cum mero incaluissent, mercatum ville inexpugnabile et fluvio Materne circumdatum obsederunt. Quod egre ferentes milites intus manentes et ad custodiam domine ducisse deputati, exeuntes et tamquam edocti in armis fortiter dimicantes, victoria sunt potiti, prius tamen domino Ludovico de Chambeliaco, milite, interfecto. Inde, villa a victoribus combusta cum magna parte ecclesie cathedralis, per adjacentem patriam hostiliter peragrando, duce Bleso de Violanis[2], civitatem Silvanetensem temptaverunt viribus occupare. Quam ingredientes libere quia cives ad cantelam portam apertam relinquerant, cum ad predam huc illucque discurrerent, multi eorum ab aquis bullientibus et ingentis ponderis lapidibus per fenestras hospiciorum projectis occisi, reliqui a viollencia cadrigarum a summo ville usque deorsum emissarum violenter et ignominiose sunt repulsi.

283. — Interim, dum hec aguntur, prepositus Pari-

---

1. Cilly, d'après les *Grandes Chroniques* (t. VI, p. 113). — M. Luce (*Histoire de la Jacquerie*, p. 239) a publié un arrêt du parlement de Paris rendu à la requête de Pierre d'Orgemont contre plusieurs habitants de Gonnesse qui, unis aux Parisiens envoyés à Meaux par Étienne Marcel, avaient pillé la maison que le futur chancelier de Charles V possédait dans ce village. Voir, sur cette même affaire, Arch. nat., X[1a] 14, fol. 345 et 449.

2. Le Continuateur de Guillaume de Nangis, qui raconte avec plus de détails que notre auteur cette tentative infructueuse contre Senlis, ne parle pas du rôle joué par Le Bègue de Villaines en cette circonstance.

siensis et sui complices magistrum pontium ville voca-
tum Johannes Porret et carpentarium regis in platea
Gravie decollari jusserunt, ipsis imponentes [quod]
clandestine et de nocte dominum ducem in villam
intromittere temptaverant[1]. Hoc tamen judicium multi
reputaverunt injustum ob illud quod secutum est, nam
cum magister pontium, flexo poplite, lictori cervicem
prebuisset, astiam quia vibrasset subito cadens in spu-
mam et per os emittens...[2].

284. — Multis deinde diebus inter gentes ducis et
custodes porte Sancti Antonii multa parva prelia vario
eventu commissa sunt et officiarii ducis ingredi cupientes, dicendo : « Eatis ad vestrum ducem, » non solum
a custodibus patiebantur repulsam sed, domibus eorum
redactis ad justitiam publicam, bona eorum mobilia
ubique et ad libitum rapiebantur et direptioni subja-
cebant.

285. — Interim, dum rex Navarre nunc in villa
Parisiensi, nunc in Sancto Dyonisio, cum preposito
mercatorum et suis complicibus super agendis trac-
tarent, propter predas quas Anglici circa sanctum
Dyonisium et usque Parisius exercebant nec moniti
abstinere volebant, quinimo erecto supercilio, nequiora
agere minabantur, cives in eos in villa Parisiensi
irruerunt et ex iis, multis occisis, ceteros variis man-
cipaverunt carceribus. Regem vero Navarre adeuntes

---

1. D'après les *Grandes Chroniques* (t. VI, p. 111), l'exécution de
Jehan Peret, maître du pont de Paris, et de Henry Metret, char-
pentier du roi, eut lieu le 29 mai 1358.

2. Le reste de la phrase se trouve omis dans le manuscrit, et à
la place on trouve les mots suivants, qui se rapportent évidemment à un autre fait : « Dominum Reginaldum de Fontibus secum
captivum deducentes. »

monuerunt ut ad persequendum ceteros qui versus
Sanctum Clodoaldum se locaverant, audita nece suorum, cum ipsis egrederetur. Qui super morte amicorum dolens, cum hoc invitus [1] consensisset, cum preposito et rectoribus ville per portam Sancti Dyonisii
exivit, qui [2] ad molendinum ad ventum expectans, pede
fixo, trium horarum spatio, ne hostes invaderentur,
incauti cives de precepto suo per portam Sancti Antonii usque ad nemus Sancti [3]... processerunt. Qui percipientes eorum paucitatem quem [4] scientes ultra nemus
collocaverant, in eos insurrexerunt; sed alii ex nemoribus exeuntes socios adjuverunt et Parisienses vicerunt,
sexcentos ex eis occidendo. Quo peracto, gubernatores
ville, jubente rege Navarre, Anglicos de carceribus
eruerunt; rex vero, quia in culpa fuerat occisionis
civium et inde alii jam inexpiabile odium propter hoc
concipiebant contra ipsum, diu non villam ausus fuit
intrare. Dux vero percipiens quod ad captionem et
destructionem in vanum laborabat versus mercatum
Meldense se retraxit.

286. — Abhinc rex Navarre ecclesiam et villam
Sancti Dyonisii velut securum habitaculum elegit ut
deinceps secretius cum preposito mercatorum et suis
complicibus celebraret consilia, et quamdiu ibi mansit,
sibi ipsi metuens, nocturnas excubias persolvere dili-

---

1. Ms. *initus*.

2. Ms. *que*.

3. Un mot est omis ici dans le manuscrit. Il s'agit évidemment,
d'après le récit analogue des *Grandes Chroniques*, du bois de Saint-
Cloud, mais il faut en même temps admettre que notre auteur
s'est trompé en faisant sortir les Parisiens par la porte Saint-
Antoine (cf. *Grandes Chroniques*, t. VI, p. 128-130).

4. Cette étrange construction est bien conforme au manuscrit.

gentissime faciebat. Quot dampna, quot molestias, quot etiam necessitates in toto illo spatio religiosi ecclesie perpessi sunt, scribere non possemus; scimus tamen quod ad ultimam necessitatem victualium redacti, coacti sunt, de consensu domini ducis regentis, quedam jocalia inestimabilis decoris vendere, ne fame periclitarentur[1].

287. — Ipsi autem regi Navarre in dicta ecclesia residenti Parisienses, quia suis opem non tulerat, intimarunt[2] quod amplius eidem non obedirent sicque ab auctoritate sibi data, nondum emenso trium mensium spatio, penitus destituerunt. Unde Anglici et Navarrenses, indignatione commoti, villam Parisiensem et adjacentem patriam ceperunt crudelius solito infestare, ubique viros repertos ad redemptionem importabilem cogentes, quos etiam tot et tantis afficiebant tormentis quod tyrannidem Sarracenicam excedebant.

288. — *Rege Navarre spreto, villa Parisiensis domino duci redditur.* — Sub eadem tempestate, dominus dux regens regnum, videns famosiorem regni civitatem contra se velud in hostem publicum rebellasse, hostes regni contra se in sui auxilium evocasse, invasoremque regni super se statuisse, velud rebus desperatis se tanquam exulem proscriptum transferre in Delphinatum decrevit. At tamen eo talia cogitante et hac nocte qua vehicula onerata preire preceperat[3],

---

1. Il est à peine besoin de faire remarquer combien ce passage prouve avec évidence l'origine dyonisienne de cette dernière partie de notre chronique.

2. Ms. *intimarent.*

3. Notre auteur semble être le seul à mentionner cette résolution prise par le dauphin de se retirer de la lutte.

causam suam Deo, beate Virgini Marie et beato Dyonisio devotissime commendavit, quibus cum speciali
voto se devotissime abstrinxisset, die sequenti, civitas
ad obedientiam ejus venit per modum qui sequitur.
Jamjamque mercatorum prepositus et sui sequaces ini-
quitatem conceptam peragere[1] cupientes regi Navarre
civitatis dominium pollicendo, jam contradicentium
sibi ostia[2] domorum signari fecerant ut sic in ingressu
suo cogniti variis suppliciis interirent. Utque receptio-
nem vultus boni cum dapsilitate regia prevenirent,
jam cibaria preparaverant delicata, sed cum, die assignata, claves porte Sancti Dyonisii ad cautelam sibi
adherentibus frustra tradere temptassent, custodibus
respondentibus quod eque sufficientes erant sicut illi
quos subrogare volebant, orta est tumultuosa et verbalis discordia. Quum attendens quidam[3] famosus burgensis Parisiensis vocatus Johannes Maillart et conci-
piens proditionem initam subita mutatione custodum
sine causa et quod plebs ubique mirabatur recentem
consignationem hospiciorum, mox cum vexillo armis
regis Francie insignito equum velocissimum ascendens
et per urbem fortiter exclamando : « Meum gaudium !
Sancte Dyonisi ! Regi et duci ! » populi multitudinem
maximam congregavit. Cautela simili, ex altera parte
ville, quidam miles vocatus Pipinus de Essartis, usus
fuit et cum in ore omnium nil aliud resonaret nisi regi
honor et obedientia, ipsique preposito etiam iterum
repetenti claves porte Sancti Antonii denegate fuissent,

1. Ms. *perere*.
2. Ms. *hostia*.
3. Ms. *quidem*.

custodes et populus aggregatus proditionem lucide
percipientes in cum insurrexerunt et cum eo Philippum
Giffardi et Symonem le Paumier occiderunt. Inde per
civitatem querentes alios proditionis complices, prope
portam Baudeti Johannem de Insula, Egidium Marcelli
et Johannem dictum Porret eodem impetu necaverunt
et ad domum Sancte Katherine Vallis Scolarium eorum
corpora detulerunt, statuentes ut ubi jacerent inhumata
usque ad adventum domini ducis regentis. Ipsa et eadem
die capti sunt ex complicibus prepositi famosus burgensis vocatus Karolus Taussac et Josceranus de Matis-
cone, regis Navarre thesaurarius, et in Castelleto positi;
sed tandem ad sedandum tumultum idem educti in
platea Gravie decollati fuerunt ibique relicti donec dux
eos pretereundo conspexisset et post in fluvium Secane
sunt projecti. Proditoribus occisis, gaudio et letitia
civitas repleta fuit, clamor benivolus ubique acclama-
batur duci qui, sequenti die evocatus, villam pacificus
cum suo exercitu ingrediens honorifice receptus est,
quod rex Navarre non sine admiratione[1] magna sic
percepit. Nam mortem carorum[2] suorum indignantissime ferens et ad destructionem civitatis modis omnibus anhelans, cum circa Sanctum Laurencium cum
exercitu pede fixo stationem faciens consuleret quo
modo hoc facilius posset, per pulverem immensum ad
modum fumi maximi versus portam Sancti Antonii
ascendentem, ducis ingressum percepit. Et tunc se
videns a desiderio penitus destitutum, animo cons-
ternatus et tristis, apud Sanctum Dyonisium reduxit
exercitum et ex tunc quamdiu ibidem interfuit cir-

1. Ms. *amiratione.*
2. Ms. *karorum.*

cumspectiori custodia se vallavit et ducem protinus diffidavit[1].

289. — Post ducis ingressum gloriosum[2], Petrus Egidii, magister Thomas Duladit, regis Navarre cancellarius, incarcerati fuerunt et die sequenti dictus Petrus cum Petro Caillat[3] de villa Oriliensi (*sic*) oriundo decollatus fuit. Mortem quoque similem die sequenti perpessi sunt Johannes Prepositus, Petrus Le Blonc, magister Petrus de Puteolis et magister Johannes Godart advocati.

290. — Post hoc Anglici Meleduni ville partem versus Guastinensem pagum viribus occupaverunt et illi qui Malum Consilium, forte municipium versus Noviomum, occupabant, inde exeuntes, communias Noviomenses vicerunt et ceperunt episcopum civitatis[4].

291. — Prope Parisius etiam Anglici et Navarrenses Poissiacum et multa alia castra rapuerunt et de Credolio sepius erumpentes, circumaddiencia (*sic*) territoria cedibus, rapinis et incendiis devastabant.

292. — Circa etiam idem tempus rex Navarre tractavit cum quibusdam civibus Ambianensibus de civitate tradenda, sed, fraudis comento detecto, inde recedens indignanter, civitatis notabilia superbia flamma voraci in magna parte consumpsit. Cives autem majorem ville quemdam abbatem cum aliis quatuor qui proditionem excogitaverant ceperunt et eos ut proditores pessimos decapitari fecerunt[5].

---

1. Ms. *deffidavit*.
2. Ms. *gloriosam*.
3. Gilles Caillet, d'après les *Grandes Chroniques*, t. VI, p. 136.
4. Cf. *Grandes Chroniques*, t. VI, p. 137-139.
5. Froissart (t. V, p. 130) nomme parmi les auteurs du complot

**293.** — Durante etiam mortali discordia inter Johannem de Monteforti et Karolum Blesensem occasione ducatus Britannie, miles in armis strenuus, Bertrannus de Glesquin, villam de Dinan, noviter fortificatam, quam a Karolo Blesensi custodiendam ceperat, contra comitem de Monteforti et ducem Lencastrie potentissime deffendit et quia, durante obsidione, federe induciali concesso, contra jura bellorum, dominus Thomas de Canteberia fratrem suum Oliverium, nil sibi timentem, dolose ceperat et detinebat injuste, contra ipsum duellum victoriose commisit in presentia Anglicorum et sic fratrem liberavit. Recedentibus itaque prefatis dominis, castra de Turgot et de Pestuen viribus occupavit quia inde Anglici sepius erumpentes villam de Guingamp graviter dampnificabant[1].

**294.** — Rex Navarre cum rege Anglie[2] confederatus[3], munitis suis municipiis, illa captau domino de Beu, Petro de Saquainvilla, domino Johanni Joelli ac Basconi de Marolio custodienda tradidit qui hoc anno Normanie partem que regi obediebat hoc anno[4] plus quam in xxx locis dampnabiliter vexaverunt. Veniensque idem rex usque Parisius multa oppida super

l'abbé du Gard, abbaye d'hommes de l'ordre de Cîteaux au diocèse d'Amiens ; quant au maire d'Amiens, que la *Chronique normande* nomme Fremin de Coquerel, notre auteur semble être le seul avec cette dernière à le mentionner (cf. *Chronique normande,* p. 138).

1. Trogoff et Pestivien ne furent pris que beaucoup plus tard, en 1363 (S. Luce, *Histoire de Du Guesclin,* p. 337).

2. Ms. *Anglice.*

3. Le traité de Charles le Mauvais avec Édouard III est du 1er août 1358 (cf. Secousse, *Histoire de Charles le Mauvais,* p. 318, n. 1. — Froissart, éd. Luce, t. V, p. xxxvi, n. 2).

4. *Hoc anno* est ainsi répété dans le ms.

Ligerim fluvium et Secanam occupavit; Secanam inferius et superius fecit custodiri ne victualia navibus
adducerentur Parisius. Et quia ejus potentia Parisienses
terrebantur, ne villam clandestine et imperceptibiliter
penetraret, inhibita est nocturna pulsatio campana-
rum, cives quoque, precepto domini ducis, sibi mutuo
succedebant, nocturnas excubias super menia exsol-
vendo, et revera, ut utar breviloquio, Francia tunc
tota predalis Navarrensibus et Anglicis effecta, non
erat civitas in regno nec villa murata que prope se
munitiones hostiles non haberet. Propter hoc univer-
sus populus non immerito dolebat et gemebat cum
sibi mutuo nec terrestri itinere nec per flumina ab
hostibus occupata[1]..... nec erat qui tantis discrimi-
nibus finem imponere posset.

295. — Cum magister Thomas Ladit, regis Navarre
[cancellarius], per judicium Parlamenti restitutus fuisset
justitie spirituali episcopi Parisiensis et catenis[2] ferreis
super hostium alligatus defferretur ad curiam, a cir-
constante populo lapidibus interfectus, in ripariam
projectus est.

296. — Precepto domini ducis, XXII burgenses de
notabilibus Parisiensis civitatis incarcerati fuerunt quia
dicebantur regi Navarre adhesisse, sed ad requisitionem amicorum, inquisitione facta, juris ordinem
servando, velut innoxii, pristine restituuntur libertati[3].

297. — Sub eadem tempestate, Anglici qui prope
Trescensem urbem sub quodam capitaneo famoso, Eus-
tachio d'Obissecourt nuncupato, militabant et hanc

---

1. Plusieurs mots ont dû être omis ici par le copiste du ms.
2. Ms. *chatenis.*
3. Cf. *Grandes Chroniques,* t. VI, p. 143-144.

de die in diem infestabant, ab episcopo Trescensi qui de domo dominorum Pictaviensium existabat, in quadam vinea vocata Chaudefona victi fuerunt, prius tamen gravi bello et periculoso peracto[1].

298. — Anglici Aureliensem (*sic*) civitatem frustra per proditionem capere temptaverunt. Illi autem qui apud Ragennes[2] locati erant, circa auroram ad Autissiodorum accedentes, cum negligenter nocturne continuarentur excubie, per portam Clugniaci in civitatem intraverunt. Cumque villam totam predalem fecissent et cives ad captivitatem redegissent, solo muris pro parte magna equatis, ne residuum civitatis flamma voraci consumerent, hostes inde recedentes ingentes summas pecunie a civibus [receperunt] quas tamen quidam ex ipsis, dum ad capitaneos defferrentur, ex insidiis erumpentes predati sunt[3].

## M CCC LIX.

299. — Anno Domini m° ccc° lix°, viri insignes videlicet Guillelmus de Meleduno, archiepiscopus Senonensis, comes de Tanquarvilla frater ejus, comes de Dompno-Martino, Arnulphus Daudeneham, Francie marescalus, et qui cum rege Johanne prisonarii erant tractatum inter reges Francie et Anglie proloquutum[4] Parisiis attulerunt qui tamen domino duci regenti non placuit

1. D'après Froissart (t. V, p. 173), Eustache d'Auberchicourt fut battu et fait prisonnier le 23 juin 1359 (voir aussi *Chronique normande,* p. 140).

2. Regennes, Yonne, commune d'Appoigny.

3. Auxerre fut prise le 10 mars 1359 par Robert Knolles et évacuée le 30 avril suivant (cf. Froissart, t. V, p. xli, n. 4).

4. Cf. E. Cosneau, *les Grands Traités de la guerre de Cent ans,* p. 3-32.

nec regnicolis propter hoc evocatis propter Anglicorum petitiones excessivas, quia cum quatuor milionibus auri uberiorem et maximam partem regni absque recognitione superioris poscebant neque, infecto negotio, nuncios remiserant. Et quia, audita repulsa, ipsum regem Anglie a displicentia ad vindictam propere processurum[1], ad tuitionem regni nobiles domino duci per mensem integrum servitium absque stipendiis obtulerunt, viri ecclesiastici et burgenses impositiones per totum regnum omnium rerum venalium videlicet quatuor denarios pro libra colligi concesserunt. Qui autem in vicecomitatu Parisiensi morabantur duci sexcentos pugiles, balistarios quingentos cum mille servientibus levis armature armatis qui tunc *brigantes* vocabantur propriis sumptibus promiserunt usque ad annum sequentem[2]. Alii autem qui evocati fuerant responderunt quod super hiis cum compatriotis haberent colloquia, omnes autem alii, specialiter de lingua occitana, quia a domesticis et hostibus indifferenter depredantur, quem promiserant numerum bellatorum mittere non potuerunt. Die XXVIII° mensis junii[3], dominus dux publice pronuntiavit quod invitus et per importunitatem proditorum qui villam Parisiensem rexerant, XXII personas superius nominatas de domo regia expulerat et ideo illas personas[4] revocatione dignum duvit.

1. Un mot a dû être omis ici dans le manuscrit.

2. Ces chiffres diffèrent en partie de ceux donnés par les *Grandes Chroniques* (t. VI, p. 155) : « La ville de Paris et viscontés offrirent six cens glaives, trois cens archiers et mil brigans. »

3. L'acte par lequel le dauphin réhabilita les vingt-deux personnes destituées de leurs fonctions en 1357 est du 28 mai 1359 (cf. *Grandes Chroniques*, t. VI, p. 154. — Arch. nat., X[1a] 14, fol. 447).

4. Ms. *neguas*.

300. — Dominus dux, regens regnum, partem ville Meleduni quam Navarrenses occupabant, vi armorum recuperare temptavit sed in vanum, multis reiteratis periculosis insultibus in quibus famosus miles Bertrannus de Glesquin et nonnulli alii pene et ad discrimen ultimum pervenerunt[1], tandem ad tractandum de pace amborum principum partes mutuo convenerunt. Sicut alias gentes ducis cum maximis pecuniarum copiis civitates et [in]gentia predia regi[2] Navarre obtulerunt qui tamen, sequenti die, cum negocium crederetur consummatum et juramentis wallandum, tractatoribus evocatis, nescimus quo ductus spiritu, omnibus renunciavit de quibus fuerat proloquutum, solum orans ut possideret pacifice que ante guerras possidebat[3]. Interim duci instantissime requisivit ut in ejus posset redire gratiam, quod dux cum gratiarum actionibus ei liberaliter concessit et tunc, sicut promiserat, ex multis municipiis exire statuit Navarrenses, unde multi concludebant quod dictus rex deinceps multum proficeret toti regno, alii autem dicebant quod ista omnia maliciose agebat.

301. — Sic pace inter reges firmata, dux per civitates multas litteras direxit, regem[4] ipsum recommendans et rogans ut in regnicolarum omnium reciperetur gratiam. Cum difficultate tamen a Parisiensibus obtinuit ut ipsum secum ad civitatem adduceret, premissis tamen conditionibus quod proditores aliquos quos tunc duci nominaverunt non ingrederentur cum

---

1. Cf. Froissart, éd. Luce, t. V, p. xlviii, n. 2.
2. Ms. *regis*.
3. Cf. *Grandes Chroniques,* t. VI, p. 159.
4. Ms. *regens*.

eo ne, propter odium inexpiabile jam contra eos conceptum, ignominiose necarentur.

302. — Dominus Johannes de Haricuria, filius domini occisi apud Rothomagum, dominam Katherinam, filiam ducis Borboniensis, apud Pictavis (*sic*) occisi, desponsavit[1].

303. — *De magno Ferrato*. — Statu Francie miserabili perdurante, dum hostes ubique libere grassarentur, ex manerio quodam satis forti in villa Longuolio[2] constructo, quidam robustus rusticus eleguantis corpulencie, nomine magnus Ferratus, cum sibi adherentibus ruricolis, in (*sic*) summe auctoritatis capitaneos Anglicorum subito et hora prandii interfecit. Insigne scelus perpetrandi villani occasionem habuerunt, nam capitaneum eorum, Guillermum Alaudis qui agricolas patrie hucusque contra Anglicos potenter deffenderat, sub salvo conductu evocatum, quia deditionem loci denegaverat imparatam, redeundo eum fecerant letaliter vulnerari[3]. Quam proditionem violatam quoque fidem in tantum abhorruerunt quod non solum occisorum corpora pretio neque precibus reddere noluerunt ymmo, Anglicis potentissime repulsis qui ad vindictam dominorum in multitudine gravi advenerant, flamma voraci consumpserunt. Sic magnus Ferratus, capitaneus cons-

1. Ce mariage eut lieu, d'après les *Grandes Chroniques* (t. VI, p. 164), le 14 octobre 1359.

2. Longueil-Sainte-Marie, Oise, arr. de Compiègne, cant. d'Estrées-Saint-Denis.

3. La version de notre auteur diffère, comme on le voit, sur ce point de celle de Jean de Venette, qui attribue la mort de Guillaume l'Aloue à une attaque faite à l'improviste par les Anglais et ne fait aucune mention de guet-apens (cf. *Continuateur de Guillaume de Nangis*, t. II, p. 289).

titutus, cum hostibus multa dampna intulisset reiteratis vicibus et tandem febre correptus in suo tugurio cum ab uxore audiret hostes accurrere ad eum interficiendum et resumptis viribus cum ponderosa astia, quibusdam ex hiis occisis, ceteros fugere compulisset, calore nimio pressus, aquam frigidam abundantissime bibit unde infra paucos dies mortuus est.

304. — Castrum de Roussiaco[1] ab Anglicis captum est. De Credolio etiam exeuntes, recepta ingenti summa pecunie, opidum Sancte Maxencie, villam de Claromonte in Bellovicino multa quoque monasteria et loca fortia in Andegavie, Turonie, Pictavie et Aurelianensi pagis predati sunt, combusserunt et solotenus destruxerunt unde agrestes acole non immerito territi, quod unquam visum fuerat, pastus annuos[2] hostibus solvere promiserunt ut sic possent pacifice agriculture vacare.

305. — Anglici qui castrum Mali Consilii[3] occupabant illud pro ingenti pecunia Noviomensibus reddiderunt cum adjacentia loca et specialiter monasterium Ursicampi[4] in parte maxima destruxissent; quod oppidum compatriote postmodum destruxerunt ne amplius esset receptaculum hostium.

306. — Juxta Pontem Sancti Audomari, Normani contra Anglicos infeliciter pugnaverunt et infausto conflictu dominus Guillelmus Marcelli, Ludovicus de Hari-

---

1. Roucy, Aisne, arr. de Laon, cant. de Neufchâtel-sur-Aisne (cf. Froissart, t. V, p. 137, et *Continuateur de Guillaume de Nangis,* t. II, p. 295).

2. Ms. *annos.*

3. La forteresse de Mauconseil était située près de Noyon, Oise, arr. de Compiègne.

4. Ourscamp, abbaye d'hommes de l'ordre de Cîteaux, Oise, arr. de Compiègne, cant. de Ribecourt.

curia et Le Baudrain de la Heuse se hostibus reddiderunt[1].

307. — Per annum istum integrum moneta regia sic ad cursum debilem reducta est quod grossus turoneus argenteus xx s. parisienses valuit et florenus de Florencia pro xiii libris parisiensibus poneretur tantaque fuit victualium caristia quod sextarius frumenti xxx libras parisienses vendebatur et cauda vini Burgondie valebat quinquaginta, sed quadragesima sequente, cursu mutato[2] in melius, florenus de Florencia et regalis aureus ad xxxii s. reducti sunt et denarius argenteus ad duos denarios qui duos solidos[3] valebat.

308. — Quidam miles, de Bria oriundus, et qui toti patrie, velud hostis publicus, irreparabilia dampna intulerat, capitis abscisione penas luit pro sceleribus[4] perpetratis. Cujus amplas hereditates, cum ad fiscum regium devenissent, rex Johannes competitoribus multarum ecclesiarum regni remissis ad propria motu proprio libere concessit perpetuo possidendas.

309. — *Rex Anglie regnum Francorum prosequitur*[5]. — Rex Anglie Eduardus quatuor filios suos, milites strenuos, et totam nobilitatem regni sibi subditi adducens in Franciam, civitatem Remensem[6] xl diebus obsi-

1. Cf. *Continuateur de Guillaume de Nangis*, t. II, p. 298.
2. Ms. *mutuo*.
3. Ms. *soludos*.
4. Ms. *celeribus*.
5. Pour l'itinéraire d'Édouard III pendant cette campagne, voir aux Pièces justificatives les indications tirées des *Privy seals*.
6. Les préparatifs pour la défense de la ville de Reims avaient été commencés plusieurs mois auparavant. « Vidimus sous le sceau de la prévôté de Paris, du 29 mai 1362, Jean Bernier, chevalier le roy, étant garde de ladite prévôté, des lettres de Gaucher de Châtillon, chevalier, seigneur de la Ferté-en-Pontieu, par les-

dione cinxit, sic sperans illam ingredi ut se faceret in regem Francie inungi et coronari. Sed tandem perpendens urbem viribus penitus inexpugnabilem, loco cedens, per circumadjacentem patriam hostiles continuando discursus, per Materne fluvium Campaniam subintravit et inde Albe et Secane fluviis transmeatis, cum citra Yone fluvium apud villam de Colenges[1] castra metari jussisset, a compatriotis recepit ingentes pecunias ut a cedibus, rapinis et incendiis Anglici se abstinerent. Post hec cum Gastineti et Belcie territoria pertransiens (*sic*) et transeundo Anglici castrum de Thoriaco[2], igne casuali inflammato, cepissent et opidanos ne cremarentur successive aufugientes ad redemptionem posuissent, tandem obsesso[3] Monte Leherii[4] et ecclesia ville consumpta incendio, venerunt usque Parisius, per ignes ubique apositos in villagiis propinquis suum notificantes adventum. Super excessibus immoderatis hostium ad dominum ducem querimonie defferuntur qui tunc magistrum Symonem de Lingo-

quelles, en sa qualité de capitaine de la ville de Rheims établi par Charles, aîné fils du roy, régent le royaume, il ordonne que, pour la sûreté et défense de ladicte ville de Rheims, il soit fait un gros mur sur la crête des fossés du château de l'archevesque de Rheims pour empêcher que l'ennemi ne puisse des fossés dudit château entrer dans la ville, dont les murs de ce côté-là sont faibles. Du 5 mai 1359 » (*Invent. ms. des titres de la collection Joursanvault,* British Mus., *Addit. mss.* 11540, n° 873, fol. 83 v°). Un procès s'engagea plus tard entre l'archevêque et les habitants de Reims au sujet de la démolition de ce mur, qui fut ordonnée par arrêt du Parlement de Paris, au commencement de l'année 1364 (cf. n° 341).

1. Coulanges, Yonne, arr. d'Auxerre.
2. Toury, Eure-et-Loir, arr. de Chartres, cant. de Janville.
3. Ms. *obsessio.*
4. Montlhéry, Seine-et-Oise, arr. de Corbeil, cant. d'Arpajon.

nis, jacobitam, doctorem in sacra pagina, a Summo Pontifice ob pacem regum directum, ad regem Anglie misit qui cum magna instantia diem tertium apprilis assignandam procuravit ad conveniendum de pace inter reges. Ad quam tamen dominus Morellus de Fiennes, conestabularius Francie, cum multis illustribus Francigenis, dux vero Lancastrie cum Anglicis mutuo convenientes nichil penitus concluserunt propter petitiones hostium excessivas [1].

310. — Interim, dum hec aguntur, Anglici Insulam Ade per insidias ceperunt et Gallici, cum navigio anglicana collimitantes littora [2], portum famosum de Winchelese penitus destruxerunt [3].

## M CCC LX.

311. — Anno Domini m° ccc° lx°, rex Anglorum, in loco qui Campus Lupi [4] vocatur prope Castras Montis Leherii [5], Pasce solennitate peracta, apud Gentiliacum et villagia propinqua ab urbe Parisius solo miliari distantia castra metari precepit, veluti ab illa parte hanc obsidione cingere decrevisset. Ut autem comperit hoc impossibile per illos qui detinebantur captivi et quod tot nobiles credebant dominum ducem habere quot

1. Cf. *Grandes Chroniques*, t. VI, p. 169.

2. Ms. *lictoria*.

3. La descente des Français à Winchelsea eut lieu le 12 mars 1360 (cf. *Chronographia reg. franc.*, p. 292, n. 1 et 2).

4. Chanteloup, aujourd'hui château de Saint-Germain-les-Arpajon.

5. « En l'ostel de Chantelou, entre Mont-Lehery et Châtres » (*Grandes Chroniques*, t. VI, p. 169). Édouard III ne semble pas avoir quitté Chantelou avant le 10 avril (voir aux Pièces justif. l'itinéraire de ce prince).

percipiebant secum esse, ut quodam notabili facto suum recessum redderet gloriosum, post biduum versus ecclesiam Sancte Marie de Campis ad Carturisenses acies ordinatas aliquamdiu tenuit quasi tendens ducem et Parisienses ad prelium provocare[1]. Hac[2] ostentatione peracta, versus Carnotum direxit iter suum quod tamen non peregit sine impedimento maximo, nam tota die sequenti a Sancto Maturino usque Carnotum tanta ymbrium habundantia cecidit grosso grandine immixta quod maxima pars currium, vehiculorum et sarcinarum ultra duci[3] non potuit nec moveri, unde, conductoribus ab aquis pluvialibus et grandine miserabiliter suffocatis, fuit in itinere relicta et sic hostes mobilium jacturam maximam sunt perpessi. Ex tanta multitudine nonnulli nobiles et ignobiles se credentes tantum discrimen miraculose[4] evasisse, quia beatam Mariam reclinaverant devote, ad ecclesiam ipsius multa munera que promiserant miserunt. Dum moram ibi faceret rex Anglie, mediante abbate Clugniacensi a papa propter concordiam regum misso, concessum est ut Gallici cum domino Johanne de Dormans electo Belvacensi et cancellario Normannie et cum Henrico duce Lencastrie Anglici nobiles et circumspecti viri apud Bertiniacum convenirent et arbitri pacis regum, auctoritate domini ducis Normannie quia rex presens non erat ac principis Wallie primogenitorum amborum regum existerent. Qui, cum per ebdomadam inte-

---

1. Pour cette démonstration, voir *Grandes Chroniques,* t. VI, p. 170, et *Continuateur de Guillaume de Nangis,* t. II, p. 307.

2. Ms. *Hoc.*

3. Ms. *duxi.*

4. Dans le ms. le mot *se* est répété après *miraculose.*

gram mutua celebrassent colloquia, consenserunt ut magnam portionem regni[1] Francie rex Anglie perpetuo possideret, ut XL articulis propter hoc confectis latius continetur, quem quidem tractatum, adhibitis quibusdam conditionibus ad regnicolarum commodum, dux et princeps juraverunt inviolabiliter servare.

312. — Ut in compositione tactum erat, rex Anglie regem Johannem adduxit apud Calesium et cum ambo tractatum per juramentum firmassent, rex Anglie titulo regis Francie resignavit, regem Johannem sue libertati restituit, obsides tamen quos tradiderat secum ducens. Cum eo siquidem transfretaverunt domini Ludovicus et Johannes filii regis Johannis, Philippus dux Aureliensis frater ejus[2] dux quoque de Borbonio et comites de Alenconio, de Stampis, ejus cognati, et cum ipsis Guido, frater comitis Blesensis, comes Sancti Pauli, comes de Bresna, comes Haricurie, comes de Grandi Prato, dominus de Morenciaco, dominus de Hangest, dominus de Sancto Venando, dominus d'Andresel, dominus de Couciaco, dominus de Rupe Gui-

---

1. Ms. *magna portio regis*.

2. Le roi Jean ne tarda pas à récompenser son frère de son dévouement, comme le prouve le don qu'il lui fit le 14 février suivant. « Vidimus par Jean Auberis, écuyer, garde pour Philippe, fils de roy de France, duc d'Orléans, du sceau de la baillie de Vermandois à Chauny du 26 mars 1360, des lettres patentes de Jean, roy de France, par lesquelles, considéré les grands frais que Philippe son frère, duc d'Orléans, a supportés pour la garde de ses places et châteaux et parce qu'il s'est mis libéralement en otage pour sa délivrance, il luy accorde 4 deniers des 12 deniers levés en ses terres sur toutes denrées, accordés pour sa délivrance dans tout le royaume. Dattées au Louvre-lez-Paris, le 14 février 1360 » (*Inventaire ms. des titres de Joursanvault*, British Mus., *Addit. mss.* 11540, fol. 90, n° 934).

donis et dominus de Tousteville cum nonnullis aliis inclitis et burgensibus ac viris ecclesiasticis.

313. — Circa idem tempus dux Lencastrie Henricus, Philippus de Navarra, dominus Johannes de Monteforti qui se dicebat ducem Britannie, regi homagium fecerunt de hiis que in regno suo tenebant in feodo.

314. — Hiis ergo rite peractis, rex tendens Parisius et novas quasdam ordinationes statuens, excessivum numerum existentium in Compotorum ac Requestarum Hospicii cameris diminuere dignum [duxit], abolendoque dampnosam mutationem monetarum edixit ubique voce preconia ut aureus francus noviter fabricatus pro XVI s., regalis pro XIII et albus argentus pro XII d. caperetur.

315. — Tunc etiam statutum est ut Judei qui de regno expulsi fuerant, propter pecuniale commodum quod ab eis annis exigebatur singulis, iterum revocarentur.

316. — Decembris vero mensis die undecima, rex ad dilectam sibi ecclesiam beati Dyonisii veniens et processionaliter receptus votum quod emiserat glorioso martyri devotissime persolvit humiliterque prostratus ante ipsius corpus sacrosanctum, super reditu prospero gratias cordialiter peregit. Et quia quatuor transactis annis sue ecclesie nichil obtulerat, cum sanctum Clavum Domini, mentum beati Ludovici partemque vivifice crucis adorasset, capellas quoque Sanctorum Demetrii et Michaelis visitasset, in eisdem sex locis devotissime obtulit sexcentos mutones auri[1].

1. Ce détail est rapporté également dans le *Livre vert* de Philippe de Villette, abbé de Saint-Denis au commencement du XV° siècle : « Item toutes oblations en or monoyé faites en

Die vero sequenti, cum super altare Martirum duo olo-
serica pallia auro texta totidemque super majus altare
et totidem super altare Trinitatis, flexis genibus, contu-
lisset, altaria deinde Sancti Ypoliti et Sancti Eustachii
decemque capellas capicii (*sic*) cum devotione magna et
non sine lacrimis visitavit, super altare uniuscujusque
capelle xx mutones auri xx libras parisienses valentes
offerendo.

317. — Dum autem rex in eadem ecclesia reside-
ret, rex Navarre prius missis pro sui securitate obsidibus, ad eum accedens humiliter eidem homagium
fidelitatis quod aliquamdiu facere renuerat dicens
quod numquam forefecerat contra primum exibitum,
suorum tandem monitione exhibuit, super Corpus
Christi jurans quod de cetero sibi fidelitatem inviolabiliter servaret. Cum rex eidem etiam jurasset quod
ipsi de cetero paternalem dilectionem exhiberet,
xiii<sup>a</sup> die hujus mensis Parisius a cunctis sic honorifice
receptus est ac si de nova coronatione[1] sua venisset a
civibus quoque jocale vinum recepit valoris mille mar-
carum argenti.

## M CCC LXI.

318. — Anno Domini m° ccc° lxi°, tractatu[2] amborum regum ubique voce preconia publicato in cunctis
tabernaculis fidelium, cum exuberanti letitia vox

l'église Saint-Denis, en quelque lieu ou chapelle qu'ilz se facent,
appartiennent à l'abbé, et le roy Jehan, quand il revint d'Engleterre en France, offry en chacune chapelle de ladite église
c moutons, lesquelz receut l'abbé qui lors estoit » (Arch. nat.,
LL 1209, fol. 19).

1. Ms. *corone.*
2. Ms. *tractato.*

jocunditatis resonabat solique inde dolebant proditores pessimi et raptores notorii, timentes ne, pace facta, pro suis sceleratis actibus et demeritis accusati, finaliter punirentur ; sed cum impossibile eis esset assueta relinquere et cum fortuna mutare vices opporteret ne[c possent] turmatim incedendo agere scelera que solebant, sub variis capitaneis statuerunt de cetero militare ut ubique liberius predarentur. Hii scelerati homines ex diversis nationibus mutuo adunati et se Magnam Concionem vel Societatem nominantes, primo contra Summum Pontificem et dominos cardinales sue nequitie premicias prelibantes, Avinionensem urbem capere conati, non solum in patriam adjacentem crudeliter seviendo sed villas et oppida pro viribus destruendo usque Montpencier, Carcassonam et Tholosam. Temeritatem hujus concionis inique papa refrenare cupiens vi armorum, ingentem exercitum cardinali Ostiensi tradidit conducendum, sed videns quod vi nequibat repellere, ingenti pecunia redimens eorum discursiones hostiles, tandem ipsis petentibus generalem absolutionem concessit [1], sicque, relicta patria, Franciam unde recesserant iterum receperunt. Tunc per Pictaviam et Andegaviam sine misericordia habenas sue crudelitatis laxantes, castrum Vindocini de nocte per insidias subintrantes, ibi comitissam et ejus filiam cum multis nobilibus [ceperunt] quos omnes onus importabilis redemptionis subire coegerunt. Deinde per patriam Carnotensem et Aureliensem (*sic*) hostiliter discurrentes et Parisius tendentes, civitatis suburbia combus-

---

1. Sur la marche des grandes compagnies sur Avignon et les tentatives faites par le pape Innocent VI pour leur résister, voir Froissart, t. VI, p. xxxii et xxxiii.

serunt et, cum non esset qui eis resisteret, ubique ruricolas fugere et loca tutiora petere compellebant, sed et mala ab ipsis perpetrata anno sequenti fortius invaluerunt.

319. — Decima nova die maii post festum Penthecostes, vinee fuerunt quasi per totum regnum Francie congelate secutusque est deffectus vinorum notabilis[1].

320. — Isto etiam anno, hyemps fuit satis longua et aspera, vernum tempus callidum et siccum fuit ultra modum, estivale vero fuit satis temperatum. Dira mortalitas in toto regno Francie viguit et in Anglia ubi comes inclitus Sancti Pauli et nonnulli alii nobiles et burgenses quos rex Johannes obsides tradiderat diem ultimum signaverunt[2].

321. — In mercato Meldensis civitatis inter dominum Fulconem d'Arcial ex una parte actorem et dominum Maingotum Mauberti reum, occasione quarumdam contentionum verbalium que per testes probari non poterant, monomachia commissa est et peracta absque ictu ensis vel gladii. Nam cum ab hora diei tertia actor pedes, quia cum equo indomabili campum ingressus fuerat, reum fuisset insecutus, tandem percipiens quod calore nimis suffocatus ad terram incipiebat declinare, tunc eum per collum arripiens super sabulum adjecit precipitem et sic duellum peractum est[3].

322. — Isto anno, famosa civitas Descallie capta fuit per inclitum regem Cypri, auxilio fratrum Sancti Johannis de Jerusalem ac plurium nobilium regni

---

1. Cf. *Grandes Chroniques,* t. VI, p. 224.

2. Cf. *Continuateur de Guillaume de Nangis,* t. II, p. 317.

3. Les *Grandes Chroniques,* qui rapportent ce fait presque dans les mêmes termes, le fixent au 1er juillet 1361.

Francie et aliorum regnorum qui egressi fuerant passagium transmarinum[1].

323. — Hoc anno, prope Divionem[2] obiit dominus Philippus, dux Burgondie, juvenis etatis XIII annorum, qui cum ducatu Burgondie possidebat Burgondie, Attrebati, Alvernie et Bolonie comitatus. Hic desponsaverat dominam Margaretam, filiam comitis Flandrie Ludovici et, quoniam inter eos carnalis copula nondum peracta fuerat quia impuberes erant, dominia dicti ducis inter multos divisa sunt. Ducatus siquidem Burgondie ad dominum regem Francie devenit jure hereditario quia domina Johanna, Francie regina, mater ejus, soror ducis nuper deffuncti fuerat. Antiqua vero comittissa Flandrie, domina Margareta, mater comittis Flandrie filiaque Philippi longi quondam regis Francie, materno etiam jure, Arthesii et Burgondie obtinuit comitatus et advunculus deffuncti ducis, dominus Johannes de Bolonia, comitatus Alvernie et Bolonie obtinuit jure hereditario. Rex vero Johannes, peracta divisione, de Parisius recessit ut possessionem ducatus reciperet quem postea contulit domino Philippo suo filio juniori qui tunc dux Turonie vocabatur.

324. — Tempore quadragesimali, in Andegavie et Turonie partibus, visa fuit quedam stella comata multis diebus, aurora inchoante, unde astrologi[3] qui ex causis naturalibus futuros eventus prenuntiant dixerunt quod in brevi mortalitas hominum sequeretur.

---

1. D'après les *Grandes Chroniques* (t. VI, p. 225), Satalieh fut prise le 1er juillet 1361 ; le 24 août 1360, d'après la *Chronographia reg. franc.* (t. II, p. 300).

2. Ms. *Davionem.*

3. Ms. *astrologis.*

## M CCC LXII.

**325.** — Anno Domini M° CCC° LXII°, circa finem apprilis, comes de Tanquarvilla cum multis Francigenis prope Lugdunum supra Rodanum contra magnas societates infeliciter pugnavit et, devictis Gallicis, ibidem prefatus comes, dominus Jacobus de Borbonio, comes Salesburie et comes Marchie qui multis confossus vulneribus cito post obiit, capti fuerunt, comes vero de Forestis cum nonnullis aliis nobilibus[1] dimicando fortiter sunt occisi[2].

**326.** — Hoc anno, Paschali tempore, erant arbores et vinee in apparentia valde magna fertili atque bona, sed infra octabas Pasche quod XVII[a] die apprilis evenerat, gelu grave supervenit quod vineas[3] in Francia, Andegavia, Turonia et usque Lothoringiam vastavit, sic quod in centum arpentis colligi non potuit dolium plenum vino.

**327.** — In Britania, Pictavia et Andegavia mortalitas viguit generalis et nichilominus in illis partibus, Belcia, in Gastineto circa Aurelianis, Carnotum et usque Parisius predones et magne societates ubique solito dampnabilius predabantur ‾et facinora innumerabilia perpetrabant[4].

**328.** — Mensis septembris duodecima die, dominus papa Innocentius obiit in Avinione; post cujus obitum domini cardinales XX numero ad electionem Summi

1. Ms. *nobibus*.
2. La bataille de Brignais eut lieu le 6 avril 1362 (cf. Froissart, éd. Luce, t. VI, p. XXVIII-XXIX).
3. Ms. *vinea*.
4. Cf. *Continuateur de Guillaume de Nangis*, t. II, p. 322.

Pontificis procedentes et diutius inclusi, in aliquem tamen de suo collegio noluerunt consentire quoniam ambitiose ad papatum singuli anhelabant. Multas vias perquirentes ad electionem celebrandam, tandem in quosdam compromiserunt qui unum eligerent, seipsis tamen exclusis, unde hoc egre ferentes primo abbatem Sancti Germani Autissiodorensis et nunc Sancti Victoris Marsiliensis, virum genere insignem, peritum in utroque jure cui inerat suavis exundansque facundia, Guillelmum Grimoaldi nuncupatum, de senescallia[1] Belliquadri ortum, in vigilia Simonis et Jude concorditer elegerunt qui consecratus Urbanus vocatus fuit.

329. — Jam iter arripuerat rex Johannes ut papam Innocentium jam mortuum, patrinum suum, visitaret, in quo etiam itinere domina Johanna, regina Neapolis, ipsum in virum capere recusavit. Accedens autem ad papam, [cum] aliquamdiu apud eum honorifice mansisset, hortatu et monitione ipsius qui, ad honorem fidei christiane die sancto Parasceves predicationem publicam faciens, peregrinationem transmarinam multis mediis commendavit, signum benedictum crucis ab eo devotissime recepit. Ipsumque constituens christiani exercitus capitaneum principalem et statuens ut cardinalis Petragoricensis secum iret, regem Cypri tunc presentem et omnes circumstantes principes et barones signo vivifice crucis insignivit quod et post multo tempore suis tunicis affixum detulerunt. Quo peracto, rex Francie, ab eodem Summo Pontifice benedictione recepta, Franciam repetens, regem Cypri in Angliam

1. Ms. *senescalora.*

destinavit qui regem et regnicolas induceret ad egrediendum peregrinationem ad Christianitatis honorem quam tamen noluit acceptare.

330. — Johannes rex, rediens Parisius, concilium celebravit qualiter regalis erarii [1] inopiam relevaret [2] et tunc a quibusdam deputatis statutum est impositiones colligi et ut de qualibet cauda vini Burgundie XLIIII s., de cauda vini Gallici XXII s. regiis collectoribus solverentur quotiens venderentur.

331. — Iterum, de civium consilio et assensu, statuerunt ut usque ad certum determinatum tempus de cunctis rebus venalibus sex denarii pro libra exactoribus regiis traderentur. Ut autem hec impositio super mercandisiis [3] nundinarum Indicti levaretur rex ab abbate Sancti Dyonisii impetravit, dans inde litteras quod hoc tempore futuro in prejudicium mercatorum minime levaretur.

332. — Diuturna contentio que inter comittem Fuxi et comittem Armeniaci viguerat isto anno sopita est gladiorum accumine; nam comes Fuxi, victoria potitus in prelio, comitem de Cominges, dominum d'Albret et duos fratres ipsius, dominum etiam de Claude et nonnullos alios famosos milites cepit et ad redemptiones importabiles coegit [4]. Sic mirabiliter ditatus,

1. Ms. *errarii*.

2. Le mot *inopiam* se trouve répété dans le ms. à la suite de *revelaret*.

3. Ms. *mercanciis*.

4. La bataille entre le comte de Foix et le comte d'Armagnac eut lieu le 5 décembre 1362, à Launac, Haute-Garonne, arr. de Toulouse, cant. de Grenade-sur-Garonne (cf. *Histoire du Languedoc*, t. IX, p. 747).

turrim construxit altissimam in qua reponens thesauros divisim quos bello acquisierat, singulis singulos dominos captivos applicans armis propriis insignitos pingi fecit ad ostentationem glorie, et quamdiu vitam duxit, hoc monumentum probitatis diligenter custodiens, exteris missis ad eum tanquam pretiosissimum et speciale jocale ostendebat.

333. — Predones qui per Franciam hostiliter grassabantur civitatem Aureliensem frustra de nocte capere temptaverunt[1].

334. — Quidam[2] Robertus Marquant, dolosus predo publicus, qui castrum Vindocii, pecuniis allectus[3], tradiderat, in pago Cenomanensi[4] castrum nomine Toutvoye[5] capere cupiens fraudulenter, cum modica comitiva huc accedens et custodes nominibus propriis vocans, dixit se hic advenisse non aliqualiter eis nocendum, rogans ut sibi introitum darent. Sed oppidani[6] percipientes insidias quas in nemoribus propinquis relinquerat, statim sophisticantes pontem levaturum et deponentes cavillas que postes pontis et asseres retinebant, ne volveretur in declivum, ipsum pontem inferius demiserunt. Quem mox Robertus ascendens cum XVI sociis, dum in medio pontis erant, caville que false erant confracte sunt postesque pontis ex una parte se in altum exierunt; et sic dictus Robertus et socii ejus

1. D'après Jean de Venette (t. II, p. 325), cette tentative eut lieu le 30 mars 1363.

2. Ms. *quidem*.

3. Ms. *illectus*.

4. Ms. *Nenomanensi*. '

5. Château de Touvoie, Sarthe, arr. et cant. du Mans, comm. de Savigné-l'Évêque.

6. Ms. *oppidum*.

cadentes in parte maxima in aqua profundissima submersi sunt[1].

## M CCC LXIII.

335. — Anno Domini m° ccc° lxiii°, multis diebus ante et post festum Sancte Trinitatis, hora diei tertia, ubi sol in meridie radios extendit, quedam stella modice apparentie visa fuit que, secundum astrologos et qui ex naturalibus causis eventus futuros prenuntiabant, periclitationem communem mulierum in partu denotabat. Hec tamen et plus stupenda[2] hujus stelle apparitionem sunt secuta; nam a junii mensis initio usque ad festum Sancti Luce tam dira viguit mortalitas et specialiter puerorum utriusque sexus et juvenum et plus virorum quam mulierum quod erat stupendum visu et auditu. Senes etiam, pauci aspectu juvenum, obierunt unde quando pestis illa apostematum hospitium aliquod[3] subintrabat, primo moriebantur infantes tenelli, deinde familia et parentes vel alter eorum et quod mirum erat, hodie erant sani et jocundi et infra triduum vel biduum decedebant; et ut de numero decedentium taceamus qui sancta requie perfruantur, tunc viam universe carnis ingressus [est] dominus Johannes de Merlento, Parisiensis episcopus, vir utique nobilis et discretus, anno pontificatus sui xii°, cui successit dominus Stephanus de Parisius, doctor in decretis, Parisiensis decanus[4].

1. Tout ce récit est conforme à celui de Jean de Venette (t. II, p. 324).

2. Ms. *stupendia*.

3. Ms. *aliquot*.

4. Pour tout ce passage, voir Jean de Venette (*Continuateur de Guillaume de Nangis*, t. II, p. 325-327).

336. — Predones et raptores publici qui per Franciam libere grassabantur, castro de Muri[1] per fraudulentiam capto, sito prope Corbolium, patriam adjacentem ceperunt acrius solito infestare et fere cotidianas[2] erumptiones facientes, nunc ad dexteram, nunc ad levam, semper ingenti onusti preda, ad suum revertebantur oppidum. Eorum rapine intollerabiles erant et ideo querimoniam plebis [excitabant]. Multi armati pugiles qui eos viribus expellerent destinantur, qui tamen solo assultu contenti levissimo, tanquam re optime gesta, Corbolium redierunt et de vinis et victualibus hinc inde in villagiis distractis[3] villam munientes eque dure sicut hostes ceperunt infestare.

337. — Ubique Francia predalis erat, ubique populares vicinos[4] et notos formidabant sicut hostes, unde, dimissis agriculturis et hospitiis propriis cum residuis bonis, uxoribus et liberis ubique fugientes, oppida et loca tutiora petere cogebantur quamvis sub pretextu adversarios expellandi per totum regnum impositiones et exactiones levarentur. Cum autem hostes reipublice prefati castrum octo mensium spatio tenuissent, jubente rege, vir emerite militie, comes Autissiodorensis, cum suis accedens ad oppidum, prius deditione cum superbia negata, machinas jaculatorias et obsidionalia instrumenta levari fecit per ambitum et cum assultus non sine jactu ponderosorum lapidum continuasset per tres dies, hostes, animo conservati (*sic*) se reddiderunt et castrum, mobili et vita salvis.

---

1. Murs, ancien château près de Corbeil (Seine-et-Oise).
2. Ms. *cotidianus*.
3. Ms. *destractis*.
4. Le mot *vicinos* est répété dans le manuscrit.

In proloquutionem iterum id additum est quod ipsi abjectissimi predones et latrones notorii, ignominiosa morte digni, ut alii cederent in exemplum ad sibi similes qui Aurelianis Carnotum et Normania deteriora perpetrabant, adducerentur indampnes quod et Francigene amicabiliter, et quia super tanto tam indecenti favore et scandaloso hostibus exibito, plebs alloquebatur contra eos, fingebant quod hoc gesserant[1] ne dominum castri occiderent quem detinebant captivum. Sed revera sic adebant (*sic*) excusationes in peccatis nam scelera istorum nephandissimorum predonum sic ubique dissimulabant manifeste quod de ipsis absque rubescentia verificabatur fabula que de cane narratur quem vigilantissimus pastor deputaverat ad gregis custodiam. Nam cum sepe lupum potentissime abegisset et inde a domino populum (*sic*) laudaretur, tandem lupus eum eo amicitiam contraxit, asserens quod, si strangularetur ab eo, dominus ejus[2] suo non indigeret auxilio sicque tandem eum expelleret et sic deinceps canis deffensionem gregis simulans quotiens usque ad nemus lupum secutus[3] fuerat, ambo ovem raptam absque contradictione devorabant. Hostes igitur sic repulsi et ad conciones ex variis regionibus regni[4] collectas conducti qui sub quodam milite predonum principali capitaneo nomine Archipresbitero militabant, amicabiliter sunt recepti. Sic iniquorum et sceleratorum hominum aucmentato (*sic*) numero, princeps ille detestabilis, et ob immanitatem suam in Aure-

---

1. Ms. *segerant.*
2. Le mot *ejus* est répété dans le manuscrit.
3. Ms. *secutum.*
4. Le mot *regionibus* est répété après le mot *regni* dans le ms.

lianensi, Carnotensi et Normannie territoriis formidabilis, cepit accrius solito hostiliter debachari multaque
castra occupans fraudulenter ut fierent receptacula
latronum, arcem illam altissimam de Roullebrise[1] inexpugnabilem super fluvium Secane muris XXVIII pedum
spissitudinis constructam tunc latronibus replevit qui
inde sepius erumpentes totum gallicum Vulcassinum
usque ad Pontisaram predabantur. Et breviloquio
utens, in cunctis prenominatis territoriis non erat
fere villula a predonibus vacuata. Amici et adversarii
indifferenter ad spoliandum quos brigantes nobilium
sue pena amplius delinquendi[2].

338. — Isto anno, comes Andegavie Ludovicus, filius
regis Francie, qui pro patre obses tunc tenebatur in
Angliam donec omnia[3] complerentur que in amborum
regum continebantur tractatu, clam relictis aliis obsidibus et sine regis consensu, rediit in Franciam, cujus
recessum indignantissime audiens, excusationes ejus
frivolas parvipendens[4], de neglecto juramento ipsum
valde redarguit et ad numquam sperata mentem vertit. Nam circa Nativitatem Domini generali consilio
nobilium prelatorum et civium dixit quod in Angliam

1. Rolleboise, Seine-et-Oise, arr. de Mantes, canton de Bonnières.

2. Nous reproduisons telle qu'elle se trouve dans le manuscrit
cette phrase incompréhensible.

3. Dans le manuscrit se trouvent insérés, entre les mots *omnia*
et *complerentur*, les mots suivants, complètement incompréhensibles ici, et qu'il y a lieu de rapprocher de la phrase que nous
venons de signaler plus haut : « itinerantes ubique intendebant
tenentes apud se abjectissimos latrones nominabant quos et si
quandoque capti incarcerabantur pristine libertati [reddebantur]
et ita ex facilitate venie audaciam sumebant. »

4. Ms. *pervipendens*.

intendebat [redire] et quamvis prudentiores assistentes hoc multis dissuaderent mediis, mutare tamen ejus propositum nequiverunt. Causam transfretationis varii varie assignantes dicebant quod hoc agebat quia nundum suam integre solveret redemptionem, alii hanc[1] rationem assignabant quod filius suus fidem promissam non tenens illicentiatus recesserat. Alii autem astruebant (*sic*) quod intendebat fratrem suum et alios obsides liberare et regem Anglie ad peregrinationem Jherosolimitanam inducere, sed quidquid super hoc prudentiores senserunt, certum est[2] ex recessu plus volentario quam decenti[3] in brevi post Franciam gemitum et merorem nec in merito induisse. Ut mentis conceptum efficaciter adimpleret, regni regimine Karolo, duci Normanie, filio suo primogenito, relicto, tertia die januarii Angliam intrans, a rege Eduardo receptus[4] est maximo cum honore et tunc ambo reges quosdam circumspectos viros elegerunt qui super rebus agendis fideliter pertractarent.

339. — Transfretationem ejus audiens rex Navarre per internuntios eumdem postmodum dominum ducem Normanie diffidavit et hoc, ut multi dicebant, quia sibi dicebat ducatum Burgundie jure successionis propinquioris competere nec sibi restituebatur quamvis hoc instantissime repetitis vicibus postulasset.

340. — Rex autem Johannes, ipsius regis Navarre fraudes et astuciam attendens et machinationes ejus prevenire cupiens, domino Karolo regenti sub celeri-

---

1. Les mots *alii hanc* se trouvent répétés dans le manuscrit.
2. Dans le manuscrit le mot *est* est suivi de *quod.*
3. Ms. *dicenti.*
4. Ms. *exceptius.*

tati jussit[1] ut se ab ejus insidiis precaveret, ejus for-
tericia Normanica regnum collimitantia vi armorum
quam citius[2] occuparet.

341. — *De magna hyeme.* — Eodem anno, fuit
hyemps horrida valde atque longa et asperrimum
gelu invaluit alias inauditum, ut antiquiores viventes
referebant, quod etiam a mense decembri usque ad
finem martii perduravit. Excessiva frigiditas vineas in
multis locis usque ad stipitis medium congelavit, nuces
in toto regno Francie vastavit et fructiferas arbores
reddidit infecundas. Oves atque agniculi nimis angus-
tiati frigore et ex deffectu pabuli cetera quoque animalia ad esum hominis ordinata in parte maxima
perierunt. De vasis vinariis vina gelu violentia solidata
cum veru ferreo et ardenti in vasa stagnea funde-
bantur vel fractis doliis et mole glacici in frusta divisa
vendebantur ad ignem dissolvenda. Ubique per totum
regnum fluvii principales fuerunt tanta spissitudine[3]
congelati quod secure quarri vino et aliis mercibus
onerati desuper deducebantur[4].

342. — In curia Parlamenti adjudicatum fuit pro
archiepiscopo Remensi, domino Johanne de Credonio,
contra cives Remensis (*sic*) ut muri mire spissitudinis
ab eis edificati ante fores castri ejus destruerentur et
construerentur alibi, tamen sine prejudicio ejusdem
archiepiscopi[5].

---

1. Ms. *sceleritate missit.*
2. Ms. *tocius.*
3. Ms. *spissidudine.*
4. Cf. Jean de Venette, dans le Contin. de Guillaume de Nangis,
t. II, p. 233.
5. Ces murs avaient été construits en 1359, sur l'ordre de

## M CCC LXIIII.

343. — Anno Domini M° CCC° LXIIII°, circa principium martii, dominum regem Johannem in civitate Londoniarum gravis arripuerat egritudo ; qua invalescente, cum phisici de salute corporis desperarent, ad Christum, summum medicum animarum, recurrit et, susceptis devotissime ecclesiasticis sacramentis, octava die apprillis, anno etatis sue quinquagesimo tertio, diem signavit ultimum. Quod audiens rex Anglie Eduardus, sic intrinsecus doluit ac si filium proprium amisisset. Successit autem eidem dominus Karolus, dux Normanie, xxvi annos tunc agens. Quidquid tractatores amborum regum deliberaverunt effectu[1] caruit, quamvis, ut ferebatur publice, multa ibi ad honorem et utilitatem regnorum determinata fuissent.

344. — *Captio villarum Medunte et Mellenti.* — Karolus, dux Normanie, qui adhuc obitum patris ignorabat, ejus jussionibus obtemperare cupiens, post Pascha comitem Autissiodorensem et dominum Bertrannum de Glasquin, militem strenuum quamvis non multum locupletem, natione Britonum, fretos armorum multitudine, ad partes Normannie contra regem Navarre destinavit. Hujus autem bellice expeditionis penam in cautelam cupiens commutare, ad captionem Medunte que in toto dominio regis Navarre principalis villa erat instituit inchoare ; quod per consilium domini Bertranni sic peregit. De civitate namque Rothomagensi decem milia hominum pugilum accersiens, eis

Gaucher de Châtillon, capitaine de Reims, dans le but de fortifier la ville. (Cf. *supra*, n° 308.)

1. Ms. *affectu.*

precepit Secane fluvium viribus observare ut victualia hinc et inde secure possent defferri; qui perficiendo mandatum multa impedimenta a predonibus qui inexpugnabilem turrim de Roulleboise[1] custodiebant potentissime, pertulerunt. Ipse autem Bertrannus cum militia terrestri expeditione turrem illam obsidere statuit et dum preparantur et continuantur assultus, consilium cum Guillelmo de Alneto et Guillelmo de Mauniaco aliisque decem militibus habuit qualiter perficeretur opus jussum[2]; quod tamen per consilium Guillelmi de Alneto fuit taliter consummatum. Sane prope villam Medunte accedentes, dum se fingunt ad obsidionem turris de Roulleboyse, precipuum in Francia latronum receptaculum, anhelare, xxx ex suis mittunt in habitu mercatorum, vinicultorum[3] et pastorum qui introitum ville instanter poscerent; quod libenti animo a custodibus portarum ignarum (*sic*) comento versutie [concessum est]. Sed cum jam quatuor ex ipsis, inter quos tertius fuit Oliverius de Mauniaco, pontis medium cum quadriga onerata[4] ingentique

---

1. Rolleboise avait alors pour capitaine Wanter Strael. — D'après un acte du dauphin Charles, publié par M. Luce, Du Guesclin était devant cette place le 4 avril 1364 (cf. S. Luce, *Hist. de Du Guesclin,* p. 417 et 592).

2.      « Guillaume de Lannoy, un chevalier gentils,
   Et autre chevaliers, ne say ou ix ou dix,
   Et Bertran de Claquin, qui tant fu seignoris,
   Alèrent à conseil; ensemble se sont mis
   Pour Mante conquester, une ville de pris. »
         (Cuvelier, *Chronique de Du Guesclin,* édit. Charrière,
               t. I, p. 134.)

3.      « A loi de vingnerons en a xxx vestis
   Ainsi con vingneron se tiennent ou païs. »
                        (Ibid., p. 135.)

4. Ms. *honerata.*

grege ovium attigissent, mox[1] deponunt habitum simulatum et apparentes in armis custodes protinus occiderunt; cum cornu quoque fortiter personando dominum Ludovicum Sacricesaris, Bertranum de Glasquin et alios occius evocaverunt qui non longe in insidiis latitabant. Qui ingredientes villam, cito ad mille pugiles congregati, per eam ex insperato discurrunt equestres et cunctos neci tradentes qui se ad deffensionem preparabant et burgensibus quoque et aliis bonis omnibus spoliatis, eos a villa sub jugo redemptionis captivandi (*sic*) ejecerunt non sine virorum, mulierum et infantium relictorum miserabili clamore[2]. Postmodum ad arcem ville fortissimam pari impetu adeuntes,

1. Le mot *mox* est répété dans le manuscrit.

2. M. Luce (*Hist. de Du Guesclin*, p. 429), racontant le pillage de Mantes, parle du « dégoût des reines Blanche et Jeanne de Navarre, qui, du château de Vernon, assistent de près à ce spectacle. » En réalité, la reine Blanche était alors à Mantes même et y fut prise, comme le prouve la mention suivante : « 1364. — Lettres de la reine Blanche, relatives aux joyaux qu'elle perdit à Mantes, le jour que icelle fut prise par les Bretons, deux pièces. » — On remarque dans cette pièce la mention d'un chapel d'or, sur demi-jonc; des armes de France à huit lozanges pleines de grosses perles; huit assiettes de pierreries, en chacune assiette sept rubis et une émeraude; deux reliquaires d'argent et un corail qui pouvait bien valoir 250 francs d'or. A cette pièce est joint un reçu, en date du dernier jour de juillet 1365, de la somme de 800 livres, à compter « sur ce qui nous estoit deu à cause de mil francs d'or que le roy nostre estimé fils nous avoit promis pour nos joyaux et plusieurs biens que nous avions perdu en la prinse de Mantes » (*Catalogue des livres et manuscrits de M. de Courcelles*. Paris, 1834). — Nous nous proposons d'ailleurs de publier prochainement, avec plusieurs autres pièces relatives à cette question, le traité fait à cette occasion, le 23 avril 1364, entre Charles V et la reine Blanche, et réglant les conditions dans lesquelles devait se faire en commun la guerre contre le roi de Navarre.

ipsam protinus ceperunt, multos ibidem trucidantes. In hac turre inventi nonnulli de Parisius, de Sancto Dyonisio et de reliquis regni partibus qui cum aliis Navarrensibus et ceteris indigenis se (*sic*) turrim viriliter deffendebant, sed tandem violenter capti, Parisius perducti sunt numero XXVIII; qui postmodum ut proditores fuerunt decollati; quod et de hiis qui restituti fuerunt baillivo Sancti Dyonisii completum est[1]. Post hec autem ceperunt illud castrum fortissimum, et villam de Mellento super Secanam assilientes, quod turrim fortiorem[2] maximam muri partem ad terram funditus prostraverunt, sicque introrsum manentes ad deditionem venire coacti sunt et in brevi villas adjacentes cum castellis regis Navarre hostiliter pervadentes, terram suam in parte occupaverunt vi armorum. Sic Medunta, villa opulentissima (nam quidquid ab Anglicis vel Navarrensibus distrahebatur per Franciam ibidem velut in foro communi et sepe pro vili quod magni valoris erat vendebatur), octava die apprilis capta fuit et deppredata penitus[3].

345. — Gallici autem, redeuntes ad turrem de Roulleboyse cujus capitaneus tunc erat dominus Johannes Joel, Anglicus, eam capere nequierunt; nam per annum et dimidium assultibus Gallicorum non solum fortiter restiterunt, sed inde per Secanam sepius erumpentes, patrie adjacenti dampna plurima intulerunt.

1. Cf. Jean de Venette, dans le Continuateur de Guillaume de Naugis, t. II, p. 336.

2. Un mot a dû être omis dans le manuscrit.

3. Notre auteur est d'accord avec les *Grandes Chroniques* (t. VI, p. 230) pour fixer au 8 avril 1364 la date de la prise de Mantes, qui, d'après la *Chronique des quatre premiers Valois* (p. 139), aurait eu lieu le 7 avril.

Tandem tamen attediati, quod sub gladio degentes,
cum dampno maximo et non sine[1] discrimine, vic-
tum cotidianum rapere opportebat, ipsis poscentibus,
Bertrannus consensit ut infra certum diem, salva
vita, recederent, et tunc turrim funditus Gallici destruxerunt[2].

346. — Cum dominus Karolus, dux Normanie,
acquisitam patriam visitaret, patrem obiisse audivit,
qui, inde dolore tractus, misit qui regale depositum
regi Anglie deposcerent qui tunc circa funerales ejus
exequias erat affectuose intentus. Cum amaritudine
cordis, rex Anglie et regni nobiles super mortem regis
Johannis dolebant[3], assumptis pro eo lugubribus vestimentis, et, ut vera relatione didiscimus, parum et
modicum sollennitatis in Francia fieri reputabant qui
tunc presentes fuerunt, respectu honoris et diffuse lar-
gitatis quas illi circa regis funera peregerunt[4]. Peractis
vero exequiis, cum regium [corpus] nuncii recepissent
et in Franciam attullissent, illud filii et regni (*sic*) cum
sollennitate funerali in ecclesia Sancti Dyonisii prope
majus altare sepeliri fecerunt. Non est tamen preter-

1. Ms. *sul.*

2. D'après Jean de Venette, Rolleboise se rendit, moyennant
certaines conditions, le 13 avril 1365 (Continuateur de Guillaume
de Nangis, t. II, p. 357).

3. Ms. *dolebat.*

4. La nouvelle de la mort de Jean le Bon ne parvint à Paris
que le 16 avril, comme l'indique le passage suivant : « Obitus
regis Johannis in Anglia vIII^a die aprilis post Pascha anno millesimo ccc° LXIII° et modus qui tunc fuit tentus inter gentes magni
consilii Parlamenti et camere compotorum et ceterorum officia-
riorum. Et venerunt nova Parisius XVI^a ejusdem mensis » (*Extraits
des Mémoriaux de la Chambre des comptes.* Bibl. nat., lat. 5991^A,
fol. 9).

eundum silentio quod...[1] loco prepararetur sepultura inventi sunt anuli aurei gemmis pretiosis adornati unumque circulum[2] aureum cum pomulo ensis aureo sed, quod admirationem auxit, nulla ossa ibi fuerunt reperta.

347. — *De bello de Chocherel.* — Karolus, rex Navarre, dolens terram suam Gallicorum viribus occupatam, exercitum mox duorum milium et ducentorum pugilum ex suis Navarrensibus, Guasconibus et subsidiariis Anglicis recollegit qui sub quodam Guascone, sibi genere propinquo, nomine *captau* de Beu, provido utique milite et in bellicis actibus multa strenuitate conspicuo, militarent. Quos cum verbis lenibus et promissionibus animasset ut ad recuperandum perdita, aut saltem ad direptionem regni, ubique prosilientes, modis omnibus laborarent, cum in confinio Ebroice civitatis honorifice recepti fuissent, postmodum juxta urbem fixerunt tentoria, ibi aliquantis diebus moraturi, et, si ultra deberent procedere, consilium accepturi ne nimis precipitanter egrederetur negocium. Comes namque Autissiodorensis, juvenis, et dominus Bertrannus de Glasquin, miles expertus et audax, cum sequentibus merito nominandis videlicet[3] vicecomite de Bellomonte, domino Gauffrido Danequin[4], magistro balistariorum Francie, domino Johanne de Cervole sive Archipresbitero[5], Ludovico de Hanequer, flandrensi, Johanne de Sernapont, Tierrico de Bornolvilla,

1. Il y a un blanc dans le manuscrit après le mot *quod.*

2. Ms. *certum.*

3. Le mot *videlicet* est répété dans le manuscrit.

4. Le maître des arbalétriers était Baudoin et non Geoffroi d'Annequin. Or, la même erreur se retrouve dans Cuvelier (édit. Charrière, t. I, vers 4120) et dans la *Chronographia regum Francorum* (t. II, p. 382).

5. Ms. *archiprespitero.*

domino Bleso de Violanis, Milite Viridi[1], Guillelmo Trenchant, Oliverio de Mauniaco, Roberto de Ville-quier, domino de Betencuria, Roberto dicto de la Treille et multis aliis militibus et armigeris in munitio-nibus regis Navarre jam paratis tunc residebant, non minoris virtutis estimantes peracta fortiter tueri quam querere. Ilii omnes, statu hostium et numero explo-ratis, de consilio comitis Bellimontis cum numero mille et ducentorum pugilum apud Cocherel statue-runt adversarios expectare pede fixo, nam sperabat per hanc viam eos debere transire et quoniam hanc sciebat absconditam propter montem contiguum, vineis quoque et pratis circumdatam, que gratissimo aspectu vie preterfluebat fluvius unde equi possent sufficienter adaquari, idcirco hanc non sine causa anticipandam credebat. Ad hunc locum sine strepitu equorum venien-tes, descenderunt super prata virentia; ibique Bertran-nus, cum acies[2] ordinasset, et, ut hostium explorare-tur status, Archipresbiter se obtulit quod ei Bertrannus concessit, sed inde nil laudis vel comodi reportavit[3]. Sane non diu ibi expectaverunt pede fixo, cum quidam[4] preco armorum de monte prenominato descendens celeriter[5], non solum properantes adversarios nuntia-vit sed nomina singulorum, strenuitatem breviloquio attollens vix verba finierat cum eos digito[6] demons-

1. Il s'agit ici de Hugues, ou plus vraisemblablement de Louis de Chalon, surnommé le *Vert chevalier* (cf. *Chronique normande,* p. 335, n. 12).

2. Ms. *accies.*

3. Pierre de Sacquenville fut exécuté à Rouen, entre le 28 mai et le 13 juin 1364 (cf. Froissart, t. VI, p. LX, n. 1).

4. Ms. *quidem.*

5. Ms. *sceleriter.*

6. Ms. *digitto.*

travit. Ut de monte hostes Gallicos inspexerunt, tunc utrinque ingens clamor exoritur, explicantur vexilla eodem quoque momento, *captau* de Beu ad nostros accelerare et in eos dignum ducebat irruere ; sed domini Johannes Joel et Petrus de Saquainville oppinioni taliter resisterunt : « In omni actu bellico nimia festinatio reprobatur, in descensu quoque montis moles armorum ad pugnam[1] nos reddent inhabiles, aliquamdiu igitur expectantes invadendi opportuniorem modum eligamus[2]. » Sic moderate repressus *captau* de Beu usque ad vesperas omnes immobiliter[3]....., quod percipiens dominus Bertrannus verensque ne ad cautelam vellent sic procrastinare ut sui opprimerentur fami[4] media, de commilitonum consensu, nuncium ad *captau* misit, mandans quod alium locum belli ad tres tractus sagittarum a fluvio ubi stationem faciebat die crastina liberaret, si placeret, ulterius eidem significavit quod si vellet, ad eum accederet solus et peractis tribus ictibus lancee, qui validius impingeret, ad beneplacitum suum locum eligeret, sed *captau*, hiis vilipensis, remandavit ut[5] usque mane expectaret et tunc absque dubio contra Gallicos dimicaret. Audiens hec dominus Bertrannus, bellorum avidissimus, letatus est, et ut hostium acceleraret audaciam, facto mane, ad caute-

1. Ms. *pugngnam*.

2. D'après Froissart, dont M. Luce a suivi le récit sur ce point, c'est le captal de Buch qui, partisan de l'immobilité, aurait été obligé de modérer l'impatience de ses lieutenants ; notre chronique au contraire, d'accord en cela avec Cuvelier, prête à Jean Jouel et à Pierre de Saquainville une tout autre attitude.

3. Plusieurs mots ont dû être omis ici dans le manuscrit.

4. Ms. *famis*.

5. Ms. *et*.

Iam jussit ut, ascensus (*sic*) equis, trans fluvium sar-
cinas et impedimenta omnes deportarent et fugam
simularent ut hostem ad insequendum provocarent
citius. Que audiens, *captau* de Bcu mirabatur Bertrannum fugam arripuisse nec credebat donec istud ex
relatione multorum verum esse comparuisset. Inde
gaudentes adversarii et quasi arcam victorie jam tene-
rent [se] ostenderunt ordinate et in pomposo apparatu;
quod percipiens Bertrannus, mox Gallicis signum dedit
redeundi, et tunc *captau*, fugam percipiens simulatam,
omnes monuit ut constanter prelium expectarent et
cuppam[1] quilibet accipiendo, victualibus[2] membra
refoveret. Victualia et potus hostibus habundantis-
sime suppetebant, sciebant nostros[3] jam attenua-
tos media solum aqua refici; quapropter, cum omnes
pedestres descendissent, *captau*, compatiens Bertran-
no, mandavit eidem secrete ut rediret nec se suosque
exponeret inevitabili discrimini belli experiendo fortunam cum sui multo essent Gallicis fortiores. Ille
autem, verbis minime territus, preconem armorum
missum centum aureis ditavit dextrario optimo per
quem, cum *captau* ad mutuum prelium provocasset,
diffidentias mittendo, tunc suas acies ordinavit. Antequam inchoaretur conflictus, inter famulos ac servientes levis armature qui utriusque partis equos custodiebant, ex insperato mota est verbalis discordia
vicissimque de verbis prosilientes ad verbera cum
cutellis et baculis fortiter pugnaverunt; sed tandem
multis hinc inde occisis et letaliter vulneratis, nostris

1. Ms. *vippam.*
2. Ms. *victalia.*
3. Ms. *sciebant quod nostros.*

cessit victoria et equos hostium lucrati sunt. Quod
audiens Bertrannus inde gaudens et in bonum omen[1]
interpretatus negotium, suis ait : « Resumite vires ves-
tras, commilitones optimi, quoniam voveo sic nobis
continget ut servientibus nostris, ad laudem domini
nostri regis et regni Francie, » et hec dicens, jussit
acies[2] propinquare ad prelium lento gressu. Nondum
tractu sagittarum inchoacto, quidam[3] Anglicus, noviter accinctus baltheo militari, ad probitatis titulum
acquirendum, ordinem suum deserens, inter duas
acies prosiliit, demissa lancea; quem videns Johannes
de Bosco, armiger, qui vexillum Bertranni deferebat,
ad eum cito accurrens, eumdem transverberabat gladio et sic moriens, pro laude extremam ignominiam
reportavit. Jam Bertrannus contra *captau* aciem
directe duxerat et tunc resonantibus tubis[4] ubique
altissonis vocibus ingeminentur ad mortem, et demis-
sis lanceis, ab utroque latere in aggressu sese fortiter
impingunt. Qui tunc presentes aderant retulerunt nunquam de tam pauco numero pugilum duriorem conflictum se vidisse, veraci relatione asserentes quod
predictus *captau* de Beu laudem sibi meruit singula-
rem, nam cum ponderosa ascia hinc et inde percutiens, ea die multos occidit Francigenas et letaliter
vulneravit. Dum utrobique in agressu se mutuo ad
audaciam animarent, Robertus de Borneville titulum
nove militie extollere cupiens, in Anglorum medium
se immersit, sed tandem multis occisis et ipse cum
lacertis dimicans viriliter, prodolor! interfectus est.

1. Ms. *ommen.*
2. Ms. *accies.*
3. Ms. *quidcm.*
4. Ms. *lituis.*

Atrox fuit prelium et Gallici fortiter et fere importabiliter infodabantur ab hostibus, sed ad exhortationem capitaneorum resumptis viribus, et audacius solito in eos irruentes tunc Johannes de Senarpont, Johannes Plantain, Petrus de Spina, Johannes de Caren, Guillelmus Trenchent cum nonnullis aliis scutiferis graviter vulnerantur. Dum sic fortiter pugnaretur, Bascon de Marolio pluries repetierat : « Ubi es tu, Bertrannus, ubi es tu? » Quod ille audiens cito ad eum accurrit fortiterque super eum ictus ingeminans, tandem ipsum cum auxilio Britonum supervenientium interfecit. Hic sane reputabatur flos militie Anglicane; quapropter, eo mortuo, hostes timor invasit et mox inclitus dominus, vicecomes Bellimontis cum paucis adversarios penetrans usque ad *captau* pervenit qui plures ictus tunc sustinens cum martello de calibe a dextris et a sinistris percutiens, multos sauciavit[1] letaliter. Ibi vicecomes Bellimontis in Andegavia et Godefridus Danequin neci dantur, sed dominus Johannes Joeli, capitaneus de Roulleboise, qui se jactando dicebat ducem Normanie et quod infra breve tempus hunc ducatum vi armorum acquireret, duobus gladiis confossus, cecidit super sabulum et, ut plures retulerunt, cum de prelio fugere maturaret. Ad neutram adhuc partem inclinabantur acies[2]; tum servientes Francis auxilium novum nuntiant advenire et quamvis non pro ipsis sed contra ipsos multi pugiles venirent, nichilominus credentes hoc fore verum, gavisi sunt et ad sonum musicalium instrumento[rum].....

Non plus habebatur in exemplari.


1. Ms. *senciavit.*
2. Ms. *accies.*

# GENEALOGIA ALIQUORUM REGUM FRANCIE

PER QUAM APPARET QUANTUM ATTINERE POTEST REGI FRANCIE
REX NAVARRE [1].

*Auctore Richardo Scoti.*

Dulcifluis[2] ornato moribus, jocundissima natione
oriundo, antiquorum novorumque canonum emula-
tiones, legum legistarumque oppiniones cunctis habi-
tantibus orbem, quantum valet animus racionalis,
diligentius indaganti, domino Ancello Choquardi[3], regis
Francie ejusque primogeniti[4] regnum regentis consi-
liario fidelissimo et veraci, frater Richardus Scoti, dis-
cipulorum ejus omnium minimus, cum omni reverencia recommandacionem precipuam, subjectionem
continuam, dilectionem non ambiguam, ymo semper
perpetuam et perfectam. Reverende mi domine, quia
materia longa, breviter venio ad illud quod a me gra-
ciose quesistis. Genealogiam petistis, genealogiam
accipite, non quidem Luce, sed Mathei, non Aristotelis,
sed Platonis ordine procedentem.

In primis pro stipite seu trunco arboris genealogie
nostre ponitur Philippus[5], rex Francie, filius Sancti

1. Bibl. nat., lat. 14663, fol. 39.
2. Ms. *Dulcifilius.*
3. Anceau Choquard, conseiller au Parlement, était cette
même année auprès du roi Jean en Angleterre, et obtint, le
3 juillet 1358, des lettres de sauf-conduit d'Édouard III pour reve-
nir en France (Rymer, *Fœdera,* R. III, p. i, 358).
4. « Karoli V<sup>ti</sup>, » en interligne.
5. « Dictus *le Hardi,* » en interligne.

Ludovici, quia cuncti reges post ipsum de suo semine descenderunt. Iste igitur Philippus, quem pro stipite posuimus, duas habuit uxores, Isabellam, filiam regis Arragonie, et Mariam, filiam ducis de Brebanto. De Ysabelli genuit Ludovicum qui obiit, vivente patre, Philippum[1] qui patri in regno successit et Karolum postea comitem Valesii ; qui Karolus genuit Philippum, regem ultimate defunctum, patrem domini regis Johannis, heu ! Francia sordibus viciorum poluta, ejus malis demeritis in Anglia exulentis. De Maria vero de Brebanto genuit Ludovicum postea comitem Ebroicensem ; qui Ludovicus genuit Philippum comitem Ebroicensem, patrem istius muris scilicet Navarre regis, dentibus licet minutissimis regnum Francie multipliciter corrodentis.

Mortuo[2] rege Philippo, filio sancti Ludovici, Philippus ejus filius, qui dictus est Pulcher, successit in regno. Hic accepit uxorem Johannem (*sic*), filiam Henrici quondam regis Navarre, comitis Campanie et Brye. Huic Johanne, regine Francie, ob mortem patris, jure successionis, obvenerant regnum Navarre et comitatus predicti. De ista autem genuit rex Philippus tres filios : Ludovicum, Philippum et Karolum qui post mortem patris successive unus post alium regnaverunt. Genuit etiam filiam, nomine Ysabellam[3], nuper defunctam, matrem istius caudati[4] regis Anglie Eduardi. Hic attendatis. Mortua regina Johanna, regnum Navarre cum

1. « Le Bel, » dans l'interligne.
2. « 1284 » ajouté dans l'interligne.
3. La reine Isabelle, fille de Philippe le Bel et mère d'Édouard III, mourut au château d'Hertford le 23 août 1358.
4. Sur l'origine de cette dénomination, fréquemment appliquée aux Anglais pendant le moyen âge, voir un intéressant article de M. P. Meyer (*Romania*).

comitatibus predictis ad coronam Francie sunt adjuncta. Quod regnum et comitatus insimul rex Philippus dedit filio suo primogenito Ludovico; qui Ludovicus, in regem Navarre apud Pampiloniam coronatus, rediens ad patrem in Franciam, sigillum sibi fieri fecit talem scripturam in circumferentia continentem : « Ludovicus, Regis Francie primogenitus, Rex Navarre, Campanie, Bryeque comes palatinus[1]. » Hic accepit uxorem Marguaritam, filiam ducis Burgundie, sed quia adulterium commisit unde milites apud Pontizaram fuerunt excoriati, repudiavit eam que obiit[2] in carcere apud Castrum Gaillardi. Genuit tamen ex ea unam filiam, nomine Johannam, matrem istius muris non ulterius nominandi.

Defuncto rege[3] Philippo Pulcro, Ludovicus successit in regnum et tunc appellavit se regem Francie et Navarre accepitque sibi uxorem Clemenciam, filiam regis Ungarie, et genuit in ea filium. Postea mortuus[4] est, regina gravida remanente. Philippus vero, frater ejus, regimen regni suscipiens, sigillum fieri fecit, in quo sic erat : « Philippus filius regis Francie et Navarre »; sic debuisset dominus regens fecisse loquendo per nominativum : « Karolus regis Francie primogenitus regnum regens », et non plus. Ad propositum nostrum processu temporis regina peperit filium qui baptizatus est Johannesque vocatus; quinque diebus a nativitate mortuus est, unde ex tunc Philippus non et immerito tenuit se pro rege Ludovico ejusque filio defunctis, Philippus regis Francie secundus filius,

1. Cf. Douët d'Arcq, *Inventaire des sceaux des Archives,* n° 11382.
2. « 1314 » en interligne.
3. « 1314 » en interligne.
4. « 1316 » en interligne.

Remis in regem coronacione regia more Francorum coronatus extitit, licet impedimentum impositum fuerit quod fuit ortum et origo guerrarum nostri temporis quas habemus. In die namque coronacionis Regis antiqua ducissa Burgundie cum suis adherentibus, appellacione facta, eam intimari fecit proceribus et paribus regni qui coronacioni intererant et precipue prelatis ne in ipsam procederent donec tractatum esset de jure quod Johanna, puella juvencula Ludovici regis defuncti primogenita, habebat in regno Francie et Navarre et hec est Johanna mater istius muris; non obstantibus verbis appellationis, festum coronacionis fuit cum solempnitate celebratum, januis civitatis clausis, et armatis ad eorum custodiam deputatis. Veniens igitur Parisius rex Philippus, congregati fuerunt in presentia Petri de Tirelleyo, dudum regis Francie cancellarii sed de novo per papam ad cardinalatum assumpti, quamplures nobiles regni proceres et magnates una cum pluribus prelatis, burgensibus quoque Parisiace civitatis, qui omnes coronacionem regis approbaverunt necnon ipsi tamquam regi fideliter obedire juramento firmaverunt, magistris Universitatis hoc ipsum approbantibus quamvis non adhibito juramento; tunc declaratum fuit quod mulier in regno Francie non succedat.

Philippo sine herede masculo viam universe carnis ingresso, Karolus, frater ejus, sine controversia vel impedimento quocunque, in regno successit, habens in suo sigillo sicut et fratres sui habuerant, excepto nomine : « Karolus, Dei gratia, Francie et Navarre rex. » Karolo itaque sine herede masculo obeunte, regina tamen Johanna, sorore patris dicti muris, relicta pregnante ibi O. non revolavit a d.[1] quia Karolus, comes Valesii, qui toto posse aspiraverat ad regnum mortuus fuerat paulo ante, sed ad Philippum, filium suum, patrem istius Johannis exulis. Ecce domini nostri, ut melius potui, scripsi genealogiam.

Philippus igitur, filius comitis Valesii, qui in regno ad quod nunquam sperabat se venire Francorum communi deliberatione post multa habita inter eos et Anglicos argumenta fuerat sublimatus, in principio regni sui convocatis coram se baronibus suis tractatum habuit super ordinatione regni Navarre et comitatus Campagnie, et, convocatis plurimis nobilibus de regno Navarre, de eorum voluntate et assensu, hoc approbante procerum Francorum consilio, restituit Rex dictum regnum Ludovico[2], comiti Ebroicensi, filio Ludovici fratris Karoli comitis Valesii ex parte patris, filii regine Marie de Brebanto; et hoc ratione uxoris sue Johanne cui de jure debebatur regnum, cum esset filia Ludovici primogeniti Johanne regine Francie et Navarre, quondam uxoris regis Philippi Pulcri; ratione vero comitatus Campanie, alios eidem redditus assignavit in comitatu Marchie juxta civitatem Angolismam (*sic*).

In quinque autem lineis vel minus, recoligamus genealogiam nostram. Philippus, filius Sancti Ludovici, genuit Ludovicum qui obiit, Philippum Pulcrum qui successit, Karolum, comitem Valesii patrem Philippi ultimo defuncti Francie regis, Ludovicum comitem Ebroicarum patrem Ludovici[3] patris istius muris.

---

1. Cette abréviation remplace sans doute une formule juridique dont nous n'avons pu déterminer le sens.
2. « Alias Philippo, » dans l'interligne.
3. « Philippi, » substitué dans l'interligne.

Philippus Pulcher genuit Ludovicum, Philippum et
Karolum. Ludovicus genuit Johannem (*sic*), matrem
istius muris. Philippus et Karolus omnes habuerunt
filias. Postea Philippus, filius comitis Valesii, veniens
ad regnum habensque filium nomine Johannem, genuit
alium filium nomine Philippum, ducem Aurelianensem.
Mortuo rege Philippo de Valesio, Johannes, filius
ejus, fuit in regno sublimatus. Et sic patet tota genealogia nostra processisse in sexu masculino a Philippo
rege Francie, filio sancti Ludovici regis.

Pro Dei misericordia et laboris mercede quem per-
tuli in studendo super materia ista ad habendam ple-
nariam veritatem, ab anno scilicet Domini millesimo
ducentesimo septuagesimo sexto usque ad tempus
istud, supplico vobis orare et orationes fieri pro me
quia cum fluxu violenti acerbissimum febrem patior
nomine tercianam.

Legem vero salicam quam ab omnibus doctoribus
legum quoscumque novi petii utrum de ea cognitionem haberent et tamen michi nullam penitus respondentes, libentissime vobis demonstrarem. Primi namque reges, etiam adhuc pagani, illam condiderunt.
Postea rex Fràncorum primus christianus Clodoveus
qui fuit a sancto Remigio baptizatus, deinde Cildeber-
tus et Clotharius quod minus in pacto habebatur ydo-
neum per istos tres fuit lucide emendatum percur-
rente tali decreto quod sic incipit : « Vivat [Christus]
qui Francos diligit. » Item legis salice, id est francisce,
Karolus Magnus rex Francorum et imperator Romanorum XXXIX capitula addidit, Ludovicus ejus filius,
eque imperator, multa plura addidit valde pulchra.

# GERARDI DE FRACHETO CHRONICI

PRIMA CONTINUATIO IN MONASTERIO SANCTI DYONISII
REDACTA.

## M CC LXVIII.

*c*[1]. — Quarto ejusdem Clementis pape anno, scilicet
anno Domini M CC° LXVIII°, Corradinus nepos Frederici
olim imperatoris, morum patrum sequens vestigia,
parvipendens domini pape excommunicationem, contra
Ecclesiam et contra dominum Karolum, tunc regem
Sicilie, insurgens, cum Theutonicis quos habebat, quamplurimis Lumbardis et Tuscis sibi adjunctis pervenit
usque Romam ubi cum imperiali more sollempniter
receptus fuisset, adjuncto sibi senatore urbis et quamplurimis Romanis, regem Karolum debellaturus, Apuliam intravit, sed post durum campestre bellum.
Corrardus (*sic*) et quidam dux Austrie et multi comites
et nobiles in fuga capti per regem Karolum una cum
proditoribus ipsius regis decollantur, anno Domini
M CC LXVIII, in fine augusti.

*d*. — Hic Clemens canonizavit[2] cum magna solemp-

---

1. Nous avons cru devoir reproduire ici la division en chapitres
et en paragraphes que nous avons déjà trouvée pour la Chronique de Richard Lescot et qui, dans le ms. lat. 5005ᶜ, a été
étendue à toute l'œuvre de Gérard de Frachet et aux continuateurs jusqu'à l'année 1344. La partie que nous publions ici est
comprise dans ce manuscrit entre le chapitre cxviii *c* et le chapitre cxxvii *c*.

2. Lat. 5005ᶜ, *canonizat*.

nitate Viterbii Sanctam Adwigam, quondam ducissam Polonie[1], mire sanctitatis et devotionis viduam.

*e*. — Iste Clemens IIII[us], Guido Fulchodii vocatus, natione Provincialis, uxorem et liberos habuit. Primo fuit famosus advocatus et regis Francie conciliarius, demum uxore mortua propter vitam et scientiam notabilem primo Podiensis episcopus et post Narbonensis archiepiscopus, tandem Sabinensis episcopus efficitur. Sed cum post in Angliam propter pacis reformationem a papa Urbano IIII°, predecessore suo, legatus missus fuisset, absens a cardinalibus Perusii in papam est electus, sic jejuniis, vigiliis et orationibus ac aliis bonis operibus intentus fuit quod multas quas tunc Ecclesia sustinebat tribulationes Deus suis meritis creditur extinxisse. Hic sedit annis III, mensibus IX, diebus XXI; mortuus Viterbii sepultus est in ecclesia. Et cessavit sedes annis II, mensibus IX[2], et in festo beati Egidii, kalendas septembris, electus est et nominatus in papam Theobaldus Placentinus, archidiaconus Leodinensis, absens in transmarinis partibus, ut dicebatur, et Viterbii IIII° idus februarii Gregorius X est nominatus.

## M CC LXX.

*f*. — Anno Domini M° CC° LXX°, Ludovicus, rex Francie, non perterritus preteritis laboribus et expensis quas olim fecerat ultra mare, iterato cum tribus filiis,

1. Lat. 5005°, *Palonie*.
2. Martin de Troppau (*Mon. Germ. hist.*, t. XXII, p. 441) fixe la vacance du siège, après la mort de Clément V, à trois ans deux mois dix jours. Elle ne fut en réalité que de deux ans et neuf mois, comme nous le trouvons mentionné ici et dans la *Chronique* de Guillaume de Nangis (édit. Giraud, t. I, p. 233).

adjuncto sibi rege Navarre comiteque Campanie Theobaldo et quamplurimis prelatis et baronibus pro recuperatione Terre sancte iter assumpsit. Verum ad hoc ut Terra sancta facilius recuperaretur, incidit ipsis consilium ut regnum Thunicii quod in medio consistens non parvum dabat transfretantibus impedimentum, primitus Christianorum subiceretur potestati (*g*) et, cum portum et Carthaginem que est prope Tunicium potenti manu cepissent, infirmitas que illo anno maxime circa confinia maris viguit, in eorumdem Christianorum exercitu nimis invaluit. Et primo quidem de regis Francie filiis Johannem comitem Nivernensem, post legatum Domini pape, dominum Albanensem cardinalem, et demum ipsum regem christianissimum Ludovicum cum plurimis baronibus et comitibus necnon et aliis simplicibus, de medio sustulit.

Quam feliciter autem predictus terminaverit rex Ludovicus, rex Navarre domino Tusculano per litteras nuntiavit; nam in infirmitate sua laudare nomen Domini non cessans, illam orationem quandoque inferebat : « Fac nos, quesumus, Domine, prospera mundi despicere et nulla ejus adversa formidare. » Orabat et pro populo quod secum adduxerat, dicens : « Esto, Domine, plebi tue sanctificator et custos, etc. » Et cum appropinquaret ad finem, suspexit in celum dicens : « Introibo in domum tuam, adorabo ad templum sanctum tuum et confitebor nomini tuo, Domine. » Et hoc dicto, obdormivit in Domino.

*Cap. CXIX a.* — Cum autem de morte pii regis christianorum exercitus turbaretur et Sarracenorum letaretur, dominus Karolus, rex Sicilie, bellator egregius, pro quo adhuc vivens frater suus rex Francie miserat navigia [1] cum magna militia advenit. De cujus adventu Christianis gaudium Sarracenisque tristitia accrevit, et cum multo plures viderentur Sarraceni quam Christiani, nullatenus tamen audebant bello generali cum Christianis congredi, sed per quasdam astutias multa eis incommoda inferebant. De quibus unum fuit : est enim regio illa multum sabulosa et tempore siccitatis pulverosa. Unde Sarraceni statuerunt super unum montem Christianis vicinum plura millia hominum, et, cum ventus staret ad partem Christianorum, sabulum moventes pulverem suscitarent; qui pulvis multam molestiam intulit Christianis. Sed tandem pulvere per pluviam sedato, Christiani, paratis machinis et variis instrumentis, Tunicium per mare et per terram et per aquam oppugnare intendebant [2] (*b*) ; quod videntes Sarraceni, timore compulsi, pacta cum Christianis inierunt. Inter hec dicuntur fuisse precipua ut omnes Christiani in regno Thunicii captivi liberarentur et quod, monasteriis ad honorem Christi in omnibus civitatibus regni illius constructis, fides Christi per Predicatores et Minores et alios quoscumque libere predicaretur, et volentes baptizari libere baptizarentur, et solutis expensis regibus quas ibi fecerunt, rex Tunicii regi Sicilie tributarius efficeretur. Pluraque alia pacta fuerunt que hic ponere longum esset.

*c*. — Cum autem ex adventu regis Anglie Odouardi multitudineque Frisonum et aliorum peregrinorum in

---

1. Lat. 5005c, *navigio*.

2. L'expression « per mare et per terram et per aquam » se retrouve aussi dans la première rédaction de la *Chronique* de Guillaume de Nangis (t. I, p. 238). « Per mare » a été supprimé dans la seconde rédaction.

tantum Christianorum crevisset exercitus quod circa
cc$^a$ millia pugnatorum crederetur et speraretur quod
non solum Terram sanctam sed et Sarraceniam totam
subjugare debuissent, peccatis exigentibus, absque
ulteriori utilitate, est dispersus. Nam legatus domini
pape qui ipsos dirigere debuerat per mortem subtractus
erat. Terra etiam sancta ad quam ire debebant guber-
natorum peregrinorum carebat quia patriarcha qui
legatus in Terra sancta fuit, tunc defunctus erat, sedes
etiam apostolica que utrobique providere debebat,
tunc vacabat.

*d.* — Rex autem Navarre qui infirmus de Affrica
processerat, in Siciliam veniens, est deffunctus. Cui successit ejus frater Theobaldus. Sed parum post vivens
decessit sine heredibus. Cui Henricus successit, amborum frater[1]. Huic autem nupsit filia comitis Attrebatensis Roberti, fratris scilicet regis Francie Ludovici,
apud Carthaginem defuncti, de qua filiam suscepit
nomine Johannam quam quartus Philippus rex Francie
duxit uxorem ; cui Johanne, post patris obitum, regnum
Navarre Brieque et Campanie comitatus provenerunt ;
matrem vero ejus post regem Henricum dominus He-
mundus, frater regis Anglie Odouardi, desponsavit.

*e.* — Eodem tempore, dum reverteretur Christianorum exercitus de Thunicio, adhuc rege, prelatis et
baronibus Francie existentibus apud Viterbium in Ytalia, dominus Guido de Monteforti, filius comitis Lei-
chestrie Symonis in bello anglicano perempti, Henricum dictum de Alemannia, cognatum regis Anglie

---

1. Nous n'avons trouvé qu'ici cette mention d'un second Thi-
baud précédant Henri sur le trône de Navarre.

Odouardi, missam in quadam Viterbii ecclesia audientem, invadens ac inde ipsum violenter extrahens, crudeliter interfecit.

## M CC LXXI.

*Cap. CXX a.* — Anno Domini $M^o$ $CC^o$ $LXXI^o$, Philippus III$^{us}$, Ludovici filius, regnavit in Francia XV annis. Hic vero revertens de Thunicio per Siciliam carnem et viscera patris sui apud abbatiam Montis regalis Sicilie humenda dimisit. Reversus autem in Galliam, ossa ejus fructifera apud sanctum Dyonisium cum ingenti honore, ut decuit, tumulavit. Ad cujus sepulturam multi per regnum Francie egrotantes ex diversis langoribus per sancti regis merita sunt sanati. Sepelierunt etiam juxta eum Ysabellam, reginam, Philippi sui filii regis uxorem, et Johannem comitem Nivernensis (*sic*), dominum Petrum, cambellanum, virum sanctum, ut creditur, ac Augi comitem, Johannis filium regis Jerusalem qui in peregrinatione Thunicii obierunt.

## M CC LXXII.

*b.* — Anno Domini $M^o$ $CC^o$ $LXXII^o$, Gregorius X$^{us}$, natione Lombardus, de civitate Placentia, sedit annis III. Hic mire experiencie fuit in secularibus. Non intendebat pecuniarum lucris sed pauperum elemosinis. Unam vero ordinationem quinque cardinalium episcoporum fecit quamplurimum laudabilem, quia honestas et valentes personas assumpsit.

Circa idem tempus, Philippus, rex Francie, direxit exercitum in partibus Tholosanis contra Fuxi comitem qui regis famulos in cujusdam castri munitione existentes invaserat et eis ac illorum partium, ut dicebatur, intulerat multa mala. Sed agnoscens terre sue regem ac exercitum propinquare, sibi timens, venit ad eum, quicquid sibi et Ecclesie dampni intulerat emendavit. Quem rex et ejus uxorem diu tenens in Francia custodie mancipavit, non ignorans ipsius et incolarum insidias terre semper ac invidias contra regnum.

## M CC LXXV.

*c.* — Anno Domini M° CC° LXXV°, apud Lugdunum, Gallie urbem, sollempne celebratum est consilium a Gregorio papa decimo. In quo multa Ecclesie utilia statuuntur, scilicet de subsidio Terre sancte, de electione Summi Pontificis et statu Ecclesie universalis. In hoc autem concilio Grecorum ac Tartarorum sollempnes nuncii interfuerunt et tunc Greci ad unitatem redire promittentes, in signum hujus rei Spiritum sanctum a Patre et Filio confessi sunt procedere, symbolumque in concilio sollempniter decantantes[1] sed et bigami qui tonsuram clericalem tunc temporis deferebant et utebantur tamquam clerici privilegio clericali uti talibus in perpetuum prohibentur. Numerus autem prelatorum qui ibi fuerunt sunt quingenti episcopi, LX abbates, et alii prelati circa mille.

Eodem anno moritur papa Gregorius X et cessavit sedes dies X.

---

1. Un membre de phrase a dû être omis ici par un copiste ; il est d'ailleurs possible d'y suppléer par le texte de la *Vita Philippi tertii* de Guillaume de Nangis, où l'on trouve avant les mots *et bigami* : « … decantaverunt. In eodem etiam concilio plures ordines mendicantes sunt quassati » (*Historiens de France,* t. XX, p. 494).

## M CC LXXVI.

*d.* — Anno Domini M° CC° LXXVI°, Innocentius V[us], natione Burgundus, de Tarantia, sedit mensibus V et dies II et cessavit papatus dies XVIII. Hic a Provincia frater Predicator existens, doctor in sacra scriptura efficitur. Et licet multa bona facere potuisset, morte preventus, nichil notabile fecit; mortuus est Rome et in Lateranensi ecclesia sepelitur.

Eodem anno, Adrianus V[us], natione Januensi, sedit mense uno, dies IX. Iste Adrianus fuit nepos Innocentii quarti et ab[1] ipso in cardinalem sancti Adriani promotus, a domino Clemente quarto legatus in Angliam pro guerra que inter regem et barones exorta fuerat sedanda missus fuit. Hic papa factus, constitutionem quam papa Gregorius in consilio Lugdunensi de restitutione cardinalium prope electionem Summi Pontificis ediderat, proponens eam aliter ordinare, sed morte preventus constitutionem sic suspensam reliquit.

*e.* — Item eodem anno Johannes XX[2], natione Hyspanus, sedit mensibus VIII, die I et cessavit papatus mensibus VI, diebus[3] VII. Hic pontifex Johannes, Petrus antedictus, in diversis scientiis famosus, scientiarum florem et pontificalem dignitatem morum quadam stoliditate deformabat adeo ut industria naturali pro parte carere videretur. In hoc tamen quamplurimum laudabilis fuit quod, se tam pauperibus quam divitibus communem exhibens, multos egentes studium litterarum amplectantes, fovit et in beneficiis ecclesiasticis

1. Lat. 5005ᶜ, *in.*
2. Lat. 5039, *Johannes XXI.*
3. Lat. 5005ᶜ, *dies.*

promovit. Et cum vite sibi spatium in annos plurimos extendi crederet et hoc coram multis assereret, subito cum camera nova quam pro se Viterbii circa Palatium construxerat solus corruit et inter ligna et lapides collisus, vi° die post casum, sacramentis omnibus ecclesiasticis perceptis, expiravit et ibidem in ecclesia Sancti Laurentii sepultus existit.

## M CC LXXVII.

*Cap. CXXI·a.* — Anno Domini m° cc° lxxvii°, Petrus de Brocia, regis Francie cambellanus, circa Epyphaniam captus et in turre apud Jamvillam in Belsia retrusus, infra octabas Sancti Johannis Parisius est suspensus. De cujus morte turpissima per regnum Francie mirati sunt universi; nam in tanta familiaritate et amicitia apud regem excreverat quod prelati, barones et principes ac etiam regis fratres ei honorem maximum deferebant.

*b.* — Eodem tempore, Tyber, flumen romanum, in tantum suos transcendit alveos quod supra altare Beate Marie Rotonde per quatuor pedes et amplius excreverit.

## M CC LXXVIII.

Anno Domini m° cc° lxxviii°, Nicholaus III[us], natione Romanus, de domo Ursinorum, sedit fere iii annis. Hic unam ordinationem fecit quinque episcoporum. Palatium etiam Sancti Petri multum augmentavit. Regem autem Sicilie, nobilem Ecclesie pugilem, a vicaria Tuscie amovit ac constitutiones faciens tam de electionibus prelatorum quam de electione senatoris urbis se in senatorem ad vitam suam, ut dicitur, procuravit, faciens senatum fere per duos annos regi.

*c.* — Dicitur autem iste papa unum misisse ad Karolum, regem Sicilie, cardinalem, ut ejus super amissione vicarie continentiam, patientiam et obedientiam experiret. Quem per omnia Ecclesie romane bonum et humilem inveniens, dixisse fertur : « Fidelitatem habet a domo Francie, perspicuitatem ingenii a regno Hyspanie, discretionem verborum a frequentatione romane curie; alios possemus superare, istum autem non poterimus. »

*d.* — Eodem tempore, magister Johannes de Aurelianis, Beate Marie Parisiensis cancellarius, seculo valefaciens, fratrum Predicatorum intravit ordinem, honorem episcopatus, quem multi toto mentis[1] affectu ambiunt ac procurant, ad quem promotus fuerat, derelinquens.

## M CC LXXX.

Anno Domini M° CC° LXXX°[2] moritur papa Nicholaus III^us in Suriano castro prope Viterbium et vacavit sedes v mensibus et diebus XXII.

*e.* — Eodem anno, circa Epyphaniam, Sequana, flumen Gallie, ex alveo suo insolito sic egreditur quod cunctis esset formidini, Parisiusque duos pontes diruens et aliis locis quamplurimis ita circumquaque influit civitatem ut nequiret a parte Sancti Dyonisii absque navigio ingredi et ea alia parte prope Crucem Hemundi dicuntur fuisse navigia.

*f.* — Circa predictum tempus, statim post decessum Nicholai pape, Hanibaldenses, quam cito mortem ejus sciverunt, convocata parte sua Capitolii et rocha-

1. Lat. 5005^c, *mentes.*
2. Lat. 5005^c, *M CC LXX.*

rium (*sic*) urbis existentium sub custodia vicariorum quos isdem papa constituerat, parem dominium, invitis Ursinis, habuerunt. Ita quod ex pacto inter eos pro Hanibaldensium unus, pro parte Ursinorum alius in Capitolio senatoris officium gerentes fuerunt constituti sub quorum regimine multa homicidia plurimeque dissensiones et alia mala quamplurima sunt habita tam in Urbe quam in ejus districtu et tamen impunita.

*g.* — Eodem tempore parabat navigium Petrus de Aragonia contra dominum Karolum, regem Sicilie, sed se velle Sarraceniam debellare fingebat.

## M CC LXXXI.

*Cap. CXXII a.* — Anno Domini M° CC° LXXXI°, in die cathedre Sancti Petri, Martinus, natione Gallicus, de Monpincien in Bria, Symon ante dictus, eligitur in papam et apud Urbem veterem, X° kalendas aprilis, consecratur. Hic electus, in senatorem Urbis ad vitam loco sui instituit regem Sicilie Karolum et de domo seu familia ipsius regis sumpsit milites ad regendum patrimonium Romane Ecclesie. In Romaniola vero destinavit comitem dominum Johannem de Apia cum soldanariis (*sic*) Francigenis fere octingentis contra Guidonem Montisfeltri qui terram Romane Ecclesie in illis partibus occupatam detinebat. Qui Guido de civitate in civitatem malitiose se transferens infra fortalicia se tuebatur, interdum predam rapiens ut ex ea sequaces pascerentur.

*b.* — Eo tempore, apud Urbem veterem orta fuit discordia magna inter gentem regis Sicilie et Urbeveteranos et, ut multi referunt, Renerus tunc capitaneus, Urbeveterani[s] assensum prebebat ut rex et

Galli vituperium sustinerent et dampnum. Nam cum tumultus magnus oriretur et clamores validos emitte- rent[1] Urbeveterani, mortem ad Gallicos exclamantes, sepe vocatus ut gentem suam refrenaret, se fingebat infirmum sed cessavit tandem dissensio aliquibus hinc inde vulneratis et quamplurimis Urbeveteranis inter- fectis, de familia regis uno tantummodo garcione moriente.

*c.* — Eodem anno, mense februario, piscis marinus, in effigie leonis, captus, apud Urbem veterem ubi erat papa et curia deportatus est cujus pellis pilosa, pedes breves, cauda leonina, caputque leoninum, aures, os etiam infra dentes et linguam habebat quasi leo, refe- rebatur itaque quod in ejus captione planctus horri- biles emiserat sicque multi prenostica futurorum exinde asserebant. Et ecce parum post in regno Sici- lie Parnomitani, succensa rabie, Gallicos qui moraban- tur ibidem omnes tam mares quam feminas ac senes et juvenes in regis contemptum occiderunt. Et, quod detestabilius fuit, latus aperientes mulierum latinarum pregnantium que dicebantur a Gallicis concepisse, partus occidebant antequam nascerentur. Deinde tota Sicilia sic debellata, Petrum regem Aragonie in suum defensorem ac dominum vocaverunt.

*d.* — Eodem quoque temporis concursu, fuit inter Romanos dissensio maxima et paratis hinc inde acie- bus suis, pars Ursinorum transtulit se Penestrum, Hani- baldi vero[2] credentes cum eis habere bellum campes- tre, illuc se transtulerunt cum Urbis vicario qui, certis

1. Lat. 5005ᶜ, *emitterant.*
2. Lat. 5005ᶜ, *tertio.*

de causis, eos fovebat et ab eis tuebatur et vastaverunt contractam usque ad muros Penestre non sine multorum occisione, Ursinis in fortaliciis se tenentibus.

*e.* — Eodem tempore, pugnavit rex Anglie Odoardus cum Galorum principe et ipsius fratre David terramque ipsorum que sub nullis Anglicanis regibus subacta fuisse dicitur subegit, ipsis fratribus interfectis. Qui postmodum in signum victorie xii Galetos nobiles et pulcherrimos, dum per urbes et villas nobiles equitaret, pedites cum accinctis gladiis seipsum circumdare faciebat.

*f.* — Fuit autem circa illa tempora apud Parisius, Anglicanis et Picardis clericis inter se dissidentibus, in Universitate clericorum tanta discordia quod ibi studium deficere crederetur. Nam cum armis et viribus Anglicani clerici clericorum Picardie nationem extra Parisius fugere coegerunt, fractis eorum domibus et eorum aliquibus interfectis.

## M CC LXXXII.

*Cap. CXXIII a.* — Anno Domini m° cc° lxxxii°, pridie kalendas maii, dominus Johannes de Apia contra Guidonem de Montefeltri progrediens, burgum civitatis Forilivii capit hostiliter et per hanc diem et noctem sequentem idem Johannes cum comitiva sua remanens, die crastina, prima maii, congregatis aciebus, ordinavit tres turmas militum et unam peditum in burgo stabiliens in civitatis facie. Sed pars adversa, tam per ipsam partem quam per alias, emisit suos diverso modo bellatores ut plus astutia quam bello posset dominum Johannem de Apia debellare; sicque factus est hujusmodi conflictus in quo cecidit comes Thadeus,

nobilis pugil Ecclesie cum quingentis fere Gallis, ex
adverso vero quamplures nobiles et ignobiles fere
mille quingenti. Tandem, nocte superveniente, ad
suam partem superstites retraxerunt, nullis tamen
victoria attributa.

*b*. — Tunc etiam in Thunicio magna paganorum mul-
titudo per Petrum Aragonie inter districtus montium
est depressa, sed fere tria milia pagani de suis occiderunt.

*c*. — Soldanus etiam Babilonie a Tartaris tunc
fugatus per VIII dietas, occisi dicuntur pagani ultra
L milia, quibus viribus et animo resumptus soldanus
Tartaros orientales fugans, XXX milia Tartarorum in
ejus fuga dicitur occidisse.

*d*. — Eodem tempore, princeps Salerne Karolus,
domini Karoli regis Sicilie et Jerusalem filius, qui missus
fuerat pro auxilio in regnum Francie, rediit in Apuliam
cum magna militum comitiva. Inter quos comes Alan-
sonis, frater regis Francie[1], comes Attrabatensis, Robertus, comes Bolonie, comes Dompni Martini et comes
Burgundie cum multis nobilibus advenerunt, reverso
rege Karolo de obsidione Messinensium et eo in pla-
num Sancti Martini in Calabria existente.

*e*. — Paululum vero post hoc tempus, Petrus, Aragonie qui jam contra domini pape inhibicionem Siciliam occupaverat et ibi in regem se fecerat coronari,
propter quod excommunicatus et regno Aragonie
omnino eo quod ab ecclesia tenebat erat privatus,
belli pactum tale Karolo demandavit, scilicet ut haberet eorum quilibet centum quos vellet et posset mili-

---

1. Les mots *rediit in Apuliam* se trouvent répétés ici dans le
ms. lat. 5005ᶜ.

tes in plano Burdegalensi centum contra centum ad
pugnandum ad invicem preparatos, inter quos ipsi
duo debebant Petrus et Karolus computari, et qui vic-
tus esset infamis perpetuo et privatus honore regioque
nomine remaneret, imo contemptus de cetero serviente
cum eo solus incederet; non veniens autem ad predictum locum die prima junii sic paratus, penas similes ac etiam perjurium incurrebat.

## M CC LXXXIII.

Anno Domini m° cc° lxxxiii°, Karolus, Sicilie rex,
prima die junii venit Burdegalas, contra Petrum Aragonem pugnaturus, eo modo quo sibi mandaverat
preparatus; sed non ausus huc venire dictus Petrus, ut
debebat, nocte tamen diem statutam precedenti, cum
duobus sociis, ut tradunt aliqui, in loco privato et
remoto locutus est cum Burdegale senescallo, preten-
dens quod servare pactum suum ibidem prope timorem regis Francie non audebat.

*Cap. CXXIIII a.* — Eodem tempore, dominus
papa Martinus destinavit Guidonem de Monteforti,
virum strenuum, in[1] Romaniolam ut ejus presentia
sui confortarentur stipendarii. Quo illuc veniente, Guido
Montifeltri statim terras et civitates [conquisitas] per
eum, ipsi Guidoni de Monteforti nomine Ecclesie restituit, jurans pariturum Ecclesie se mandatis; sicque terra
Romaniole ad mandatum domini pape pacifice est re-
versa, excepta civitate Urbinensi; sed ipsam aggrediens
dominus Guido Montisfortis hostiliter, quicquid extra
muros fuerat devastavit, ipsorum capiens fortia quin-

---

1. Lat. 5005ᶜ, *et.*

que castra et habitantes in eis ad mandatum suum
venire sunt compulsi.

*b*. — Circa predictum tempus, regnum Aragonie
versus Navarrem (*sic*) per milites et stipendiarios regis
Francie, cum auxilio cujusdam nobilis de Aragonia qui
cognominabatur Johannes Longo, invaditur et multa
castra occupata fuerunt et multi de Aragonia occiderunt (*sic*), Petro absente et procurante sibi subsidium
qualiter posset regnum ipsum quo privatus jam fuerat
defensare.

*c*. — Hiis undique sic concurrentibus, Romani, more
solito et eis innato, a regimine Urbis quemdam nobilem de Apulia, vicarium Urbis, officium senatoris gerentem, expellentes ab officio, eum custodie detinere pre-
sumpserunt et quemdam Romanum nomine Johannem
Cinchii, fratrem domini Latini tunc Ostiensis[1] episcopi
in capitaneum urbis et reipublice defensorem invoca-
runt qui, licet parum rexerit, multos tamen Romanos
offendit et domos Bovinorum in pede mercati non
sine spoliatione domorum vicinorum dirui fecit ; sed
Romanis ad mandatum pape reversis, vice pape duos
vicarios senatoris susceperunt, sub quorum regimine
quiete permanserunt, sed multi tamen credebantur
cum Petro Aragonie confederationem iniisse.

Rege igitur Karolo de gallicanis partibus quo fere
per annum moram contraxerat revertente, per mare
se transtulit versus Apuliam, cujus adventum scientes
Siculi et Hyspani cum Messinensibus commorantes,
cum XXVII galeis armatis et munitis venerunt per
mare prope Neapolim ut sua sagacitate possent ibi-

_______________

1. Ms. *Hostiensis*.

dem aliquos ante regis adventum offendere, profe-
rentes multos clamores et indicia quibus moverent ibi
existentes Gallicos ad pugnandum. Quos audiens, princeps Salerne, Karolus, regis Karoli primogenitus, qui
dimisso Attrebatensi comite in Calabria, certis de causis illuc venerat, motus et incitatus indiciis et clamori-
bus eorumdem, dampnose sumens audaciam, cum suis
bellatoribus intravit galeas et prefatos inimicos aggrediens, contra eos pugnavit viriliter cum paucis galeis
quia, fraude nautarum deceptus, remiserat xvii galeas
Neapolim in quibus nobiles erant et strenuissimi bellatores; sed, quia inexpertus preliorum maris erat, cum
suis captus et Messanam ductus, custodie carceris
mancipatus est, non tamen sine magna suorum inimicorum occisione, sed, quia viles erant galioti et nullius
nominis, non fuit equale dampnum. Quarta die sequenti,
veniente patre Neapolim, Neapolitanos qui jam post
captionem principis spiritum rebellionis assumpserant
et fugarant Gallicos et spoliarant, castigavit et eos, con-
niventibus oculis, quasi inscius, a suis permisit se-
quacibus cruciari. Tandem rex, parato exercitu, versus Regiam in Calabriam ubi comes Attrebatensis erat,
se transtulit ut Farum transiret, Messanam cupiens
obsidere sed, quod conceperat nequiens adimplere,
multa vasa in portu Brandisii, ne per flatus hyemales
vastarentur aut ab inimicis caperentur, postmodum
recludens, reliqua per mare, ut custodirent passagia,
destinavit.

Eodem tempore, comes Rubeus, pater uxoris domini
Guidonis de Monteforti, diem clausit extremum. Quo
audito, idem Guido, de licentia domini pape, exercitum Ecclesie in obsessione relinquens Urbinaci, se

transstulit in Tusciam ut terram que sibi ex morte
comitis provenire debebat contra comitem Sancte
Flore qui eam impetebat, defensaret. Ipso autem in
dicta terra existente cum paucis comitibus, comes
Anguillarie, ut ipsum offenderet, terram ipsius intravit
hostiliter contra quem dominus Guido progrediens,
pugnavit viriliter, in quo bello sagaciores et fortiores
Tuscie de familia ipsius comitis Anguillarie ceciderunt,
quidam capti, quidam interfecti, ipso domino Guidone
graviter vulnerato.

## M CC LXXXIV.

*Cap. CXXV a.* — Anno Domini M° CC° LXXXIIII°, dominus papa Martinus, maliciam et nequitias Reneri capitanei Urbe - Veteris ultra sustinere non valens, se
transtulit Perusium ubi cum ingenti honore et gaudio
multiplici est receptus. Sed ex eo prefatus Renerus in
officio capitanie ingrassatus, in tantam demencie pra-
vitatis gebelline prorupit audaciam quod Guelfos de
Urbe-Veteri eo nobiliores et potentiores subpeditare
totaliter niteretur; sed Guelfi, sumptis viribus et vocato
domino Guidone de Monteforti qui eis adherebat,
ipsum Renerum cum filiis, post tandem omnes Gebeli-
nos sibi adherentes ab Urbe-Veteri ejecerunt.

*b.* — Eodem tempore, comes de Joigni qui in[1] obsidione Urbinaci remanserat, contra domini Guidonis
de Monteforti instructionem Urbinacum imprudenter
invadens, ibidem extitit interfectus.

*c.* — In crastino etiam assumptionis Beate Marie,
eodem anno, Philippus IIII$^{us}$, rex Francie, duxit in uxo-

_______________

1. Lat. 5005$^c$, *de.*

rem dominam Johannam, filiam Henrici regis Navarre;
regnum comitatusque Brie et Campanie ad regnum
Francie accesserunt.

*d.* — Circa idem tempus, in vigilia Beate Katherine
virginis, per totam noctem tanta fuit ventorum vehe-
mentia quod multe domus multaque clocheria in diversis locis regni Francie et multi fortes et magni arbores
ceciderunt.

*e.* — Eodem anno, rex Sicilie Karolus, gravi infirmitate concussus, licet se quasi non patientem pro
viribus suis ostenderet, ne suorum forte sagacius et
fortius inimicorum superbiam augmentaret, ordinans
de statu regni primitus communicatoque suorum consilio, salutarem Christi corporis hostiam cum unctione
supprema in fideli ipsius invocatione nominis suscepit
et sic, die dominica, septimo mensis Januarii, in Domino requievit.

Cujus mortem agnoscens, dominus papa Martinus
lugubres dies cum suis cardinalibus, sicut decuit, celebravit; ad celerem succursum principis suorumque
heredum, Attrebatensi comiti strenuissimo per cujus
industriam inclite probitatis animositate decoratam
regnicole quamplures potius timore quam fidelitate
prestabant obsequium, impendendum animum disponens, negocia que de diversis mundi partibus venie-
bant retardando, quamdam pecunie summam fere c milia librarum turonensium destinavit. Et parum post,
scilicet die Resurrectionis dominice que fuit die Annun-
ciationis Virginis Marie, postquam celebrasset solitam-
que cum suis capellanis refectionem sumpsisset, arripuit eum occulta infirmitas ex qua, licet se graviter
pati diceret, ejus phisici, morbum ignorantes et cau-

sam, asserentes nullum in eo mortis esse indicium, die
mercurii proximo sequenti, circa noctis horam quasi
quintam, debitum exsolvens conditionis humane, ad
Dominum, ut certis opinatur indiciis, transmigravit et
vacavit sedes tribus diebus. Diversarum namque
afflicti passionum scilicet visus, auditus, ingressus et
loquele, prostrati juxta ejus tumulum, multi, quamplurimis videntibus, sunt sanati.

## M CC LXXXV.

*Cap. CXXVI.* — Anno Domini m° cc° lxxxv°, Honorius iiii^us, natione Romanus, de domo Savellorum,
iiii° die mensis aprilis, prima die qua convenerunt ad
electionem Summi Pontificis celebrandam, in papam
ab omnibus est electus et die sequenti dominica coronatus. Hic statim post promotionem suam tam comiti
Attrebatensi in Apulia quam ceteris stipendariis in certis partibus per dominum Martinum predecessorem
suum ordinatis, eos confovendo, prestavit subsidia et
animavit ad suscepta negotia sollicite prosequenda.

*a.* — Eodem anno, Philippus iii^us, rex Francie, de
mandato domini Pape Martini quarti, cum legato ipsius
pape, domino Johanne tituli Sancte Cecilie presbytero
cardinali, ad hoc specialiter destinato, terram et regnum
Aragonie Petri excommunicati quam predictus papa
Karolo, ejus filio, nepoti scilicet dicti Petri, concesserat cum armis et viribus ac non minimo gentis Francorum exercitu, per mare et terram intravit hostiliter.
Et primo terram Rocilionis aggrediens, cepit in ea
castella et munitiones quamplures, nonnulla ob sui vili-
tatem et habitatorum in eo parvitatem qui sibi et suis

fuerunt postmodum in dampnum et perniciem, nescio
quorum consilio, capere pretermittens, per passum
Ecluse qui fortior terre introitus dicebatur, usque
Geronnam, regni Aragonie urbem fortissimam, pervenit et obsedit.

*b*. — In ipso autem obsidionis termino, die scilicet
Assumptionis beate Virginis Marie, cum rex comitem
Domni-Martini cum paucis de exercitu armatis ad portum maris proximum ubi regie naves erant, misisset
victualibus exercitui adportandis, Petrum Aragonem
non latuit qui cum tribus milibus peditibus[1] et quingentis
equitibus armatis iter munierat ut predictum comitem
cum suis posset occidere in regressu et Francorum
victualia depredari. Sed piissima Virgo Maria que suos
nunquam deserit in adversis, Francos suos qui ejus
devote, ipsa die Assumptionis ipsius, sollempnitatem
celebraverant, non est passa ab impiis Sancte Dei
Ecclesie inimicis ipsa die taliter depredari. Nam quidam de Francis in insidiis positus, Aragonum insidias
comiti de Marchia et domino Radulpho de Nigella
constabulario et domino Johanni de Hardicuria, exercitus marescallo, concit[at]us nuntiavit. Qui cum centum illico et quinquaginta sex armatis equitibus Aragonum insidiis occurerunt. Quod videntes Aragonii,
quia pauci ad eorum numerum videbantur, protinus
invaserunt; sed Franci de gloriose Virginis Marie
auxilio spem habentes, in ipsos fortiter irruerunt eos-
que non diu viriliter debellantes, fere omnes occiderunt,
ipsorum rege Petro totaliter vulnerato qui vix tandem
fugam arripiens, de dictis vulneribus non parum post,

---

1. Lat. 5005ᶜ, *peditis*.

ut multi aiunt, mortem, sicut dignus erat, dicitur incurrisse.

*c.* — Fertur enim in dicto afflictu fuisse milites Aragonie fortiores et nobiliores et ex eis v vel IIII, sicut postea belli declaravit eventus, indutos armis Petri simillimas armaturas, ut nequiret a Gallicis veraciter apprehendi. Sed quanquam vere exterius non novissent ipsorum gladios interius non evasit. Unum mirum est ac etiam pro magno miraculo celebrandum : nam de Gallis solummodo nisi quatuor occiderunt, cum bene pugnantes contra se xxv quilibet inveniret Gallicus Aragones.

*d.* — Mense vero obsidionis[1] tertio, Gerunna capitur et munitur ac inde rex, quorumdam consilio, se retrahens, disponens se trahere versus Gargasonem, partem quamdam suarum navium licenciavit, sed exinde dampnum maximum dicitur incurrisse quia dictas naves invenientes Aragonii illico locaverunt et alias insequentes regis naves ac viriliter debellantes, partem ex eis maximam lucrati sunt et rex etiam in descensu a munitionibus quas neglexit capere, tunc detrimentum maximum est perpessus. Nam ubi videbant paucos Gallicos, revertentes in ipsos furtim et velociter irruentes, rapiebant quidquid poterant, ad suas confestim fortericias fugientes et cum novissent Aragonii regem a Geronna cum exercitu recessisse, illic cum Judeis et paganis quamplurimis quos habebant velociter redierunt, Francos qui remanserant obsidentes. Qui victualium defectu quibus semper indiget gens gallica, hac pactione ut sani cum suis

---

1. Lat. 5005ᶜ, *obsidiones.*

hinc abirent Geronnam non longe post ea reddiderunt.

*f*. — Igitur istos et alios eventus videns et audiens rex Philippus cum infirmitate quam habebat dolorem cordis incurrit maximum; de quo maxime dicunt aliqui ipsum post tempus modicum expirasse cujus corpus postmodum apud Sanctum Dyonisium est humatum. Sed antequam moreretur, jurare fecit filium suum Philippum primogenitum quod suum fratrem Karolum ad regnum Aragonie acquirendum pro posse fideliter adjuvaret.

*Cap. CXXVII a*. — Eodem anno, circa festum beati Luce Evangeliste, Philippus IIII^us, ejusdem filius ex sorore Petri de Aragonia, regnare cepit in Francia octodemnis. Qui, statim post patris obitum, ut coronaretur, de obsidione regni Aragonie in qua cum patre fuerat revertens in Galliam cum rege Majoricarum, suo avunculo, et cum suis Tholose et Carcassone senescallis, ad cohercendam et oppugnandam malici[os]am proterviam Aragonum que nimis pro decessu patris ipsius ingrassata fuerat illis in partibus, plures dimisit stipendiarios gallicanos et Remis, ipsa die sequentis Epyphanie, coronatur.

Reliquit vero Philippus rex defunctus duos filios, Karolum, comitem Valesii et Philippum predictum regem Francie ex prima conjuge regina Ysabelle, alios autem tres scilicet Ludovicum, comitem Ebroicensem, Margaretam, reginam Anglie, Blancham, ducissam Austrie, ex secunda uxore Maria de Brebanto.

*b*. — Infra illud tempus, mors Petri de Aragonia nunciatur; sed tamen dicebant aliqui ipsum de receptis vulneribus in conflictu cum Gallicis prope Geronnam ante regis Francie Philippi obitum expirasse.

*c.* — Eodem tempore, priusquam rex Philippus, rex III[us], traderetur sepulture, propter ipsius cor inter monachos Sancti Dyonisii in Francia et fratres ordinis Predicatorum magna dissensio fuit orta. Nam rex Philippus IIII[us], ejusdem filius juvenis et novus rex, ad petitionem cujusdam fratris[1] de ordine antedicto ipsum cor patris sui concesserat improvisus predictis fratribus ad humandum Parisius in fratrum ecclesia Predicatorum; quod ei de jure facere non licebat, quamquam legatus romane curie in Francia tunc existens, prelati et barones regni Francie sibi ostenderent non licere quia pater suus totum elegerat corpus suum apud Sanctum Dyonisium sepeliri. De quo fuit determinatum Parisius per plures magistros theologos quod neque rex neque monachi dare neque fratres predicti possent predictum cor dispensatione dumtaxat Summi Pontificis retinere.

1. Lat. 5005[c], *fratrem.*

# APPENDICE

---

## I.

*Itinéraires d'Édouard III, roi d'Angleterre, pendant
ses expéditions en France, d'après les* Privy seals[1].

### 1329.

*Mai,* 25. Douvres. (2668.) — 27. Boulogne. (2671.) —
29. Montreuil. (2672.) — 30. Montreuil. (2673.)

*Juin,* 5. Amiens. (2675.) — 8. Amiens. (2676-7.) —
13. Douvres. (2678.)

1. Édouard III, avant de quitter l'Angleterre, remettant l'expédition des affaires du royaume entre les mains d'un *custos
regni,* investi des pouvoirs les plus étendus, la plupart des actes
qui remplissent les différents rôles de la chancellerie anglaise,
délivrés par ce dernier, sont par suite datés d'Angleterre et ne
peuvent fournir d'indications pour l'itinéraire du roi sur le conti-
nent. Les renseignements que nous fournit à cet égard la collection désignée au *Record Office* sous le nom de *Privy seals,* ou actes
sous sceau privé, sont donc d'autant plus précieux à recueil-
lir. Cette collection considérable, — car, s'étendant du règne
d'Édouard Ier à celui de Henri VIII, elle ne renferme pas moins
de 88,982 actes, — ne comprend en réalité qu'une seule catégorie
de ces actes, c'est-à-dire des mandements adressés au chancelier
et lui enjoignant de préparer des lettres patentes pour une affaire
déterminée. A ces mandements se trouvent assez souvent jointes
les requêtes qui les ont provoqués. Ces mandements pouvaient
d'ailleurs être délivrés aussi bien par le lieutenant du roi en
Angleterre que par le roi lui-même, et même, sous Édouard III,
on trouve parfois et pour le même jour, à côté d'actes datés de
Flandre ou de France, d'autres actes datés d'Angleterre. Mais
cette circonstance, qui soulève un problème intéressant de
diplomatique au sujet de l'emploi du sceau privé, ne saurait
offrir de difficulté quant à l'itinéraire du roi, et nous nous
sommes contentés d'omettre les dates de lieu fournies par des

## 1331.

*Avril,* 5. Eltham. (4536.) — 7. Saint-Just. (4537.) — 12. Pont-Sainte-Maxence[1]. (4538.) — 13. Pont-Sainte-Maxence. (4539.) — 16. Pont-Sainte-Maxence. (4540.) — 20. Wengham. (4541-3.)

## 1338-1340.

1338. *Juillet,* 20. Walton. (11260.) — 24. Anvers. (11261.) — 25. Anvers. (11262.) — 27. Anvers. (11264.) — 29. Anvers. (11265-8.) — 30. Anvers. (11269.) — 31. Anvers. (11270.)

*Août,* 3. Anvers. (11272.) — 4. Anvers. (11275.) — 5. Anvers. (11276.) — 6. Anvers. (11277-82.) — 9. Anvers. (11283.) — 11. Anvers. (11284.) — 15. Anvers. (11285.) — 16. Anvers. (11286.) — 18. Anvers. (11287.) — 19. Anvers. (11288.)

*Septembre,* 4. « Coualensh. » (11289-90.) — 12. Anvers. (11291.) — 16. Malines. (11292.) — 18. Malines. (11293-4.) — 19. Malines. (11295-7.) — 20. Malines. (11298.) — 21. Anvers. (11299.) — 22. Anvers. (11300.) — 26. Anvers. (11301.) — 27. Anvers. (11302.) —

actes délivrés en Angleterre. Nous devons encore faire remarquer que les numéros des *Privy seals* que nous avons mis en regard des dates qu'ils donnent représentent, non les numéros de la collection entière, mais ceux du règne d'Édouard III. Les renseignements qu'ils nous fournissent sont, comme on peut le voir, d'importance très inégale. Très nombreux pour les campagnes de 1338 à 1340, les *Privy seals* ne sont au contraire que très faiblement représentés pour l'expédition de 1346-1347, pour l'itinéraire de laquelle les chroniqueurs nous ont d'ailleurs laissé de précieux documents, encore complétés récemment par les curieuses notes que M. Edw. M. Thompson a jointes à son édition du *Chronicon Galfridi Le Baker de Swynebroke.* De même les courtes expéditions d'Édouard III en 1351 et en 1355 n'ont pas laissé de traces dans les *Privy seals.*

1. Pont-Sainte-Maxence, Oise, arr. de Senlis, chef-lieu de canton.

**28.** Anvers. (11303-5.) — **29.** Anvers. (11306.) — **30.** Anvers. (11307-13.)

*Octobre,* 1, 2, 3, 4, 5, 6. Anvers. (11314-32.) — **14.** Diest[1]. (11333.) — **15.** Diest. (11334.) — **18.** Anvers. (11335.) — 19 au 26. Anvers. (11336-48.) — **27.** Malines. (11349.) — **27.** Anvers. (11351.) — **29.** Malines. (11352.)

*Novembre,* 2. Anvers. (11353.) — 3, 6, 7, 8, 11, 12, 13, 14, 16, 17, 20, 23, 26, 27, 28, 29. Anvers. (11354-89.)

*Décembre,* 3. Anvers. (11390.) — 4. Anvers. (11391.) — 6. Louvain. (11392.) — 7. Louvain. (11393.) — 10. Anvers. (11394.) — 12 à 18. Anvers. (11395-415.) — 28. Anvers. (11416.) — 30. Anvers. (11417-8.)

1339. *Janvier,* 25. Anvers. (11446.) — 26, 28, 30, 31. Anvers. (11447-60.)

*Février,* 1 à 18. Anvers. (11460-516.) — 20 à 28. Anvers. (11517-33.)

*Mars,* 1 à 4. Anvers. (11557-771.) — 4. Vilvorde[2]. (11558.) — 6 à 8. Vilvorde. (11776-87.) — 12 à 30. Vilvorde. (11787-815.)

*Avril,* 1, 2, 3. Vilvorde. (11816-20.) — 6, 7, 9, 11, 12, 16, 17, 18, 20, 24. Vilvorde. (11821-35.) — 25. Malines. (11836-38.) — 26, 27, 28, 30. Anvers. (11839-43.)

*Mai,* 1. Malines. (11844.) Anvers. (11845.) — 3, 4, 5, 7 à 17. Anvers. (11846-74.) — 23, 24, 28, 29, 30. Anvers. (11875-86.)

*Juin,* 1, 2, 3. Anvers. (11887-92.) — 7, 8, 10. Diest. (11893-6.) — 16, 17, 18, 20. Anvers. (11897-903.) — 20, 26 à 30. Vilvorde. (11902-69.)

*Juillet,* 3, 4, 6, 7. Vilvorde. (11910-20.) — 9 à 12. Bruxelles. (11922-42.) — 16, 18, 20. Anvers. (11943-52.) — 24, 26, 27, 28, 30, 31. Vilvorde. (11953-63.)

---

1. Diest, Belgique, prov. de Brabant, arr. de Louvain, chef-lieu de canton.

2. « Filford. » Vilvorde, prov. de Brabant, arr. de Bruxelles, chef-lieu de canton.

*Août*, 1, 2, 3. Bruxelles. (11964-8.) — 4. Vilvorde. (11969-73.) — 5. Bruxelles. (11974.) — 6, 8, 10, 11, 12. Vilvorde. (11975-82.) — 12, 13. Bruxelles. (11983-4.) — 13. Anvers. (11985.) — 14, 19, 21, 22, 23. Bruxelles. (11986-94.) — 23, 24, 25. Anderlecht[1]. (11995-7.) — 25, 27, 28. Bruxelles. (11998-12001.) — 28. Anderlecht. (12002.) — 28, 31. Bruxelles. (12003-4.)

*Septembre*, 1er. Bruxelles. (12005.) — 4, 5, 6. Anderlecht. (12006-8.) — 6. Braine. (12009.) — 6. Bruxelles. (12010.) — 13. Mons. (12011-3.) — 16. Quiévrain[2]. (12014.) — 18, 19, 20. Valenciennes. (12015-8.) — 23, 24. Haspres[3]. (12019-21.) — 27, 29. « Markoyn[4], en France. » (12022-3.) — 30. « Markoyne, sur la marche de France. » (12024-5.)

*Octobre*, 1er. « Au champ près de Markoyne. » (12026.) — 12. « Mont-Saint-Martin, en France[5]. » (12028.) — 15. « A la ville d'Origny sur l'Oise[6]. » (12030.) — 15. « Les champs d'Origny sur l'ewe d'Oyse. » (12031.) — 16, 17. « Sur l'ewe d'Oyse, en France. » (12032-3.) — 28, 30, 31. Bruxelles. (12034-56.)

*Novembre*, 1 à 6. Bruxelles. (12357-404.) — 8 à 15, 17, 24, 25, 27, 30. Anvers. (12404-41.) — 30. Bruxelles. (12442-51.)

*Décembre*, 1 à 4, 6, 9, 10, 12, 13 à 17, 20 à 24, 26, 27, 29, 31. Anvers. (12454-514.)

1340. *Janvier*, 1, 2, 3, 6, 7, 8, 14 à 20. Anvers. (12515-35.) — 23, 26. Gand. (12536-51.)

---

1. Anderlecht, prov. de Brabant, arr. de Bruxelles, cant. de Molenbeek-Saint-Jean.

2. « Kaeveryng. » Quiévrain, prov. de Hainaut, arr. de Mons, cant. de Dours.

3. Haspres, Nord, arr. de Valenciennes, cant. de Bouchain.

4. Marchiennes, Nord, arr. de Douai, chef-lieu de canton.

5. Aisne, arr. de Saint-Quentin, cant. du Câtelet, comm. de Gony.

6. Origny-Sainte-Benoîte ou sur-Oise, Aisne, arr. de Saint-Quentin, cant. de Ribemont.

*Février*, 6, 8, 10 à 16, 18, 20. Gand. (12552-77.) — 20. L'Écluse. (12578.) — 28, 29. Westminster. (12580-4.)

*Juin*, 27, 29, 30. L'Écluse. (13255-64.)

*Juillet*, 1, 3 à 8. L'Écluse. (13267-308.) — 8, 9. Bruges. (13304-6.) — 10. Bruges. (13309-10). Gand. (13307-8.) — 11, 12, 13, 15, 16, 18. Gand. (13313-36.) — 18, 19, 20. Audenarde. (13335-9.) — 23, 28. « Près de Tournay. » (13340-1.) — 29, 30. « Ès Champs devant Tournay. » (13342-3.)

*Août*, 2, 6, 9, 11, 12. « Devant Tournay. » (11345-51.) — 13, 16 à 20, 22, 25, 27, 28, 30, 31. « Devant Tournay. (13352-82.)

*Septembre*, 1 à 8, 12, 13. « Devant Tournay. » (13383-405.) — 15 à 20, 23, 25, 26. « Au siège de Tournay. » (13406-21.) — 28, 29, 30. Gand. (13422-6.)

*Octobre*, 1 à 21, 24 à 31. Gand. (13347-500.)

*Novembre*, 1 à 7, 10, 12, 15, 18. Gand. (13501-23.) — 30. « En nostre tour de Londres. » (13524.)

### 1342-1343.

1342. *Octobre*, 19. « Au port de Brest[1]. » (15132.)

*Novembre*, 1. Plougasnou. (15157-8.) — 1. « Sur la terre près du port de Brest. » (15159.) — 4. « Apud manerium de la Rosere in Britannia[2]. » (15160.) — 4. « Au manoir de la Rosère, en Bretaigne. » (15163.) — 5, 7. « A la Rosère. » (15164-6.) — 11. Carhaix[3]. (15167.) — 19. Pontscorff[4]. (15168.) — 21, 22, 25, 26. Grand-Champ[5]. (15169-73.)

1. On n'en trouve pas moins plusieurs actes datés de Portsmouth, du 19 au 23 octobre (Edw. III *Privy seals*, 15133-15153).

2. Le Rosier, Finistère, arr. de Brest, canton de Daoulas, comm. de Plougastel-Daoulas.

3. « Caharhois, » Finistère, arr. de Châteaulin, chef-lieu de canton.

4. « Pount-S..... » Le reste du mot est complètement effacé. Pont-Scorff, Morbihan, arr. de Lorient, chef-lieu de canton.

5. Grand-Champ, Morbihan, arr. de Vannes, chef-lieu de canton.

*Décembre,* 6. « A nostre siège de Vanes. » (15173ᴬ.)
— 7. « A Vanes. » (15174.)

1343. *Janvier,* 4. « Devant Vanes. » (15175.) — 10.
« Près de la cité de Vanes. » (15176.) — 20, 22, 23.
« Devant Vanes. » (15177-215.)

*Février,* 1. « En le havez de Morbyghan en Bretaigne. »
(15216.)—20. « A Saint-Matheu, en Bretaigne. » (15218.)

*Mars,* 1. Westminster. (15219.)

## 1345.

*Juillet,* 5. « En la Swyn. » (16979.) — 9. « In portu
del Swyn. » (16981.) — 16, 18, 22. « El port del Swyn. »
(16982-7.) — 25. Sandwich. (16988-90.)

## 1346.

*Juillet,* 8. « En l'ille de Wyght. » (17795.) — 15.
« Hogges, en Normandie. » (17797.) — 28 à 31. Caen.
(17800-9.)

*Août,* 26. Crécy. (17810.)

*Septembre,* 4. Calais. (17811.)

## 1359-1360.

1359. *Octobre,* 28. Sandwich. (24432.)

*Novembre,* 2, 3. Calais. (24433-5.)

*Décembre,* 26. Verzy[1]. (24437-8.)

1360. *Janvier,* 1, 5. Verzy. (24439-40.) — 18, 19, 26.
Pogny[2]. (24441-3.)

*Février,* 28. « Goylonn, en Burgoine. » (24446.)

*Mars,* 1, 8. « Goylonn, en Burgoine. » (24447-8.)

*Avril,* 7. Chantelou[3]. (24449.) — 10. Chantelou.

---

1. « Virizy près de Reyns. » Verzy, Marne, arr. de Reims,
chef-lieu de canton.

2. « Poignye-sur-Marne, » Marne, arr. de Châlons, cant. de
Marson.

3. Chanteloup, Seine-et-Oise, arr. de Versailles, cant. de
Poissy.

(24450-1.) — 18. Tournoisis-et-Nids[1]. (24452.) — 27. Tournoisis-et-Nids. (24453.) — 28. Tournoisis-et-Nids. (24454.)

*Mai,* 5. « Sours, près de Chartres[2]. » (24455.) — 6. « Seurse delez Chartres. » (24456.) — 8. « Seurse delez Chartres. » (24458.) — 9. « Seurse delez Chartres. » (24459.) — 12. « Tybouville, près de Harecourt[3]. » (24460-61.) — 13. « Tybouville, près de Harecourt. » (24462.) — 23. Westminster. (24463.)

II.

1333.

*Mandement de Philippe VI au Parlement de Paris de juger promptement le procès pendant entre le roi d'Angleterre et le vicomte de Melun[4].*

(Record Office, *Royal letters,* n° 4554.)

Philippe, par la grâce de Dieu Rois de France, à noz amez et feaus les gens tenantz nostre Parlement à Paris, salut. Nous vous envoions... de nostre chier et foial cousin le Roi d'Engleterre, duc de Guienne, enclose souz nostre contresel avec plusieurs raisons par lesquelles... en un arrest donée pieçà en nostre Parlement contre li pour nostre amé et foial viscounte de Melun, et vous mandons que... et raison, et l'arrest duquel elles font mention, et les procès, se mestier est, vous veez diligeamment... nous rescripvez pleinement ce que vous verrez que bon sera, si que, par vostre rescription, nous soions mieus avisés de... dit cousin grâce de dire contre ledit arrest. Et ce faites sans delai. Donné à Montargi, le XXIIe jour... mil CCC trente et trois.

---

1. Loiret, arr. d'Orléans, cant. de Patay.
2. Sours, Eure-et-Loir, arr. de Chartres, chef-lieu de canton.
3. Thibouville, Eure, arr. de Bernay, cant. de Beaumont-le-Roger.
4. Plusieurs mots de cet acte sont complètement effacés.

I14

## III.

Agen, 8 août 1335.

*Mandement de Pierre-Raymond de Rabastens, séné-
chal d'Agen et de Gascogne, au trésorier d'Agen, de
payer à Raymond d'Aubenas les frais d'un voyage
que celui-ci a fait vers le roi de France pour l'informer de l'état du pays.*

(British Museum, *Addit. Chart.*, 7.)

Petrus Raymundi de Rapistagno, miles, senescallus Agennensis et Vasconie pro domino nostro Francorum rege, dis-
creto viro thesaurario Agennensi vel ejus locum tenenti
salutem. Cum nobis habitis deliberatione et consilio cum con-
siliariis regiis harum partium super tractatu restitutionis
bonorum rebellium hinc inde occupatis occasione guerre seu
commotionis Vasconie nuper tradite inter dictum dominum
nostrum regem ex parte una et dominum regem Anglie ex
altera seu ipsorum gentes, pro refferendo dicto domino nostro
Francie regi statum patrie Agennensis et Vasconie et pro
refferendis etiam quibusdam aliis negociis patrimonium et
honorem dicti domini nostri regis tangentibus, discretum
virum dominum Raimundum de Albenaco, legum doctorem,
consiliarium dicti domini nostri Regis ejusque majorem judi-
cem Vasconie et Agennie ad curiam Francie duximus desti-
nandum, idemque dominus Raimundus cum suis scutifero et
clerico equitibus, et uno salmario iter suum arripuerit sexta
die mensis madii idemque tam eundo quam morando in
Francia pro predictis quam redeundo apud Agennum ad
suam judicaturam, ut suo asseruit juramento, moratus fuit
usque ad sextam diem mensis Augusti eodem anno in quo
temporis spacio quatuor viginti tresdecim dies, prima die et
ultima computatis, sunt inclusi; de quibus dictus dominus
Raymundus detraxit tres dies quibus veniendo prolongavit
iter suum eo quia accessit apud Sanctam Mariam de Podio et

sic remanserunt, quod vocavit, in dicto viagio iiii$^{xx}$ x diebus... premissis attentis et attento bono statu dicti domini Raimundi et bona expedicione negociorum predictorum mandamus vobis quatinus prefecto domino Raymundo... de pecunia regia... persolvatis et liberetis absque alterius expeditione mandati, presentes litteras una cum litteris recognitionis penes vos pro guirento retinentes... Datum Agenni, viii, die Augusti anno Domini m° ccc° xxxv°.

Per dominum in suo concilio.

## IV.

### 23 octobre 1337.

*Procès-verbal de la mission envoyée par Philippe VI aux habitants de Cologne.*

(British Museum, *Addit. Chart.*, 3321. — Anc. *Collection Joursanvault*, n° 3372.)

In nomine Domini, amen. Per hoc presens publicum instrumentum cunctis pateat evidenter quod anno ab Incarnatione ejusdem millesimo trecentesimo tricesimo septimo, indictione sexta, pontificatus sanctissimi in Christo patris ac domini domni Benedicti divina providencia pape duodecimi anno tertio, vicesima tertia mensis octobris, circa horam vesperarum, in civitate Coloniensi, in quadam camera que vocatur Camera consilii predicte civitatis, in mei notarii publici et testium subscriptorum presentia, propter hoc personaliter constitutorum, nobiles viri domini Johannes de Dintavilla et Thomas de Septem Fontanis, milites, nuncii deputati ex parte domini regis Francie illustris, porrexerunt quasdam litteras apertas, sigillo dicti domini Regis prout prima facie apparebat sigillatas, venerabilibus et discretis viris magistro civium et consulibus ac communitati civitatis Coloniensis, quarum litterarum tenor talis est : « Philippus, Dei gratia Francorum rex, dilectis suis magistro civium et consulibus ac communitati civitatis Coloniensis, salutem et

dilèctionem. Ne confictis et adinventis coloribus et malignari
volentium latratibus veritas occultetur sed potius prodeat et
manifestetur in lucem, ad vestre circumspectionis noticiam
duximus deducendum quod ad nos multorum fidedignorum
relatione pervenit quod quidam, Edoardi regis Anglie qui
multas inhobediencias contra nos et regnum nostrum nosci-
tur commisisse, licet multas et frequenter eidem impederi-
mus gratias et favores, donis et promissionibus incitati, ut
plures secum trahere valeant in auxilium dicti Regis sub
tali cogitantur colore conceptam maliciam palliare, videlicet
asserendo et diversis personis et communitatibus per nuncios
et litteras intimando quod contra nos et regnum nostrum
movere proponunt exercitum pro eo quod detinemus aliqua
ad imperium spectantia occupata, fideles sollicitando imperii
ut eis in auxilium ex causa predicta potenter assurgant. Et
licet sciamus quod vestra ad plenum animadvertet prudencia
quod hoc non est nisi quedam calva occasio per filios Belial
exquisita, tamen ut de nostre intentionis sinceritate clarius
vobis constet, vobis tenore presentium intimamus quod nos
nec aliena jura querimus nec tenemus, sed ea que a prede-
cessoribus nostris regibus Francie, viris utique magnarum
devotionis, sinceritatis et fidei precipuisque zelatoribus justicie et etiam veritatis quorum memoria in benedictionibus
et laudibus perseverat ad nos jure hereditario pervenerunt
nec ullo unquam tempore ipsi aut nos super his fuimus
requisiti; et quia nichil ita decet Regem et principem qui in
rectitudine justicie subditos habet gubernare quam se ipsum
semper subiciat rationi, scire vos volumus quod si, per aliquem aut aliquos ad quos pertineret, nobis ostenderetur quod
aliquod de juribus imperii aut cujuscumque alterius teneremus, quod parati sumus et semper erimus taliter respondere
quod omnibus liquere poterit quod nichil tenere aut habere
volumus ex quo nostra conscientia vel jus alterius lederen-
tur, cum Altissimus regnum nostrum ita honoribus potencia
et diviciis ampliarit quod aliena jura querere non habemus.
Datum apud Boscum Vincennarum die secunda mensis octo-

bris anno Domini M° CCC° XXXVII°. » Qui magistri et consules dictas litteras cum magna reverencia succeperunt et, deliberacione super eis habita, responderunt quod grave erat eis et quamplurimum displicebat dissensio seu guerra, si qua esset vel oriretur inter dominum Regem Francie et Regem Anglicorum, quodque si bonum pacis quovis modo interponere poterant, vellent ad id totis viribus laborare; dixerunt insuper quod ad decus et profectum domini Regis Francie in omni casu vellent multum libenter anelare, quodque Regi Anglie predicto nec aliquibus ei adherentibus contra dominum Regem Francie minime darent presidium, consilium vel juvamen, cum veraciter haberent dictum dominum Regem Francie et suos in vero et cordiali amore, rogantes dictos milites ut eos predicto domino Regi recommandarent tanquam eos qui eidem sine suo magno incommodo vellent per omnia complacere, regratiantes dictis militibus ad honorem domini Regis Francie quod eis transmiserat litteras ita gratiosas, et dicti milites ex parte dicti dominis Regis Francie eis et suis deffensionem et subsidium regni sui obtulerunt quociens eis opus esset. Acta fuerunt hec ut supra, presentibus ibidem Guillielmo de Receyo, Johanni de Bronteriis et Philippo de Lusedenges, armigeris, et pluribus aliis testibus ad premissa.

Et ego Nicolaus Nic...y de Condeto, clericus Cathalaunensis, auctoritate imperiali notarius publicus et juratus, quia in premissis omnibus et singulis prout supra scribuntur presens interfui, hoc presens publicum instrumentum manu mea scripsi et publicavi signoque meo solito signavi rogatus.

## V.

### 20 novembre 1337.

*Mandement d'Édouard III à ses conseillers, parmi lesquels Adam de Murimuth, d'examiner avec soin ses différends avec le roi de France et de lui donner*

*promptement leur avis sur la meilleure voie à suivre*
*pour la défense de ses droits.*

(Record Office, *Ancient Correspondence*, Box 11.)

Edwardus, Dei gratia rex Anglie, dominus Hibernie et
dux Aquitanie, dilectis suis magistris A. de Mirimouth, Henrico de Iddellesworth, Johanni de Ufford et Roberto de
Radeswell[1], salutem. Quia super articulis arduis, periculis
et dubiis imminentibus in processibus contra nos et nostros
in curia Francie et alibi pendentibus indecisis et terram
nostram Vasconie et alias terras et insulas dominio nostro
subjectas tangentibus, providum vestrum consilium nobis
credimus oportunum, specialiter vos rogamus, mandantes
vobis, in dilectione qua nobis tenemini quod super hujusmodi articulis periculis et dubiis vobis per dilectos clericos
nostros magistros Andream de Ufford, Henricum de Can-
tuariis et Rogerum de Stamford et eorum quemlibet exhi-
bendis et exponendis, habita deliberatione diligenti, nos de
hujusmodi consilio vestro super hiis et securiori via proce-
dendi ad jurium nostri et nostrorum defensionem in eisdem
una cum tenore commissionum, procuratoriarum et aliarum
litterarum quarumcumque nobis et nostris necessariarum
vel utilium in premissis inscriptis, reddatis ad citius et plenius quam poteritis certiores sub sigillis vestris. Quod si vos
omnes hujusmodi mandati nostri executioni interesse non
possitis, tunc duo vestrum dictum mandatum nostrum exe-
quantur. Teste meipso apud ...[2], xx° die novembris anno
regni nostri undecimo.

Placeat[3] cancellario domini nostri Regis quod, ad exe-
quendum mandatum regium contentum in brevi presentibus
annexo, magister Ricardus de Schaddesleye subrogatur loco

1. Ces deux derniers noms ont été effacés et remplacés par
*Ricardo de Schaddesleye* et *Michaeli de Northburg.* Voir la pièce
suivante.
2. Le nom du lieu est effacé.
3. Pièce jointe à la précédente.

magistri Johannis de Ufford qui ad partes remotas est profecturus et quod aliquis nominetur loco magistri Roberto de Radeswell, nuper defuncti, quod si non omnes duo vel unus eorum qui presens fuerit vocatis aliis quos ad hoc viderit evocandos, dictum mandatum exequatur.

# VI.

## 22 juillet 1338-22 juillet 1340.

### *Compte de la prévôté de Montéclair*[1].

(British Museum, *Addit. Chart.*, 9. — Anc. *Collection de M. de Courcelles*, n° 2582.)

Mises faites et saignées de nostre seel par nostre commandement Humbert de Cholay, sires de Lullins, chevalier le Roy, baillif de Chaumont, par Guillaume de Bourdon, prevost de Montesclaire, de la Magdalaine l'an mil ccc xxxviii à la Magdalaine aprez ensuiant l'an mil ccc et quarente.

Primo, pour unes lettres du Roy nostre sire executer faisans mencion que il fu crié par cri sollempnel et en touz lieux là où telz choses ont esté acoustumées à faire que toutes manieres de gens nobles et non nobles de quelque condition qu'il soient de l'aage de dix et huict ans ou de plus jusques a sexante ans et auxit touz ceux qui seront de sexante ans et desoubz jusques à dix et huit ans, que il soient à Sainct-Quentin en Vermendoiz en armes et en chevaux au jour de la quinzayne de la mi-aoust, si efforciement que il purront chacuns selonc sa condition et son estat, lesquelles lettres furent données à Saint-Deniz en France, le ve jour d'aoust en l'an xxxviii, et furent ycelles lettres portées pour accomplir et enteriner par Joffroi de Guymont,

1. Ancien château sur une colline au-dessus d'Andelot. La prévôté semble d'ailleurs, dès cette époque, porter indifféremment le nom de prévôté de Monteclère ou prévôté d'Andelot.

sergent du Roy nostre sire à Rygnel[1], à la Fauche[2], au Neufchastel, à Boullemont[3], à Gondrecour[4], aux Chanayz[5], à Sailly[6], à Saint-Urbain[7], à Dangeux[8], et par toutes les autres meilleures villes de ladite prevosté, lequel sergent demoura en ce faisant par six jours alant, demourant et retournant au feur de trois soulz par jour, XVIII s.

Item, pour unes autres lettres dou Roy nostre sire executer, faisans mention que pour ce que li Roys nostre sire avoit entendu, que puiz lez autres lettres que il avoit envoyées de son arriere-ban, qui estoit à Amiens à la quinzayne de la mie-aoust, que li Roys d'Engleterre se estoit approuchiez le plus qu'il pooist pour domager et grever au royaume de France que toutes maneres de nobles quesconques alassent toutost si efforciement comme il peussent vers le Roy nostre sire sans atendre ladite journée sur quaques il se peussent meffaire, lesquelles lettres furent données à Royamont[9], le VIIIe jour d'aoust en l'an devant dit, et furent portées pour exécuter par Simonin Laanon, sergent au Roy nostre sire à Rygnel... VI jours... XVIII s.

Item, pour unes autres lettres du Roy nostre sire executer, faisans mencion que le Roy nostre sire avoit aloigniée la cemonce des gens d'armes de son arriere-ban, qi estoit à Amyens à la quinzayne de la mie-aoust jusques au III sepmaines après ladicte quinzayne et que lors y fussent à Saint-

1. Marne, arr. de Chaumont, cant. d'Andelot.
2. La Fauche, Haute-Marne, arr. de Chaumont, cant. de Saint-Blin.
3. Bourlémont, Vosges, comm. de Frebécourt.
4. Gondrecourt, Meuse, arr. de Commercy, chef-lieu de canton.
5. Échenay, Haute-Marne, arrondissement de Vassy, canton de Poissons.
6. Sailly, Haute-Marne, arr. de Vassy, cant. de Poissons.
7. Saint-Urbain, Haute-Marne, arr. de Vassy, cant. de Doulaincourt.
8. Donjeux, Haute-Marne, arr. de Vassy, cant. de Doulaincourt.
9. Royaumont, Seine-et-Oise, arr. de Pontoise, cant. de Luzarches, comm. d'Asnières-sur-Oise.

Quentin en armes, arreez chascun solonc son estat, liquelz esloygnemens fu fait par la manere que dict est, et furent lesdites lettres données à Amiens, le xxix<sup>e</sup> d'aoust en l'an dessusdit. Et furent portées lesdites lettres pour executer par Aubert le Cornillet, sergent du Roy nostre sire à Rygnel... vi j... xviii s.

Item, pour unes autres lettres dou Roy nostre sire executer, faisans mencion que li Roys nostre sire avoit fait sa cemonce des gens d'armes à Amiens, le viii<sup>e</sup> jour dou moiz d'aoust, et pour ce que lesdiz nobles ne faisoient nul appareil de aler à Amiens, manda li Roys nostre sire par sesdictes lettres que il fussent a ladite journée et sur poyne de perdre leurs terres, et qui deffauroit d'estre à ladite journée à Amiens, que tous ceux qui deffauroient de aler y et comparoir que on prisist leurs terres et touz leurs biens en levant et recevant les yssuees et revenueez d'ycelles sans faire en rendue ne recreance, se ce n'estoit de son mandement en especial, et furent données lesdites lettres au bois de Vinciennes, le penultime jour de juyllet en l'an dessusdit, et furent portées lesdites lettres pour executer par Aubert le Cornillet, sergent du Roy nostre sire à Rygnel... vi j. xviii s...

Item, pour unes autres lettres dou Roy nostre sire executer, faisans mencion que li Roys nostre sire mandoit que touz marchans de quelque estat ou condicion que il soient qu'il feront mener ou menront en son ost vivres, armeures et quelconques autres choses il prenoit et mettoit en sa protection et salve garde avec leur choses entre soleil levant et couchant et que leurs voitures, leurs denrées et biens ne fussent pris, aresté ne empeschié par luy pour monsigneur le duc de Normendie. Et furent portées lesdites lettres pour executer par Jehan Clopey, sergent du Roy nostre sire à Rygnel. vi j. xviii s.

Item, pour unes autres lettres de Thiebaut de Bourdons[1],

---

1. Par un acte du mois de novembre 1345, Philippe VI confirma un procès-verbal d'ajournement fait par Thibaut de Bourdons des terres qu'il avait données à Geoffroi de Nancy (Cf. Jules

lieutenant de monseigneur le baillif de Chaumont, faisant
mencion que il mandoit que tuyt li subget de ladicte prevosté
fussent adjornei par-devant luy à Andelou[1] pour oir ce que
il lour vouroit dire pour le Roy nostre sire, et furent excep-
tées doudit adjournement les personnes au-desouz de xx l.,
et estoit contenu audictes lettres doudit lieutenant que on se
enformast bien et diligemment selonc la faculté de lour che-
vances pour à eux faire emprunz pour le Roy nostre sire, et
furent données lesdictes lettres le venredi après la exaltacion
Sainte Croiz en l'an devant dit, et furent portées lesdites
lettres pour executer par Symon Samson.

Item, pour unes autres lettres de mondit seigneur le baillif, faisans mencion que par le Roy nostre sire est commandé
audit baillif que nulz homs ne soit si hardiz qui aille à armes
ne face aucun fait d'armes se ce n'est pour la guerre dou Roy,
et auxit que nulz hans (*sic*), quelconques il soit, ne face focos
ne engyns pour panre pors sauvaiges ne chace à lievres ne
à perdriz, à panelz ne à filez ne autres engins pour penre
bestes salvaiges, et touz tel que on trovera faisans le contraire soient pris, ensamble leur armeures et leur chevaulx,
et que li chasseur fussent auxit priz, et furent portées lesdites lettres pour ycelles executer par Johan Clopé, sergent
du Roy...

Item, pour unes autres lettres de Thiebaut de Bourdon,
lieutenant de monseigneur le bailli de Chaumont et commissaire en ceste partie, faisans mencion que touz ceux de
ladite prevosté et dou ressort fussent adjorne à Andelou par-
devant luy pour oyr les lettres dou Roy nostre sire et le
contenu en ycelles, et contenoient lesdites lettres que lidiz
Thiebaut recehust a composition tous ceux qui avoient def-
failly d'aler au mandement du Roy nostre sire, et furent

Viard, *Geoffroi de Nancy, châtelain de Vaucouleurs, bailli de Chaumont,* dans *Bulletin de la Société historique et archéologique de
Langres,* t. III, p. 447).

1. Andelot, Haute-Marne, arr. de Chaumont, chef-lieu de
canton.

données lesdites lettres le IIe jour de obttembre, en l'an et au jour dessusdit. Et furent portées par Nycholas Lanon...

Item, pour unes autres lettres du Roy nostre sire executer, faisans mencion que le Roy nostre sire avoit mandé et ordené à faire monoye d'or fin, c'est assavoir deniers d'or appellés deniers d'or à lyon qui auroit cours pour XX s. parisis, et que nulz ne fust si hardiz que il presist ne meist pour greignour pris que dessus est dit et auxit le denier d'or à l'escu, cist assavoir pour XVI s. parisis et non pour plus, et auxit que certaines personnes soient estaublies par tous les leux de ladite prevosté pour penre garde que nulz ne porte les monoies du Roy d'or ou d'argent ne nul billon hors dou royaume, et furent données lesdites lettres au boiz de Vincennes le XVIe jour de novembre et furent portées par Aubert le Cornillet...

Item, pour unes autres lettres doudit bailli de Chaumont executer, faisans mencion que il soit dit et signifié à touz lez nobles de ladite prevosté et dou ressort et à tous autres que chascun en droit soi soit armez et arreés soffisamment et selonc son estat por que ilz soient touz prez, toutes foiz que li Roys nostre sire ou lidiz bailli lez manderoit. Et est encores contenu esdittes lettres que nulz ne habergoit gens d'armes par nuyt se ilz n'estoient bien cognoissans et furent données lesdites lettres à Chaumont le segond jour de novembre l'an dessusdit. Et furent portées lesdites lettres par Girardin Gillot...

Item, pour unes autres lettres du Roy nostre sire executer, faisans mencion que li Roys nostre sire avoit entendu[1] ........ terre avoit fait savoir... armes au venredi devant Noel entre Mons en Henaut... au royaume... Normendie seroit à Péronne à armes... fust en armes...

Item, pour unes autres lettres... faisans mencion... à la feste... resister au Roy d'Engleterre et à ses alliez qui

---

1. Un certain nombre de mots se trouvent effacés dans cet article et dans les deux suivants.

voloient... que chacun, selon son estat, fust priz, garniz
et arreez... se besoigne estoit...

Item, pour unes autres lettres executer doudit bailli, faisans mencion que le charroi de sadicte baillie, qui ordenez
estoit d'envoier à Paris à la feste de ladicte Magdelaine li
Roys nostre sire mandoit que ledit charroiz fust hativé...
estre à Paris au dimenge devant ladicte feste, et furent lesdites lettres données le... jour de juillet. Et furent baillées
icelles pour executer à Symon Lanou, sergent dou Roy
nostre sire...

Item, pour unes autres lettres dou Roy nostre sire executer, faisans mencion que, pour ce que li Roys nostre sire
estoit fait certeins que le Roys d'Engleterre et sui alié ne
povoient estre si près ne appareillé qu'il peussent estre
dedens la mie-aoust en son royaume pour meffaire, combien
que il saiche certainement que il font tout leur povoir d'eux
appareiller pour entrer et meffaire oudit Royaume et pour
ce que li Roys nostre sire ne vuelt pas que sa gent soient
domage ne grevée de despens pour le charroy de ladicte
baillie de Chaumont mener, il esloignoit sadite cemonce et
mandement qui estoit à Compienge à ladicte Magdaleine,
jusques audit jour de la mie-aoust ensuivant, et qu'il fust
mandé à touz les nobles que il audit jour de la mie-aoust
fussent en armes et en chevaux à Compiegne sans nulle
faute et auxit que on feist ledit charroi sourseoir de venir à
Paris le dimenge devant ladicte Magdelaine jusques au
mardi avant ladite mie-aoust, et que default n'eust audit
charroy. Et furent lesdites lettres données à Conflans, le
xie jour de juillet en l'an dessusdit. Et furent icelles baillées
pour faire ledit contremant à Girault Gilet, sergent du
Roy...

Item, pour unes autres lettres dou Roy nostre sire executer, faisans mencion que comme li Roys nostre sire ait
mandé touz les nobles dou conté de Champaigne pour estre
avec luy en chevaulx et en armes à Compiengne au jour de
la Magdelaine derrainement passée, et depuiz leur eust

mandé pour certaine cause qu'ils cessassent de y. aler jusques au jour de la mie-aoust audit lieu à Compiengne, mandé pour ce que, en l'amour et en la fiance que li noble ont à luy et seur quant que il se puelent meffaire qu'il soient audit jour et lieu en armes et auxit que l'on face crier et assavoir que tuyt li gentilhomme qui ne sont aysie de chevaulx convennables qu'il aillent audit mandement et il lour feroit paier de telz gaiges comme sui devancier ont acoustumé à donner au gentilz hommes de pié, et furent données lesdites lettres au boiz de Vinciennes, le xxiiiie jour de juillet. Et furent icelles baillées pour executer à Aubert le Cornillet...

Item, pour unes autres lettres de Guillaume de Lusey, lieutenant doudit bailli, executer, faisans mencion que vi peres de lettres closes scellées dou seel dou secret dou Roy nostre sire fussent hastivement portées par nuyt et par jour, c'est assavoir les unes au conte de Bar, les autres au conte de Vaudaimont[1], les tierces au conte de Linanges[2], les quartes à monseigneur de Joinville, les ve à mons. Audier son frere et les vi[e] à mons. Nicholas Saumes[3], et furent baillées l'unes desdites lettres closes à Jehan Thomassin, sergent dou Roy, celles adreceans au conte de Bar, qui lesdites lettres porta à Bar-le-Duc, et iluc ne le trouva pas, si s'en retournay à Saint-Miel[4], et iluc ne le trouva pas, et de la ala à ...[5], et iluc li dit que il estoit au Chayne, et iluc le

1. Le 31 janvier 1337, Henri, comte de Vaudémont, faisait hommage au roi de France pour 300 l. t. et s'engageait à le servir en ses guerres avec 30 hommes d'armes (Arch. nat., J 635, n° 9).

2. En septembre 1337, Geoffroi, comte de Linanges, recevait de Philippe VI 500 l. comptant et 200 l. de rente, moyennant quoi il faisait hommage au roi et s'engageait à le servir en ses guerres avec 20 hommes d'armes (Arch. nat., J 620, n° 24).

3. Le 14 août 1337, Nicolas de Salm, chevalier, recevait de Philippe VI 500 l. comptant et 200 l. de rente, moyennant quoi il faisait hommage au roi et s'engageait à le servir en ses guerres avec 20 hommes d'armes (Arch. nat., J 620, n° 25).

4. Saint-Mihiel, Meuse, arr. de Commercy, chef-lieu de canton.

5. Le mot est effacé.

trouvay et li bailla lesdites lettres main à main, et ne lit voult ledit conte baillier lettre de recepcion et demora ledit sergent par v jours. xv s.

Item, unes autres lettres closes adreceans au... conte de Vaudaymont[1], qui furent baillées à Aubert le Cornillet, pour ycelles bailler audit conte, liquel sergent li porta à Vauday- mont et ne le trouva pas, et de là se parti et en ala à Cha- tel-sur-Mezele[2], là on li dit que lidit contes estoit, et iluc ne le trova pas, maiz le trouva à Charmes[3] et là li bailla les- dites lettres et li respondit ledit contes que il feroit volentiers ce que li Roys li mandoit, liquel sergens demora par iiii jours...

Item, autres lettres closes adreceans au conte de Linanges, qui furent baillées à Girault Gilet, sergent du Roy, pour ycelles bailler audit conte, lequel sergent li porta à Linanges en Alemengne, où il fu menez et conduit par Droin du Neuf- chatel pour ce que lidiz sergens ne savoit le paiz, et demo- rerent ledit sergens et valet par l'espace de huict jours. xl s.

Item, les autres lettres closes adreceans au signour de Jonville, qui furent baillées à Jehan de Boloigne, sergent dou Roy nostre sire, et li porta où il ne le trouva pas, mais le trouva à Monstier-sur-Saus[4] et li bailla lesdites lettres, liquel sergent demoura par un jour.

Item, les autres lettres closes adreceans à mons. Audrier de Joinville, qui furent portées par Johan Clope, sergent du Roy nostre sire à Beauprey, à la Fauche et à Chevillon, le trouva et li bailla lesdites lettres closes...

Item, les autres lettres closes adreceans à mons. Nichole de Saumes, qui furent baillées à Johan Thomassin, sergent dou Roy nostre sire, qui lesdites lettres porta à Saumes en

---

1. Vaudémont, Meurthe-et-Moselle, arr. de Nancy, cant. de Vezélise.

2. Châtel-sur-Moselle, Vosges, arr. d'Épinal, chef-lieu de canton.

3. Charmes, Vosges, arr. de Mirecourt, chef-lieu de canton.

4. Montiers-sur-Saulx, Meuse, arr. de Bar-le-Duc.

Alemaigne, et ala avec luy un valet pour li conduire pour
ce que il ne savoit pas le paiz, et ne trouva pas ledit monseigneur Nichole, mais il trouva son gouverneur et li bailla
lesdites lettres, liquelz ne les voult recevoir, mais repondit
que on les portast à maistre Domange de Domartin, son
procureur, lesqueles furent portées audit maistre Dimenge,
qui les receust et retint pour bailler audit mons. Nichole, et
demoura ledict sergent vii jours...

Item, pour unes lettres dou Roy nostre sire executer, faisans mencion que, comme li Roys nostre sire eust fait sa
cemonce de ses gens d'armes à Compiengne, à la feste de la
Nativité Nostre-Dame en septembre, si comme mandé l'a
par ses autres lettres, et aucunes gens pourroient cuidier
que il deussent estre contremandé pour ce que aucunes gens
d'armes de la langue d'oc, qui estoient venuz par dessay
audit mandement pour estre en sadite guerre, et s'en retour-
nerent pour aler en Gascoigne, là où l'on envoye pour certaine cause. Et est l'entente dou Roy nostre sire de tenir
ladite journée audit lieu à Compiengne; furent données lesdites lettres au bois de Vinciennes, le xxi<sup>e</sup> jour d'aoust,
lesquelles lettres furent baillées à Jehan Clopet...

Item, pour unes autres lettres dou Roy nostre sire executer, faisant mencion comme le Royz nostre sire ait fait son
mandement à Compiengne à ladite Nativité Nostre-Dame
en septembre, il ne entent nullement à muer ne de changer
sondit mandement, et que nulz ne croie que contremande-
mens se face pour parole qu'il oie ne que nulles lettres qui
pour ce seroient envoiées ne soient creueez, et, se on ne
pooit estre audit jour à Compiengne, que toutes lesdites gens
d'armes y fussent au plus tard dedens les octaves après sans
nul defaut. Et furent données lesdites lettres à Poissy, le
iii<sup>e</sup> jour de septembre, et furent portées par Johan de
Boloigne, etc...

Item, pour unes autres lettres dou Roy nostre sire executer, faisans mencion come il ait entendu que li Rois d'Engleterre et sui autre anemy s'efforssent et appareillent le plus

efforcement qu'il puelent pour porter domaige en son royaume, aux[it] li Roys nostre sire entent à resister à l'aide de Dieu, de ses bons amiz et de ses subgiez, et pour ce il mande que li mandemens de sez gens d'armes soient hatez d'aler par-devers luy le plus efforsiement que on poura, et que on le face crier et publier par tous les lieux accoustumez à ce faire, par quoi nulz ne se puisse ignorer ne escuser dou defaut, et furent lesdites lettres données à Saint-Denis en France, le xi<sup>e</sup> jour de septembre, lesquelles furent baillées pour porter à Girardin Gilet...

Item, pour unes autres lettres du Roy nostre sire executer, faisans mencion que touz nobles queconques il soient et de queconques il tiengnent viengnent tantost et sans delay en son host le plus efforciement que il pourront chascuns selonc son estat, et auxit qu'il leur soit commandé expressement, et avec ce que on face crier que toutes maneres de gens qui ont esté enobli dez le temps de son tres chier oncle le Roy Philippe, que Dieux absoille, juques à ores, aillent en sondict ost sans nul delay en armes et en chevaulx, et auxit touz autres non nobles qui tiegnent fiex nobles, et que on leur enjoigne expressement qu'il aillent audit ost sous poine de perdre tous privileges et rejoissement de leur nobleces, et furent lesdites lettres données à Mauboisson, solonc Pontoise, le xiiii<sup>e</sup> jour de septembre en l'an dessusdit, et furent...

Item, unes autres lettres de noz signeurs de la Chambre des contes dou Roy nostre sire, faisans mencion que on adjourne à Paris par-devant nosdiz seigneurs en ladite Chambre, que touz Ytaliens, leurs compengnons ou touz leurs faitours, useriers et caseniers, quei qu'il soient, en ladite baillie soient adjorney en ladite Chambre par devant nozdiz signeurs, le mercredi devant la Saint-Remy en l'an dessusdit, pour oir ce que on leur vourra dire de par le Roy nostre sire, en faisant relacion dez nous des adjornez. Et furent données lesdites lettres à Paris, le xvii<sup>e</sup> jour de septembre en l'an dessusdit, et furent portées lesdites lettres par Jehannin de Morencourt, lieutenant dudit prevost de Montesclaire, par defaut de sergent au Nuefchastel, liquelz lieutenant audit jour adjornay à Paris par-devant nozdiz signeurs de la Chambre, les Lombars dou Nuefchatel, ceux de Ruppes, ceux de Gondrecourt et ceux de Commersi. Et demora en ce faisant... par iiii jours... xxiiii s.

Item, pour unes autres lettres dou Roy nostre sire executer, faisant mencion que comme li Roys nostre sire se tiengne pour soffisamment enfourmeiz que les ordenances faites sur le fait et le cours de sez monnoiees ne sont en riens tenues ne gardées en ladite baillie et au ressort auxiz y ont les monnoies defendues et contrefaites hors de sondit royaume cours, et les senes prises pour greigneur priz que il ne leur at données par sesdites ordenances, tant par la malvaise diligence doudit bailli et par defaut de justice, et pour ce mande par sesdictes lectres que on ne prensie nulle monoye que pour le cours que il leur at donnée, c'est assavoir les deniers de or fin au pavillon pour xxiiii s. parisis la piece, et les deniers de or fin à la corone pour xxxii s. parisis, et les monnoies blanches et noyres pour le pris que il leur est donné de present. Et furent données les lettres à Montargies, le v<sup>e</sup> jour de fevrier en l'an dessusdit. Et furent portées ycelles par Jehan Clopet...

Item, pour unes autres lettres de noz signeurs de la Chambre des contes executer, faisans mencion que unes lettres seellées du contreseel dou Roy nostre sire fussent hastivement envoiées à noble homme mons. Audier de Jonville, et furent lesdites lettres données à Andreu à Symon Lanon, pour ycelles porter audit mons. Andreu, lesquelles il porta à la Fauche, à Beauprey, et dez là les porta à Chevillon, où il estoit, et li balla lesdites lettres...

Item, pour unes autres lettres dou Roy nostre sire executer, faisans mencion que il manda à touz ces... feaux amez et subgiez et à touz ces justiciers que, comme par plusieurs foiz il ait signifié que suix [anemys] avoient bouté feu au royaume, et que il estoit en chemin pour contrester à eux et

1            15

pour garder l'onour de la corone de France, prie pour ce et requiert à touz tant é ci acertes comme il puet que chascun se hate et avance de aler avec luy, et pour ce que aucuns se pouroient delaier de aler à sondit mandement pour ce que on pourroit dire que les cardinaux se sont approchié pres dou lieu où il estoit pour traitier de paix, et que auxit son cousin le duc de Brebant, qui ses messaiges ay envoiés par devers luy sur certaine voie, mande pour ce que on lui face à savoir que pour l'esperance de acort et de paix on ne cesse, destourbe ne laie de venir audit mandement et que on ne croye nulle parole de contremant et cilz qui le dit contremant portera soit priz et liez et menez par devers le Roy nostre sire. Et furent données lesdites lettres en l'abaye de Saint-Eloy de Noion, le premier jour d'octobre en l'an dessusdit. Et furent lesdites lettres bailliées à Symony Colart... VI j.

Item, pour unes autres lettres de madame la Royne executer, faisans mencion que li Roys d'Engleterre, anemiz mortel dou roy monseigneur, se soit desloigez dou mont Saint-Martin, où il a esté par certains jours, et elle avoit entendu que il s'en aloit avec son ost par la baillie de Chaumont près d'icelle, liquelz pouroit meffaire au paiz par où il passeroit en ardant et gastant se la gent dou paiz n'estoient avisée pour resister selonc leur pooir et pour eux salver. Et furent lesdites lettres données à Paris, le XVIIe jour dou obtembre. Et furent lesdites lettres executées par Brisson Choffier[1], lieutenant dou prevost d'Andelou, qui, par toute ladite prevosté et ressorz avec luy un sergent à cheval, alerent par toutes les chastellenées ressortissans à ladicte prevosté de Montesclaire, et par suz les frontieres de Lorrayne marchanz à ladite prevosté, lequel lieutenant par toutes les villes fist à crier lesdictes lettres de madame la Royne et fist à montrer touz ceux dou paiz lours armes pour

---

1. En 1345, on trouve Léon Choffier prévôt de Monteclère (cf. Jules Viard, *op. cit.*).

veoir les defauz qui pouroient estre en un chacun et tresmit espiées par-dessus lesdictes frontieres pour savoir que aucunes gens d'armes ne entrassent au Royaume, et demora lidiz lieutenanz, luy et sondit sergent, pour VIII jours l'un après l'autre pour lours despens, pour chacun jour V s. XL s.

Item, pour unes autres lettres de noz signeurs de la Chambre des contes adressans au bailli de Chaumont et à maistre Johan Dousoiz, faisans mencion en ycelles que tuyt ly deniers qui deu seront en laditte baillie, tant de l'ordinaire receptes que dou fait dou subside et de l'arriere-ban, de empruns et autrement, il facent hativement lever pour yceux envoyer hativement au tresor dou Roy nostre sire à Paris, pour tourner en la guerre dou Roy nostre sire pour ses gens d'armes. Et furent lesdites lettres données à Paris, le XVIIᵉ jour de septembre en l'an dessusdit... Et furent ycelles portées par Aubert le Cornillet...

Item, pour unes autres lettres dou Roy nostre sire executer, faisans mencion que il estoit notoire chose tant en nostre royaume comme en plusieurs autres parties que pour la deffense de nostre dit royaume nous avons guerre ouverte contre noz anemiz, auquelz, à l'aide de Dieu et des bonnes gens de nostre dit royaume, nobles et autres, nous entendons à contrester ou plus proufitaublement que nous pourrons, si mandons à touz les nobles et autres non nobles que chacun en droit soy se tiengne si garniz d'armes et de chevaux que par aucun de eux defaut ne nous aviengne, et que nulz ne soit si hardiz qu'il ysse hors dou royaume pour faire quelque fait d'armes, se ce n'est de nostre expres et especial congié, et cil qui auront fait le contraire depuis ledit cry fait, se il sont trouvé faisans le contraire, prenez et mettez en notre main touz leurs biens mobles et heritaiges et les corps de eux prenez et arrestez se vous les poez trouver sans faire aucune delivrance, se ce n'est par nous, en certefiant aux gens de noz contes de ce que vous en aurez fait. Et furent données lesdites lettres à Paris, le XXVIIᵉ jour de decembre en l'an dessusdit. Et furent ycelles portées par Girardin Gilet...

Item, pour unes autres lettres dou Roy nostre sire executer, faisans mencion: « nous avons ordené de faire partir nostre charroy de Paris, le vi<sup>e</sup> jour de may, pour aler en nostre ost, si vous envoions souz nostre contreseel en une cedule encloz les nons de ceux de vostre bailliage qui nous doivent charroier pour noz guerres somiers ou chevaux, et vous mandons, ces lettres vehuees, vous contraingnez touz ceux qui à ce seront tenuz et les envoiez à nostre ensuivie à Paris, si que il y soient dedans le vii<sup>e</sup> jour de may, par quoy defaut n'y ait. Et, oultre ce qui nous est dehu en nostredit bailliage, prenez et nous faites venir audit jour en nostre escuirie x charretes, xviii charrioz et x somiers touz garniz de some et de male, et le faites conduire salvement en lez prenant pour les plus riches, et furent lesdites lettres données à Paris, le xvii<sup>e</sup> jour d'avril en l'an mil ccc et xl. Et furent baillées à Hubert le Cornillet...

Summe des messages de l'an feni à la Magdelaine ccc xl. xxv l. vii s.

Total des messages de ce rolle. xl l. iiii s.

## VII.

### 29 novembre 1342-23 avril 1343.

*Compte de Bertaut Jobelin[1], envoyé sur les frontières de Bretagne pour épier les mouvements de l'armée anglaise.*

(British Museum, *Addit. Chart.*, 10. — Anc. *Collection de M. de Courcelles*, n° 2571.)

Despens et deniers mis par moi, Bertaut Jobelin, du commandement et ordenance de messeigneurs des comptes, pour certaines besoingnes touchant le Roy nostre seigneur, dont mencion est faite plus à plain ci-après.

1. Dans un acte du 14 novembre 1345, Bertaut Jobelin est qualifié de lieutenant du bailli de Cotentin; on le retrouve dans la même charge le 26 mars 1347 (Arch. nat., J. 223, n<sup>os</sup> 12 *bis* et 13).

Premierement, le xxix<sup>e</sup> jour de novembre ccc xlii, par mesdis seigneurs des comptes, c'est assavoir monseigneur Hugues de Pommart, monseigneur Fauvel de Vaudencourt, sire Pierre des Essars et sire G. Balbet, thresorier de France, presens maistres Roger de Vistrebec et Bernard Franco, me fut commandé venir et envoyer par moy et par messages es parties de Bretaigne hastivement pour avoir et sentir des nouvelles et estat des enemys du Roy nostre sire, de la couvine du Roy d'Angleterre, et renvoier souvent jour et nuyt à mesdis seigneurs des comptes aus couz du Roy nostre seigneur, selon leur volenté et ordenance par euls sur ce à moy faite, et pour ce j'en envoiay presentement un message à cheval es parties de Dol en Bretaigne celi jour pour espier et savoir des nouvelles, et moy rapporter sur ce la responce d'aucuns frequentans la ville de Dol à qui j'en escrips, lequel message vint à moy à Pontorson pour ce voiage, por li pour xi jours alant et venant. iiii l. x s.

Item, le xii<sup>e</sup> jour de decembre, pour envoyer de Pontorson lettres à mesdis seigneurs des comptes, faisans mencion comme le Roy d'Angleterre estoit venu à Vennes en Bretaigne, de sa couvine à combien de gent d'armes et de pié il estoit, et de plusieurs aliez de Bretaigne ovecques ledit Roy qui guetoient les passages, c'est assavoir monseigneur Olivier de la Chapelle et monseigneur G. de Cadoudal, chevaliers, qui estoient à grant nombre de gentz d'armes, pour guetier ceulx qui de par le Roy nostre sire venoient en Bretaigne, et estoit ledit monseigneur Olivier à Pillemiq, près de Nantes, et l'autre en la forest de Villequartier, près de Dol et de Pontorson. — Item, et faire savoir à mesdis seigneurs come la vile de Bordiaus avoit escript au Roy d'Angleterre que hastivement il les secourist, ou il rendroient la ville au Roy nostre sire. — Item, et comme ledit Cadoudal espioit pour entrer ou chastel de Pontorson et du Mont-Saint-Michiel. — Item, come le jour Seynt-Nycolas d'Yver, la ville de Joe, près Nantes, avoit esté prise et plusieurs autres choses faire assavoir à mesdiz seigneurs, afin que il y meissent remede come il leur plairoit, pour ce voiage faire, baillié à J. Lambert à cheval pour xviii jours, alant, venant et demourant, et rapporta responsse de mesditz seigneurs, par jour x s. par. xi l. v s.

Item, pour deniers donnés à deux espies qui, de Pontorson, alerent à Disnan et aillours quant la ville fut arse, pour savoir de l'estat et demourant vi jours. c s.

Item, le xxiiiie jour de decembre, pour porter lettres à mesdits seigneurs, faisant mencion come les forbours de Dynan estoient ars par le conte de Sallebiere et come il estoit necessité de garnir et garder le chastel de Pontorson. Et aussi comme les cardinaulx avoient eu lettres à Avrenches et à Pontorson de par le Roy d'Angleterre d'aler parler à li à Vennes ou pres d'illec, pour ce baillié à un message qui demeurant, alant, venant et retournant par xii jours. c s.

Item, pour deniers donnés à deus espies pour aler vers les parties de Bretaigne, l'un et l'autre vers le chastel de Seint-Sauveur le Vicomte, pour savoir de l'estat, pour ce iiii l. par. valant c s.

Et, pour les despens de moi, Bertaut, à ii chevaulx pour venir de Paris asdites parties pour les causes dessusdites, et parti le iiiie jour de decembre par viii jours, par jour xx sols par. valant x l. t.

Item, pour mes despens à ii chevaulx pour demourer et estre à Pontorson, à Saint-James de Bevron et à Feugeres par viii jours et iii jours à m'en aler vers Saint-Sauveur le Vicomte, savoir de l'estat d'aucunes choses que l'on parloit entre le roi devoir estre faites par xi jours, par jour xxi s. t. valant x l.

Somme xxxi l. xx s.

De par les gens des comptes, baili de Costentin, prenez ceste somme en vos prouchains comptes et les rendez audit maistre Bertaut et nous vous les rabaptrons en vosditz comptes.

Escript à Roen, le xxiiie jour d'avril l'an cccxliii.

## VIII.

[1347.]

*Lettre d'Édouard III, pendant le siège de Calais,
demandant qu'on lui envoie des vivres*[1].

(Record Office, *Ancient Correspondence*, box 10.)

Purveuz toutesfoitz que vous excitez les vitaillers de lor
trere tutdiz devers nous od lor vitailles en refreschement de
nous et de nostre host si ce que nous ne soions deceuz en cas
que noz enemis se viegnent giser devant nous que nous ne
soions soutirez et aidez de temps en temps, solonc ce que
busoigne sera. Et sachez que les gentz de Flandres con-
tainent tutdiz lor bon port devers nous et vuillent estre prest
pour nous aider de trente mille persones et sur ce ils ont ja
comencez de costeer nosditz enemys sur leur venue devers
nous.

## IX.

Calais, [30 juillet 1347][2].

*Lettre d'Édouard III, pendant le siège de Calais,
annonçant l'approche des ennemis et demandant
des prières pour le succès de ses troupes.*

(Record Office, *Ancient Correspondence*, box 10.)

De par le Roi.

Très chers et foialx, nous vous segnefions de certein que
nostre adversaire de France ove tut son poair s'ad herbergé

---

1. On lit au dos : « *De mener vitailles devant Caleys.* »
2. Philippe VI n'étant arrivé à Sangatte, près de Calais, que
le vendredi 27 juillet 1347, et ayant quitté les abords de la ville
avant le 3 août, le seul lundi qui puisse concorder avec les circonstances mentionnées dans la lettre d'Édouard III est donc le
lundi 30 juillet (cf. Froissart, IV, p. xxi, n. 6, et p. xxiv, n. 1).

de costé Mountoyre[1], que n'est que trois leuwes franceyses
de nostre host, et si poons bien voir leur tentes et lour log-
ger hors de nostredit host, si que esperons, ove l'aide de
Nostre Seigneur Jesu Crist, sur eux hastivement avoir ascune
belle jouye, solonc nostre droicte querelle al honour de nous
et de tut nostre roialme, par queu nous prions que devoute-
ment facez prier pour nous. Donné souz nostre secré seal
devant Caleys, yce lundi à vespre.

## X.

### 1350.

*Extraits du compte de la vicomté de Montivilliers.*

(British Museum, *Addit. Chart.*, 3327. — Anc. *Collection Joursanvault*, 3372.)

Parties de despense faite par le viconte de Monstviller, à
compter au terme de la Saint-Michiel, l'an de grâce mil ccc
et chinquante.

… Item, à Robert Artois, pour porter unes lettres de mons.
l'archevesque de Rouen, données à Rouen, le xxviie jour de
may, au viconte d'Arches et du Neufcastel ou à son lieutenant, faisantz mention que l'adjournée as gens d'armes de
cheval ou de pié ou jeudi après Penthecouste estoit continuée, et pour cause, au diemenche après la Trinité. xiiii s.

Item, à Thomas Aubery, pour lesdictes lettres porter à
tous les sergens de la vicomté de Monsterviller. viii s.

Item, à Thomas Obery, pour porter unes lettres dudit
mons. l'archevesque à touz les sergents de ladite vicomté,
faisantz mencion que l'en feist commandement et deffense à
touz les prestres et…[2] des eglises de leurs sergenteries que
nul ne sonnast que a une esquelle se l'en ne veoit effroy ou
appert peril des anemis. viii s.

1. La Montoire, Pas-de-Calais, arr. de Saint-Omer, cant. d'An-
druicq, comm. de Zutkerque.
2. Le mot est effacé.

Item, audit Thomas, pour porter unes lettres dudit mons. l'archevesque, donnée à Segi, le xxi<sup>e</sup> jour de may, à touz les sergentz de la viconté, faisantz mention que ladite journée de diemenche après la Trinité estoit alongie à la quinzaine de ladicte Trinité, et que mons. le duc y seroit. x s.

Item, à Robert Artois, pour porter unes lettres de mons. le bailli de Caux et unes du viconte de Neufcastel, donnéez à Arches, le iiii<sup>e</sup> jour de juing, à touz les sergens de ladite viconté, faisantz mention que l'on feist commandement à tous les recheveurs du subside ordené pour iiii mois que l'argent que il avoient recheu dudit subside fust tout prest pour rechevoir à Monstervillier au mardi avant la Saint-Nicholas en may (*sic*). viii s.

Item, audit Artois, pour porter deux peres de lettres l'une après l'autre de mons. le bailli de Caux, dedens encorporées les lettres de mons. l'archevesque de Rouen, à touz les sergens de ladite viconté, fesantz mention que ladicte journée de gens d'armes qui avoit estey alongie à la quinsaine de la Trinité estoit alongie au diemenche ensuivant et par les autres lettres à l'autre diemenche ensuivant, pour les ii voiez. xii s.

Item, à Thomas Obery, pour porter unes lettres de mons. le bailli de Caux, dedens encorporées les lettres dou Roy nostre sire, données le ii<sup>e</sup> jour de juillet à tous les sergens de ladite viconté, fesant mention que l'en feist crier et deffendre que nul ne preist ne ne meist monnoie du coin de Bretaine. viii s.

Item, audit Thomas, pour porter unes lettres de mons. le bailli de Caux, dedens incorporées les lettres dou Roy nostre sire, faisantz mention que l'en feist crier que nul ne se partist du royaume pour aler au saint pardon ne allours, anchies se tainsist chascun garni, segon son estat, d'armes et de chevaux. ix s.

... Item, à Thomas Obery, pour porter unes lettres de mons. le bailli de Caux, dedens incorporées les lettres dou Roy nostre sire, données le xxvi<sup>e</sup> jour d'aoust à tous les

sergens de la viconté, faisans mencion que l'en feist crier
que chascun feust garni d'armes et de chevaux pour contrester à la male volenté des anemis dou royaume. VIII s.

Item, paié à Guillaume de Neelles, qui apporta les lettres
de mons. l'archevesque de Rouen, données le premier jour
de septembre, adrechantz à mons. le bailli de Caux, fesantz
mention que le Roy d'Engleterre estoit entré en mer à grant
quantité de gens d'armes, et que l'on feist crier que chascun
fu curieus de garder ceu qu'il avoit à garder pour la seurté
du pais. X s.

... Item, à Jehan le Roussinet et à Jehan le Lavendier,
par le mandement de mons. l'archevesque de Rouen par ses
lettres données le premier jour de septembre, fesantz mention
que nous envoissions ses lettres ou seigneur de Hambie, aus
baillis de Costentin et de Caen, au viconte d'Avranches, au
capitaine de Pontorson, fesantz mention que le Roy d'Engleterre estoit entré en mer à tout grant quantité de gens
d'armes pour grever le royaume de Franche et que chascun
se tainsist en sa garde... IIII l. XV s.


## XI.

1351.

*Extraits du compte du bailliage de Cotentin
et de la vicomté de Valognes.*

(British Museum, *Addit. Chart.*, 14. — Anc. *Collection Courcelles*, n° 15875.)

Parties de commune despense faite et rendue à la court
par le bailli de Costentin et le viconte de Valognes au terme
de la Saint-Michiel, l'an mil CCC LI.

... Parties de mesages envoiez par le bailli.

A Colinet le Lièvre, mesager, pour porter lettres par le
bailli au bailli de Pontourson à Periers et à Baudet Len-
gleis, sergent à Saint-Lo, faisantes mention que à certeine
journée assignée à Saint-Lo pour fere armer les genz du

pais, ledit bailli ne povoit estre pour certaines besoignes à li entrevenues du commandement du Roy nostredit seigneur, pour ce le xviii<sup>e</sup> jour de may. viii s.

A Colin Resin, mesagier, pour porter lettres de Valognes aux vicontes de Coustances et d'Avrenches, faisantes mention que l'en commandast à touz de par le Roy qu'eux maisent lour vins, blez, aveines, chars salées et autres garnisons as forteresses du Roy nostre sire, pour ce le xix<sup>e</sup> jour de may. xii s.

A Robert Gonnor, mesagier, pour porter lettres au viconte de Karenten, faisantes mention que chescun meinst ses garnisons as forteresses du commandement du Roy nostre sire, affin que les anemis n'en peussent avoir aucun secours, pour ce le xix<sup>e</sup> jour de may. v s.

Audit Robert Gonnor, pour porter de Valognes à Paris unes lettres closes par le bailli et le sire de Hambuis, faisantes mention de l'estat des guerres et du pais de Costentin, pour ce le xxvi<sup>e</sup> jour de may. l s.

A Johan Jacquet, mesagier, pour porter lettres par le bailli à Baieux, à monseigneur Pierres de Saqueinville, chevalier, mareschal de monseigneur le comte d'Eu, lieutenant du Roy nostre sire en la duchié de Normendie, faisantes mention de l'estat du pais de Costentin, pour ce le xxviii<sup>e</sup> jour de may. x s.

A Richart le Blond, mesagier, pour porter lettres à touz les vicontes de la baillie, faisantes mention que du commandement et ordenance de mons. Jehan d'Artois, lieutenant du Roy nostre sire en Normandie, chacun portast ses vivres et ses garnisons as forteresses du seigneur, afin que les anemis ne s'en peussent esjoir, pour ce le ii<sup>e</sup> jour de juing. xii s.

A Jehan Jacquet, mesagier, pour porter lettres closes au Roy nostre sire par le bailli de Costentin, faisantes mention de faire venir hastivement le duc d'Attènes es parties de Costentin, pour ce le xvii<sup>e</sup> jour de juing. lx s.

A Robert Gonnor, mesagier, pour porter lettres closes

aux vicontes de Coustances, d'Avrenches et de Carenten, faisantes mention de l'estat des monnoies, pour ce le XXIXᵉ jour de juing. XV s.

A Jehan de Saint-Vast, escuier de cheval, pour porter lettres au Roy nostre sire et la response de certaines lettres secrètes au bailli envoiés et plusieurs autres choses de bouche bien hastives, pour ce le IIᵉ jour de juillet. X l.

A Richard le Blanc, dit le Clerc, mesagier, pour porter lettres par le bailli au vicomte de Karenten, faisantes mention que il prensist et arestast en la main du Roy nostre sire touz les heritages que souloit tenir monseigneur Guillaume de Vierville, pour cause de ce qu'eux sont chaez en garde, pour ce le mercredi après la Saint-Martin d'esté. V s.

… Audit Robert Gonnor, pour porter lettres par le bailli à mons. de Briquebec et à plusieurs autres chevaliers oudit bailliage, pour ce le VIᵉ jour de juillet. X s.

… Audit Gonnor, pour porter lettres closes de Valongnes à Paris au Roy nostre sire, faisans mention de plusieurs choses touchant l'estat et honnor dudit seignour et du pais de Costentin, pour ce le XVIIᵉ jour d'aoust. LXX s.

A Guillot Wymont, mesagier, pour porter lettres du bailli à Harefleu au maistre des arbaletriers, faisans mention de plusieurs choses touchans le proufict et estat dudit seigneur, pour ce le XVIIᵉ jour d'aoust. XXXV s.

A Jehan Jaquet, pour porter lettres closes par le bailli au maistre des arbalestriers au chief de Cauf, faisantes mention que il feist provision d'argent aus gens d'armes estant en pais de Costentin en la compaignie de mons. Johan de Villars et que le temps qu'eux devoient servir estoit passé le XXᵉ jour d'aoust, pour ce le XXᵉ jour dudit moys. XXXV s.

… Audit Gonnor, pour porter lettres de Valongnes aus vicontes de Coustances, de Avrenches et de Karenten, faisantes mention que chescun, tant nobles que non nobles de lourdictes vicontés, se maisent et teinsent en estat souffisant, pour ce. XV s.

A Gillet Lenglois, mesagier, pour porter lettres closes du

bailli à Chief de Caux au maistre des arbaletriers, faisantes mention des nouvelles du pais de Costentin, pour ce le premier jour de septembre. xxxv s.

A Robert Gonnor, mesagier, pour porter lettres par le bailli aus seigueurs du grant conseil du Roi nostre sire, faisantes mention de l'estat et de la couvine des anemis que l'en avoit sceu par les galiotours de Chierebourc, pour ce le IIᵉ jour de septembre. lxx s.

A Jehan Jacquet, mesagier, pour porter lettres par le bailli au Chief de Caufs au maistre des arbalestriers, faisantes mention des nouvelles d'Engleterre et de plusieurs autres choses secretes touchant l'estat et honour du Roy nostre seigneur et du pais, pour ce le IIIIᵉ jour de septembre. l s.

A Robert Gonnor, mesagier, pour porter lettres par le bailli à nosseigneurs du grant conseil et aux trésoriers du Roy, pour ce le xiiᵉ jour de septembre. lxx s.

Somme des mesagers par le bailli. xlvi l. xv s.

Parties de mesages envoiez par le viconte.

... A Colin l'Orfevre, mesagier, pour porter lettres à tous lesdiz sergenz, faisantes mention que tous les gens d'armes, archiers et arbalestriers des mettes de la capitaine monseigneur de Hambuie fussent à Saint-Lo, le xxiiiiᵉ jour de may, en armes et en chevaux, chescun selon son estat, pour fere lour monstrées par-devant le mareschal du lieutenant du Roy nostre sire et par-devant le tresorier des guerres, pour ce le xxᵉ jour de may. v s.

A Jehan Jacquet, mesagier, pour porter unes lettres closes par le viconte de Valongnes à Caen à sires Pierres Chauvel, tresorier du Roy nostre sire, pour soy excuser que il ne povoit aler audit tresorier par cause d'un comandement et arest à li fait par mons. Guillaume Malet, capitaine ou clos de Costentin, pour ce le xxiiᵉ jour de may. xv s.

A Berthaut le Malle, pour porter lettres de par ledit capitaine à touz les sergens de ladite viconté pour faire venir les monstrées à Valongnes par-devant ledit capitaine, pour ce le xxiiᵉ jour de may. v s.

... Audit Gonnor, pour porter lettres aus sergens de ladite viconté, faisantes mention qu'eux faissent les impositours de ladite viconté de Valongnes à certaine journée pour fere prest d'argent pour cause des euvres et reparation du chastel de Chierebourc, pour ce, le vendredi emprès la Saint-Jehan-Baptiste. v s.

A Johan Jacquet, mesager, pour porter lettres à tous les sergens de ladite viconté, faisantes mention que nul ne fust si hardi de vendre aucuns vivres queux que eux fussent à quelque personne se l'en n'avoit bonne et vraie congnoissance d'eulx et que eulx fussent bienveullans du roialme, pour ce oudit jour. v s.

Audit Johan Jacquet, pour porter lettres à Saint-Lo au colletour de dieseismes, faisantes mention qu'il venseist à Valongnes pour ordener des paiemens pour les garnisons du chastiel de Chierbourc, pour ce le III$^e$ jour de juillet. x s.

A Colinet le Lièvre, mesagier, pour porter lettres aux sergens de Beaumont, faisantes mention que les garnisons à eux commises pour porter et mettre oudit chastel eux cuilissent, levassent et faisent porter audit chastel hastivement et sans delay, pour ce le IIII$^e$ jour de juillet. III s.

... A Robert Gonnor, pour porter lettres aus sergens de la sergenterie de Beaumont, faisantes mention qu'eux faisent savoir et crier en lour sergenterie que chescun se tiengne prest et garni soron (*sic*) son estat, tant à pié que à cheval, pour obvier à la puissance des anemis et que le Roy nostre sire n'a paiz ne trewez ovecques le Roy d'Engleterre, pour ce le VI$^e$ jour de juillet. III s.

A Robert Gonnor, pour aller querre le bailli de Costentin à Chierbourc pour venir à Montebourc parler au maistre des arbalestriers, pour ce le VIII$^e$ jour de juillet. v s.

... A Johan Jacquet, mesagier, pour porter certaines lettres et informations de Valongnes à Karenten au maistre des arbalestriers, faisantes mention du fait des arbalestriers et archiers que l'on disoit estre es forés de Bruiz, pour ce le XI$^e$ jour de juillet. v s.

... A Colinet l'Orfevre, pour mener et conduire le mesagier de mons. de Houdetot de Valongnes à Chierbourc, parmi la forest de Briz, porter lettres au bailli de Costentin et au chastellain du chastel de Chierebourc par ledit mons. de Houdetot, le xx<sup>e</sup> jour d'aoust. v s.

... A Jacquet Langlois et Michel Roface, pour lettres envoiées par eux, le penultieme jour d'aoust, aux sergens de la viconté, faisantes mention de faire venir à Valongnes devant le maistre des arbalestriers touz les nobles et non nobles au dimenche emprès la Saint-Gilles à Valongnes, pour ce. x s.

... A Robert Goscelin, pour porter lettres closes de Valongnes à Saint-Paier sur la mer, venantes de Paris, de mons. de Laon au bailli de Costentin, lequel bailli estoit à ladicte ville de Saint-Paier, pour ce le xxii<sup>e</sup> jour de septembre. x s.

A Johan Jacquet, mesagier, pour porter lettres closes très hastives du maistre des arbalestriers au bailli, qui estoit aus parties de Saint-Paier, pour ce le xvii<sup>e</sup> jour de septembre. viii s.

Summa. xiii l. iii s.

<h2 style="text-align:center">XII.</h2>

5 juin 1355.

*Mandement du dauphin Charles au bailli de Caux, lui enjoignant de faire tous les préparatifs nécessaires pour résister aux ennemis qui ont pris la mer et se proposent d'envahir la Normandie.*

(British Museum, *Addit. Chart.*, 15. — Anc. *Collection de M. de Courcelles.*)

Charles ainsné filz et lieutenant du Roy de France, dalphin de Viennois et comte de Poitiers, au bailli de Caux ou à son lieutenant, salut. Nous savons de certain que les anemis de monseigneur et de nous à très grans effors sont entrez en mer en entencion et volenté de prenre terre ou pais de Normandie et pour le courir et y porter dommage à leur povoir. Si vous mandons, comettons et enjoignons tant estroitement comme plus povons que sur les lieux de la marine de vostre bailliage et du ressort vous faciez faire tantost et sanz delay les fouyers accoustumez à faire en tel cas, afin que, se lesdiz anemis descendoient ou vouloient descendre à terre, l'en en puisse avoir congnoissance, et faites aussi crier publiquement par les lieux accoustumez de vostredit bailliage et dudit ressort que toutes manieres de gens, soient nobles ou autres, de quelque estat et condition qu'il soient, se mettent en arroy et pourvoient d'armes chascun selon son estat et prestement, afin d'eulx traire tous appareilliez et ordennez devers le capitaine qui, pour la garde et deffense du pais, est ou sera ordenez. Et gardez, sur le serement que avez à mondit seigneur et à nous, que de ce faire vous soiez curieux et diligent, et que faute n'y ait coment que soit. Donné à Deesville-lez-Rouen, le v° jour de juincg l'an de grace mil ccc cinquante et cinq.

## XIII.

26 janvier 1357 (n. st.).

*Mandement du dauphin Charles, lieutenant du roi, aux trésoriers du roi, leur enjoignant de payer sans délai au comte de Ventadour la somme de 1,000 deniers d'or au mouton, pour les frais de divers voyages qu'il a faits et doit encore faire à Avignon et à Bordeaux pour la délivrance du roi.*

(Bibl. nat., Clairambault, *Titres scellés*, vol. 111, n° 6.)

Charles, ainsné fil et lieutenant du Roy de France, duc de Normandie et dauphin de Viennois, à noz amez et feaulz les tresoriers de monseigneur et de nous à Paris, salut et dilection. Nous vous mandons que à nostre amé et feal le conte de Ventadour et de Montpensier, conseiller de monseigneur et de nous, qui pour certaines et grosses besoignes secretes

touchanz la delivrance de monseigneur est alez de nostre
commandement à Avignon par-devers nostre saint pere le
pape et de là à Bourdeaux, et de Bourdeaux est retourné
par-devers nous à Paris et doit encores retourner à Bourdeaux par devers monseigneur, vous li bailliez et delivrez
tantost et sans delay et toutes excusations cessanz, pour ses
despens faiz et à faire esdiz voiages, la somme de mil deniers
d'or au mouton, lesquiex nous li avons donné pour lesdiz
despens, en prenant de lui lettre de recongnoissance par
laquelle rapportant avec ces presentes tant seulement sanz
demander aucun autre compte ne declaration quelconque
desdiz despens, ladicte somme sera alloée es comptes de cel-
lui non contrestant autres dons faiz audit conte, ordenances,
mandemens ou deffenses faites ou à faire à ce contraires.
Car ainsi le voulons nous estre fait et li avons ottroié de
grace especial, se mestier est. Donné au boiz de Vincennes,
le xxvi<sup>e</sup> jour de janvier l'an de grace mil ccc l six, souz le
seel du Chastellet de Paris.

Par mons. le duc. Savio.


## XIV.

### 11 novembre 1357.

*Extrait d'un mémoire en faveur de Tristan de Mai-
gnelières, chevalier, qui portait la bannière du
dauphin à la bataille de Poitiers et y fut fait prisonnier par les Anglais.*

(British Museum, *Addit. Chart.*, 17. — Anc. *Collection de M. de
Courcelles,* nº 2131.)

Afin que par vous, nosseigneurs les generaux commis-
saires de par le Roy, nostre sire, sur le fait des Lombars usu-
riers, par vostre sentence ou jugement soit dit, prononcié et
adroit que un certain estat de la partie de messire Tristan de
Maignellers, chevalier, contre le procureur du Roy, presenté
à voz deputez pour enquerir la verité des fais desdictes par-

ties, proposé par-devant vous, soit dit bon et valable et tel
que vous y doiez obeir et que, obstant ycellui estat, ledit
chevalier ne soit tenu de proceder ne d'aler avant en ladite
cause ou enqueste durant le terme contenu oudit estat et faire
ledit chevalier à receveir à tout son propos, dit et propose
ledit chevalier contre le procureur du Roy les fais et raisons
qui s'ensuivent, en faisant protestation et retenue en tout et
partout de proceder en oultre comme de raison sera.

Primo, que ledit chevalier a esté plusieurs fois pris des
Anglois anemis du royaume de France et en fait de guerre
et derrainement fu pris d'iceulx anemis en la bataille de Poitiers, où il portoit la baniere de monseigneur le duc de Normendie en la bataille du Roy nostre sire et pour ce est ancore
prisonier des anemis, pour lesquelles choses il est et a esté
telement grevez et empeschiez que il ne pourroit faire satis-
faction de present à ses crediteurs ne poursuivre ses causes
en aucune manere.

Item, pour ceste cause, ledit chevalier s'est trait par-
devers monseigneur le duc, lieutenant du Roy nostre sire, en
luy opposant sa necessité dessusdicte, lequel, comme lieutenant du Roy, li a donné certaines lettres d'estat, adressans
à vous, nosseigneurs, par especial et à tous justiciers, par
lesqueles faite narration dudit fait, il vous est mandé que,
toutes les causes et querelles commenciées et non commenciées, debtes, choses, possessions et biens dudit chevalier,
vous teniez et faites tenir en estat jusques à un an, etc., si
comme ce et autres choses pluseurs par l'inspection desdictes
lettres peut apparoir.

Item, que le mardi VIIe jour de novembre, ouquel lesdictes
parties avoient jour par-devant vosdis deputez, ledit chevalier ou son procureur s'i presenta ou fist presenter lesdictes
lettres d'estat, en vous requerant que il li feussent enterinez
et en faisant plusieurs autres conclusions dessusdictes, ten-
dans à ceste fin et par retenue ; lesquelz deputez, pour ce que
il n'estoient que referendaires, ce que le procureur du Roy
y contredisoit, assignerent jour ausdites parties à comparoir

par-devant vous au lundi ensuivant, xiii<sup>e</sup> jour dudit mois, pour oir de ce que vous en ordeneriez.

… Baillé à la court le samedi xi jours de novembre, l'an lvii.

## XV.

### 1358-1359.

*Analyse de divers actes relatifs à la nomination de Gaucher de Châtillon à la garde de la ville de Reims et aux mesures qu'il prit pour assurer la défense de la ville.*

(British Museum, *Addit. Mss.*, 11540. — *Invent. ms. des titres de Joursanvault*, n° 860.)

Vidimus sous le sceau de la prévôté de Paris dont étoit garde Jean Bernier, chevalier le Roy, du 28 may 1362, des lettres patentes de Charles, aîné fils du Roy de France, par lesquelles, à la prière des seigneurs hauts-justiciers, échevins et bourgeois de la cité de Rheims, il établit son amé et féal M<sup>e</sup> (*sic*) Gaucher de Châtillon, chevalier, seigneur de la Ferté en Ponthieu, capitaine de ladite cité et des environs, avec pouvoir de faire assemblée de gens d'armes pour résister à l'ennemi, du pénultième décembre 1358, en vertu desquelles ledit Gaucher de Châtillon, de l'avis desdits nobles et bourgeois, ordonne que M<sup>e</sup> Pierre d'Harancour, chevalier jadis et tous ses adhérens et complices, qui sont notoirement robeurs et malfaiteurs envers les personnes de ladite cité, soyent pris pour être châtiés et ramenés en ladite ville de Rheims, ce qui a été accompli et ledit Pierre et une partie de ses complices punis de mort; item, que les forteresses du châtel de Livry, de la maison d'Auvillier, de l'abbaye de Saint-Thierry et de la maison de Maupas soient abbattues, afin que l'ennemi ne puisse pas s'y loger; item, qu'au retour d'un assaut donné à la forteresse de Mareul-sur-Marne, on a pris plusieurs vivres en la ville d'Avenes, dont on manquoit et dont une partie n'a pas été payée; item, qu'il a fait

démolir et mettre hors d'état de pouvoir s'y loger plusieurs
maisons en la ville de Taissy, appartenant M⁰ Frétel de
Saulx et à M⁰ Olivier de Juvigny, dans la crainte que
l'ennemi ne s'y logeât et parce qu'elles n'étoient pas garnies
de gens, vivres et artilleries; item, qu'on abatteroit plusieurs maisons situées hors et près des murs de la cité de
Rheims qui nuiroient à sa défense, telles que celle de noble
homme Ferry Pastelz, celle de Colard des Fossez, du
17 oct. 1359.

## XVI.

### 1364.

*Extraits de comptes relatifs au dernier séjour et aux
funérailles du roi Jean en Angleterre.*

Ad mittendum domino regi Francie ad ii robas sibi per
liberationem domini nostri Regis Anglie faciendas et fururandas, videlicet pro festis Omnium Sanctorum et Natalis
Domini.

Pro eisdem liberatis usque in Franciam intrussandis.

Ad facturam ii whitteles de fustean et iiii pulmariorum
grossorum de tela de Reyns pro lectis domini Regis Francie
pro adventu suo usque turrim Londoniarum.

Ad faciendum viii couvrechiefs de tela minuta de Reyns
pro adventu Regis Francie usque Eltham, xxvi ulne tele de
Reyns.

Ad mittendum domino Regi Francie pro robis suis contra
festum Pasche de liberatione regis Anglie.

Pro solempnitate facta per regem Anglie circa obitum
Regis Francie apud Sanctum Paulum Londoniarum necnon
pro corpore ejusdem Regis Francie extra civitatem Londoniarum cum torchis ducendum.

Ad unam cotam et unam clocam longam cum caputio de
panno nigro in grano pro funeralibus domini Regis Francie
faciendas et fururandas.

Ad facturam c cotarum cum tot caputiis de panno blanketto pro portoribus torcharum pro eisdem funeralibus dicti regis Francie in ecclesia Sancti Pauli.

Pro volantibus, mantellis, vexillis, grossis pencellis ac aliis rebus diversis circa h.....ciam[1] factam apud ecclesiam Sancti Pauli Londoniarum pro solempnitate facta circa corpus Regis Francie[2].

Compotus Nicholai Damory, militis, euntis cum corpore Johannis nuper Francie regis defuncti de Londoniis versus Cantuariam et Dovorras.

Idem recepit computum de vi l. xiii s. iiii d. receptis de thesaurario et camerariis ad receptam scaccarii per manus proprias super expensis euntis pro salvo conductu corporis Johannis nuper regis Francie versus Cantuariam et Dovorras xviii° die mensis aprilis anno xxxviii°...

Idem computat in expensis suis, ix valettorum et ii garcionum suorum cum xx equis euntibus de Londoniis usque Cantuariam et Dovorras per quinque dies videlicet pro quolibet die xv s., lxxv s. et in expensis suis predictorum valettorum, garcionum et equorum suorum commorantium apud Dovorras per duos dies xxviii s. iiii d.[3]...

1. Une partie du mot est effacée.
2. Record office, *Exch. Queen's Remembrance. Wardrobe and Household,* 39/7, 37-38 Edw. III.
3. Record office, *Exch. Foreign Rolls,* 42-51 Edw. III.

P.  35, l. 3 : *Anfredo,* lisez *Aufredo.*
P.  70, l. 8 : *castro Quiefret,* lisez *Castro Quiefret.*
P. 126, n. 2 : *Saint-Leu de Cérens,* lisez *Saint-Leu d'Esserent.*
P. 154, l. 8 : *vini Gallici,* lisez *vini gallici.*
P. 180, n. 2 : lisez *Clément IV.*
P. 216, n. 5 : *Échenay,* lisez *Le Chênay.*
P. 226, l. 15 : *Symony,* lisez *Simonin.*
P. 228, l. 16 : *Hubert,* lisez *Aubert.*

---

1. Les chiffres renvoient aux pages du volume.

## H

I

# TABLE DES MATIÈRES

Nogent-le-Rotrou, imprimerie Daupeley-Gouverneur.